MW00903293

海德格尔存在哲学

〔德〕海德格尔／著

孙周兴／等译

哲人咖啡厅⑩

九州出版社

图书在版编目(CIP)数据

海德格尔存在哲学/〔德〕海德格尔著；孙周兴等译.
—北京:九州出版社,2004.9（2009.5重印）
（哲人咖啡厅）
ISBN 978-7-80195-133-5

Ⅰ.海… Ⅱ.①海…②孙… Ⅲ.海德格尔，M.—哲学思想
Ⅳ.B516.54

中国版本图书馆CIP数据核字（2004）第086161号

海德格尔存在哲学

作　　者 〔德〕海德格尔著　孙周兴等译
出版发行 九州出版社
出 版 人 徐尚定
地　　址 北京市西城区阜外大街甲35号（100037）
发行电话 （010）68992190/2/3/5/6
网　　址 www.jiuzhoupress.com
电子信箱 jiuzhou@jiuzhoupress.com
印　　刷 九洲财鑫印刷有限公司
开　　本 880×1230　32开
印　　张 13
字　　数 250千字
版　　次 2004年9月第1版
印　　次 2009年5月第2次印刷
书　　号 ISBN 978-7-80195-133-5
定　　价 29.80元

信仰的真正的生存意义便是：信仰＝再生。

——海德格尔

出版前言

海德格尔（1889～1976），德国著名存在主义大师，20世纪最伟大的哲学家之一。虽然，法国哲学家萨特是存在哲学的一个响亮的名字，但学术界的研究愈来愈认识到“本世纪存在主义的真正发源不是在法国，而是在德国，海德格尔的存在主义哲学思想，不仅在时间上先于萨特，而且更加深刻和更有创见性。”有人认为，海德格尔不仅是康德以来最杰出的哲学家和对形而上学的批评家，可以同柏拉图、亚里士多德、笛卡尔、黑格尔等西方思想巨匠并肩，而且他关于存在与时间意义的探讨，对艺术理论和技术性的沉思，对语言格局的理论，以及对真理与逻辑模式的矫正，都对当代西方各种学说产生了影响。

海德格尔的主题，不是揭示人的行为或我们心灵的活动，而是通过确立我们通常所说的存在的最本质的东西来阐明存在这个概念，这无疑是哲学的真正任务，而且该命题又是所有哲学命题

中最迷人的一个。还有人预言，如果说十七世纪是笛卡尔和牛顿的时代，那么，海德格尔将主宰着我们这个世纪的精神王国。

然而，海德格尔并不将自己的学说称为“哲学”，他认为哲学由于现代科学的发展而变得过时，现在应由“思的工作”来取代。(《哲学的终结与思的任务》) 他甚至说“哲学”实际上成了“思想”的敌人。因此，他宁愿将自己的哲学思想称之为“存在的思想”。在他的心目中，“存在的思想”完全是独一无二的，不能与其他的思想与学说齐名。也因此，人们对他的评价正像斯坦纳所说的“自苏格拉底以来，没有谁能够像海德格尔这样遭际诸多不同的毁誉褒贬。”反对他的人说，海德格尔不过是一个语言的神秘主义者、一个形而上学的神学家；他所提出的问题都是一些虚假的饶舌或无聊的呓语、一种琐碎的谬论；海德格尔哲学语言的晦涩，更是人们攻击最多的目标。其实，海德格尔所艰苦尝试的是强调语言的植根性，语言与大地的一体归属性。人与语言的关系在此发生了根本性的逆转，不是人“用”语言，而是语言“用”人，人之能“说”是因为人归属于语言，顺从语言而倾听，从而能够“跟着说”，在这里，语言（“道说”）比人更强大。语

言说，人只是跟着说而已……

但无论怎么说，我们的“哲人咖啡厅”不能错过海德格尔的深邃与神秘，我们选择了海德格尔存在哲学最有代表性的文章，力求给读者提供一个了解海氏主要思想的精华读本。本书译者有孙周兴、陈嘉映、王庆节、熊伟等。

九州出版社
二〇〇四年六月

目　录

一、存在与时间

1. 存在[①]意义的问题[②]

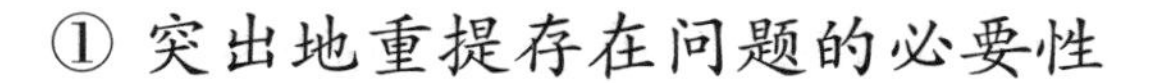

① 突出地重提存在问题的必要性

我们的时代虽把重新肯定“形而上学”当作自己的进步，但这里所提的问题如今已久被遗忘了。人们认为自己已无须努力来重新展开 γιγαντομκχία περὶ τῆs οὐσίαs〔巨人们关于存在问题的争论〕。然而，这里提出的问题

---

① “sein”是德语中的系动词，有时也作为名词单独使用。在中文翻译中，很难找到一个与之相应的词。概括起来，“sein”在德文中的基本意义可在中文中找到三个词来表达，即“是”、“在”、“存在”。考虑到国内哲学界关于这一概念的传统译法和译文的通畅，我们取“存在”作为主要译名。另外，在某些地方，我们也酌情将之译为“是”或“在”。——译注

② 此文为《存在与时间》的导论。《存在与时间》是前期海德格尔的代表作品，1927 年首次发表于胡塞尔主编的《哲学与现象学研究年鉴》第八期上，同年出版了单行本，由马克斯·尼迈耶出版社（图宾根）出版；现被辑为海氏《全集》第二卷。中译文据《存在与时间》1979 年第十五版译出。读者可参看全译本（三联书店，1987 年版）。——编者

却绝不是什么随随便便的问题。它曾使柏拉图和亚里士多德为之思殚力竭。所以，从那时起，**它作为实际探索的专门课题**，当然就无人问津了。这两位哲人所赢得的东西，以各式各样的偏离和“润色”一直保持到黑格尔的“逻辑学”之中。曾经以思的至高努力从现象那里争得的东西（虽说是那么零碎那么初级），早已变得微不足道了。

不特如此。根据希腊人对存在的最初阐释，逐渐形成了一个教条，它不仅宣称追问存在的意义是多余的，而且还认可了对这个问题的耽搁。人们说：“存在”是最普遍最空洞的概念。所以它本身就反对任何下定义的企图。而且这个最普遍并因而是不可定义的概念也并不需要任何定义，每个人都不断用到它，并且也已经懂得他一向用它来指什么。于是，那个始终使古代哲学思想不得安宁的晦蔽物竟变成了具有昭如白日的自明性的东西，乃至于谁要是仍然追问存在的意义，就会被指责为在方法上有所失误。

在开始这部探索的时候，我们不可能详尽地讨论那些一再散布存在问题为多余的成见。这些成见在古代（希腊罗马）存在论①中有其根源。然而反过来，如果就范畴的论证是否适当、是否充分来考虑存在论基本概念所产生

① “Ontologie”一词，传统的中文译法为“本体论”。这个词的原意实际为“关于存在的学说”。因为后人将“存在”解释为与“现象”相对的“本体”，这个词自然就以“本体论”一译流传至今。本书中，作者的主要目标之一就是要破“现象”、“本体”之二分，除却对“存在”理解的千年之蔽。因此，译文将“Ontologie”一词改译为“存在论”，与之相应，后文中经常出现的“ontologisch”作为“Ontologie”的形容词形式被译为“存在论上的”。——译注

的基地，则只有以先澄清和解答了存在问题为前提，古代存在论本身才能得到充分的解释。所以，我们愿意把对这些成见的讨论限制在一定范围内，只要它能让人明见到重提存在的意义问题的必要性就行了。下面分三个方面来说。

（1）“存在”是“最普遍的”概念：τὸ ὄν ἐστι καθόλου μάλιστα πάντων[①] Illud quod primo cadit sub apprehensione, est ens, cuius intellectus includitur omnibus, quaecumque quis apprehendit。“无论一个人于存在者处把握到的是什么，这种把握总已经包含了对存在的某种领悟。”[②] 但“存在”的“普遍性”不是**种**的普遍性。如果存在者[③]在概念上是依照种和属来区分和联系的话，那么“存在”却并不是对存在者的最高领域的界定：οὔτε τὸ ὄν λένσs[④]〔存在不是种〕。存在的“普遍性”超乎一切种的普遍性。按照中世纪存在论的术语，“存在”是一种“transcendens〔超越者〕”。亚里士多德已经把这个超越的“普遍（者）”的统一性视为**类比的统一性**，以此相对于适用于事实的最高的种概念的多样性。不管亚里士多德多么依附于柏拉图对存在论问题的提法，凭借这一揭示，他

---

① 亚里士多德：《形而上学》B4 1001a21——原注

② 圣托马斯·阿奎那（Thomas V. A. S.）：《神学大全》Ⅱ'qu. 94a2——原注

③ “Seiend”和“Sein”（存在）相对，意为存在着的具体东西。与将“Sein”译为“存在”相应，我们把“Seiende”译为“存在者”——译注

④ 亚里士多德：《形而上学》B3. 998b22——原注

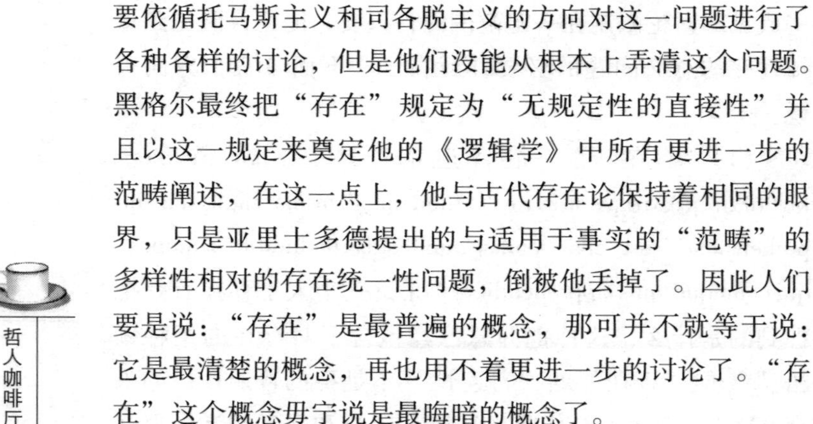

还是把存在问题置于全新的基础之上了。诚然，连他也不曾澄明这些范畴之间的联系的晦暗处。中世纪的存在论主要依循托马斯主义和司各脱主义的方向对这一问题进行了各种各样的讨论，但是他们没能从根本上弄清这个问题。黑格尔最终把“存在”规定为“无规定性的直接性”并且以这一规定来奠定他的《逻辑学》中所有更进一步的范畴阐述，在这一点上，他与古代存在论保持着相同的眼界，只是亚里士多德提出的与适用于事实的“范畴”的多样性相对的存在统一性问题，倒被他丢掉了。因此人们要是说：“存在”是最普遍的概念，那可并不就等于说：它是最清楚的概念，再也用不着更进一步的讨论了。“存在”这个概念毋宁说是最晦暗的概念了。

（2）“存在”这个概念是不可定义的。这是从它的最高普遍性推论出来的。[①] 这话有道理——既然 definitio fit per genus Proximun et differentiam specificam〔定义来自最近的种加属差〕。确实不能把“存在”理解为存在者，enti non additur aliquanatura：令存在者归属于存在并不能使“存在”得到规定。存在既不能用定义方法从更高的概念导出，又不能由较低的概念来描述。然而，结论难道是说“存在”不再构成任何问题了吗？当然不是。结论

① 参见巴斯卡《沉思录》，布鲁施维克辑，巴黎，1912 年，第 169 页：“人无法在试图确定存在［是］的同时不陷入这样一种荒谬之中：无论通过直接地解释还是暗示，人都不得不以‘这**是**’为开始来确定一个词。因此，要确定存在［是］，必须说‘这**是**’并且使用这个在其定义中被确定的词”。——原注

倒只能是："存在"不是某种类似于存在者的东西。所以，用以规定存在者的方式虽然在一定限度内是正当的，但这种方式，亦即传统逻辑的"定义方法"——传统逻辑本身的基础就植于古希腊存在论之中——不适用于存在。存在的不可定义性并不取消存在的意义问题，它倒是要我们正视这个问题。

（3）"存在"〔是〕是自明的概念。在一切认识中、一切陈述中，在对存在者的一切关联行止中，在对自己本身的一切关联行止中，都用得着"存在〔是〕"。而且这种说法"无需深究"，谁都懂得。谁都懂得"天**是**蓝的"、"我**是**快活的"等等。然而这种通常的可理解不过表明了不可理解而已——它挑明了：在对存在者之为存在者的任何行止里面，在对存在者之为存在者的任何存在里面，都先天地有一个谜。我们向来已生活在一种存在之领悟中，而同时，存在的意义却隐藏在晦暗中，这就证明了重提存在的意义问题是完全必要的。

"自明的东西"，而且只有"自明的东西"——"通常理性的秘密判断"（康德语）——应当成为并且应当始终是分析工作的突出课题即"哲学家的事业"。如果确实如此，那么，在哲学的基本概念范围内，尤其涉及到"存在"这个概念时，求助于自明性就实在是一种可疑的方法。

以上对这些成见的考虑同时也就使我们弄清楚了：存在问题不仅尚无**答案**，而且甚至这个问题本身还是晦暗和茫无头绪的。所以，重提存在问题就意味着：对这一问题

的**提法**要先进行一番充分的研讨。

② 存在问题的形式结构

应当**提出**存在的意义问题。如果这个问题是一个基本问题或者说**唯有**它才是基本问题，那么就须对这一问题的发问本身作一番适当的透视，所以，我们必须简短地讨论一下任何问题都一般地包含着的东西，以便能使存在问题作为一个**与众不同**的问题映入眼帘。

任何发问都是一种寻求。任何寻求都有从它所寻求的东西方面而来的事先引导。发问是在“其存在与如是而存在”（Dassund Sosein）的方面来认识存在者的寻求。这种认识的寻求可以成为一种“探索”，亦即对问题所问的东西加以分析规定的“探索”。发问作为“对……”的发问而具有**问之所问**〔Gefragtes〕。一切“对……”的发问都以某种方式是“就……”的发问。发问不仅包含有问题之所问，而且也包含有**被问及的东西**〔Befragtes〕。在探索性的问题亦即在理论问题中，问题之所问应该得到规定而成为概念。此外，在问题之所问中还有**问之何所问**〔Erfragtes〕，这是真正的意图所在，发问到这里达到了目标。既然发问本身是某种存在者〔发问者〕的行为，所以发问本身就具有存在的某种本己的特征。发问既可以是“问问而已”，也可以是明确地提出问题。后一种的特点在于：只有当问题的上述各构成环节都已经透彻之后，发问本身才成为透彻的。

存在的意义问题还**有待提出**。所以，我们就必须着眼于上述诸构成环节来讨论存在问题。

作为一种寻求，发问需要一种来自它所寻求的东西方面的事先引导。所以，存在的意义已经以某种方式可供我们利用。我们曾提示过：我们总已经活动在对存在的某种领悟中了。明确提问存在的意义、意求获得存在的概念，这些都是从对存在的某种领悟中生发出来的。我们不**知道**"存在"说的是什么，然而当我们问道"'存在'**是**什么?"时，我们已经栖身在对"是"〔"在"〕的某种领悟之中了，尽管我们还不能从概念上确定这个"是"意味着什么。我们一直还未认出该从哪一境域出发来把握和确定存在的意义。但**这种通常而模糊的存在之领悟是一种实际情形**。

这种存在之领悟不管是怎样地动摇易逝、日趋晦暗，甚而至于仅流于单纯字面上的认识，但这种向来已可供利用的存在之领悟的不确定性本身却是一种积极的现象，虽然这种现象还有待廓清。探索存在意义的工作不宜在开端处就来阐发这种现象。只有凭借成形的存在概念，阐释通常的存在之领悟的工作才能赢得它所必需的指导线索。借助于存在概念以及这一概念本身所包含的明确领会这一概念的诸种方式，我们将能够弄清楚：变得晦暗的或尚未照亮的存在之领悟意指什么？有哪些方式可能或必然使存在的意义变得晦暗，可能或必然阻碍鲜明地照亮存在的意义？

通常且含混的存在之领悟复又混杂着流传下来的关于

存在的理论与意见。这些流传下来的理论作为这占统治地位的领悟的源头，却又始终暗藏不露。——存在问题所寻求的东西并非全然陌生的东西，虽然在最初它的确是完全无法把握的东西。

在这个有待回答的问题中，**问之所问**是存在——使存在者之被规定为存在者的就是这个存在；无论我们怎样讨论存在者，存在者总已经是在存在已先被领会的基础上才得到领会的。存在者的存在本身不"是"一种存在者。哲学领悟存在问题的第一步在于不 μῦθόν τινα διηγεῖσθαι，"不叙述历史"[①]，也就是说，不要靠把一个存在者引回到它所由来的另一存在者这种方式来规定存在者之为存在者，仿佛存在具有某种可能的存在者的性质似的。所以，存在作为问之所问要求一种本己的展示方式，它这种展示方式本质上有别于对存在者的揭示。据此，**问之何所问**，亦即存在的意义，也要求一种本己的概念方式，这种概念方式也有别于那些用以规定存在者的含义的概念。

只要问之所问是存在，而存在又总意味着存在者的存在，那么，在存在问题中，**被问及的东西**恰就是存在者本身。不妨说，就是要从存在者身上来逼问出它的存在来，但若要使存在者能够不经歪曲地给出它的存在性质，就须如存在者本身所是的那样通达它。从被问及的东西着眼来考虑，就会发现存在问题要求我们赢得并事先确保通达存

① 柏拉图：《智者篇》242c。——原注

在者的正确方式。不过我们用“存在着”〔seiend〕一词可称谓很多东西，而且是在种种不同的意义上来称谓的。我们所说的东西，我们意指的东西，我们这样那样对之有所作为的东西，这一切都是存在着的。我们自己的所是以及我们如何所是，这些也都是：存在着的。在其存在与如是而存在中，在实在、现成性、持存、有效性、此在中，在“有”中，都有着存在。我们应当在哪种存在者身上破解存在的意义？我们应当把哪种存在者作为出发点，好让存在开展出来？出发点是随意的吗？抑或在拟定存在问题的时候，某种确定的存在者就具有优先地位？这种作为范本的存在者是什么？它在何种意义上具有优先地位？

如果我们确实应该突出地提出存在问题，并且充分透视这个问题，那么，依照前此所作的说明，可以知道：要想解决这个问题，就要求把观看存在的方式解说清楚，要求把领会意义和从概念上把捉意义的方式解说清楚，要求把正确选择一种存在者作为范本的可能性准备好，把通达这种存在者的天然方式清理出来。观看、领会和理解、选择、通达，这些活动都是发问的构成部分，所以它们本身就是某种特定的存在者的存在样式，也就是我们这些发问者本身向来所是的**那种**存在者的存在样式。因此，彻底解答存在问题就等于说：就某种存在者——即发问的存在者——的存在，使这种存在者透彻可见。作为某种存在者的存在样式，这个问题的发问本身从本质上就是由问之所问规定的——即由存在规定的。这种存在者，就是我们自己向来所是的存在者，就是除了其他存在的可能性外还能够发问存在的存在者，我们用**此在**[①]这个术语来称呼这种存在者。存在的意义问题的突出而透彻的提法要求我们事先就某种存在者〔此在〕的存在来对这种存在者加以适当解说。

然而，这样一种大胆的行为不是显然陷入了一种循环吗？必须先**就存在者的存在**来规定存在者，然后又要根据此在这种存在者才肯提出存在问题，这不是兜圈子又是什么？只有这个问题的答案才能够提供的东西，不是在解答这个问题的时候就被“设为前提”了吗？在原理研究的领域中，人们随时都能轻易地引出论据来指责研究工作陷入了循环论证，但在权衡具体的探索途径时，这种形式上的指责总是徒劳无益的。它丝毫无助于事情的领悟，反而妨碍我们突入探索的园地。

何况，在问题的上述提法中实际上根本没有什么循环。存在者满可以在它的存在中被规定，而同时却不必已经有存在意义的明确概念可供利用。苟非若此，至今就还不可能有存在论的认识，然而实际上确有这种认识却恐怕是无法否认的。迄今为止的一切存在论当然都把“存在”“设为前提”，不过却并没有把存在当作可以利用的**概念**

① “Dasein”是海德格尔在本书中提出的最基本概念之一。它由德语中两个基本词“Da”（此）和“Sein”（存在）拼合而成。在德国古典哲学中，这一概念被用来称谓和存在相对的确定的存在者，曾被译为“定在”，“限有”。在海德格尔的哲学中，“Dasein”用来特指“存在着的人”这样的存在者，与其他的存在者相区别。因此，我们将之译为“此在”，取“存在在此”之意。——译注

——并没有把存在当作我们正在寻求的那种东西。存在之被“设为前提”具有先行着眼于存在的性质，也就是说，一旦着眼于存在，给定的存在者就在它的存在中得到了暂先的勾连。这种起引导作用的着眼方式生自通常的存在之领悟。我们自己就活动在这种通常的存在之领悟之中，而且它归根到底属于此在本身的本质机制。[①] 这种“设为前提”同假设一个基本命题并由此演绎出一串命题之类的事情毫不相干。存在的意义问题的提出根本不可能有什么“循环论证”，因为就这个问题的回答来说，关键不在于用推导方式进行论证，而在于用展示方式显露根据。

存在的意义问题里面并没有什么“循环论证”，只不过在这里问之所问（存在）明显地“向后关联到或向前关联到”发问活动本身，而发问又是某种存在者的存在样式。存在问题最本己的意义中就包含有发问活动同发问之所问的本质相关性。但这也只是说：具有此在性质的存在者同存在问题本身有一种关联，甚至可能是一种与众不同的关联。然而，这样一来，不是已经摆明了某种确定的存在者具有存在的优先地位吗？不是已经给定了那应当充任存在问题首先**问及的东西**的、作为范本的存在者吗？此前的讨论还没有摆明此在的优先地位，也还没有断定它可能乃至必然充任本来问及的存在者来起作用。不过，此在

① “Verfassung”在德文中常常被用来指一个国家或一种政治组织的建构方式，也指某种东西的实际状况。在本书中，海德格尔将之引申用来表达某种东西的基本结构形式和本质状态，我们将之译为“机制”。——译注

具有优先地位这一情况已经初露迹象了。

③ 存在问题在存在论上的优先地位

以上我们循问题之所以为问题的形式结构为线索，描述出了存在问题的特征，这样，我们就弄清楚了：存在问题是一个独特的问题，要清理出存在问题乃至解决存在问题，我们需要进行一系列基本的考察。但只有对存在问题的作用，意图与动因加以充分界说之后，存在问题的与众不同之处才会呈现出来。

到现在为止，我们是这样说明重提存在问题的必要性的——首先因为这个问题渊远流长，但尤其是因为它没有一个确定的答案，甚而至于根本还没有一种令人满意的提法。但人们满可以要求了解：这个问题有什么用？它是否始终只是或根本仅是对最普遍的普遍性所作的一种虚无缥缈的思辨？——**抑或它是最富原则性的又是最具体的问题**？

存在总是某种存在者的存在。按照种种不同的存在领域，存在者全体可以成为对某些特定事情的区域进行显露和界说的园地。这些事情，诸如历史、自然、空间、生命、此在、语言之类，又可以在相应的科学探索中专题化为对象。科学研究简单粗糙地把这些事情的区域发掘出来并首次固定下来。藉事情的区域的基本结构把这种区域制订出来。这以某种方式已经由对存在领域的前科学的经验与解释完成了，因为事情的区域本身就是以存在领域来划分的。首先是那些如此这般生长出来的“基本概念”保持其为首次具体开展这种区域的指导线索。虽说研究的重心始终在这种实证性之中，但研究所取得的进步却主要不靠收集结论或把这些结论堆积到“手册”里面，而主要靠对各个区域的基本状况提出疑问，这些疑问往往是以反其道而行之的方式从那种关于事情的日积月累的熟知中脱颖而出。

真正的科学“运动”是通过修正基本概念的方式发生的，这种修正或多或少是偏激的、并对运动本身不甚了了。一门科学在何种程度上**能够承受**其基本概念的危机，这一点规定着这门科学的水平。在科学发生这些内在危机的时候，实证探索的发问同问题所及的事情本身的关系发生动摇。当今，在各种不同学科中都有一种倾向醒觉起来，要把研究工作移置到新基础之上。

貌似有最严格构造的最坚实的科学，即**数学**，陷入了“基础”危机。如何赢得和保证那种本原的方式，借以通达应当成为这门科学的对象的东西——围绕着这一问题展开了形式主义与直观主义之争。**物理学**中则有一种倾向，要把自然本身固有的联系如其“自在”的那样提供出来；相对论就生于这种倾向。相对论是为通达自然本身的道路提供条件的理论，所以它试图把一切都规定为相对性，借以保存运动规律的不变性；而且这样一来，就使它和在它之前就有了的物质结构问题发生对抗。在**生物学**中，对机体和生命曾有过机械论的与活力论的种种规定，现在则有一种倾向醒觉过来，要反过头来深入到这种种规定之后进

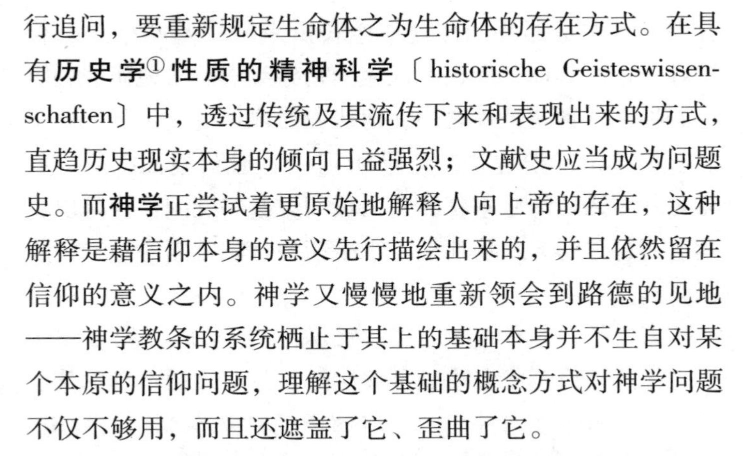

行追问，要重新规定生命体之为生命体的存在方式。在具有**历史学**[①]**性质的精神科学**〔historische Geisteswissenschaften〕中，透过传统及其流传下来和表现出来的方式，直趋历史现实本身的倾向日益强烈；文献史应当成为问题史。而**神学**正尝试着更原始地解释人向上帝的存在，这种解释是藉信仰本身的意义先行描绘出来的，并且依然留在信仰的意义之内。神学又慢慢地重新领会到路德的见地——神学教条的系统栖止于其上的基础本身并不生自对某个本原的信仰问题，理解这个基础的概念方式对神学问题不仅不够用，而且还遮盖了它、歪曲了它。

一门科学的所有老问题对象都以事情区域为其基础，而基本概念就是这一事情区域借以事先得到领悟（这一领悟引导着一切实证探索）的那些规定。所以，只有同样先行对事情区域本身作一番透彻研究，这些基本概念才能真正获得证明和“根据”。但只要任何一个这样的区域都应该从存在者本身的领域赢得，那么，创造基本概念的先行研究无非就意味着：按存在者的基本存在法相来解释存在者。这种研究必须跑在实证科学前头；它也**能够**做到这一点。柏拉图和亚里士多德的工作为此提供了证据。这

① 本书中，海德格尔明确区分了“Historie”和“Geschichte”这两个德文中的同义词：“Geschichte”被用来专称实际发生的历史，我们译为“历史”；“Historie”被用来指对实际发生过的历史的记载，反省和研究，我们译为“历史学”。与此相应，“geschichtlich”和“historisch”分别译为“历史上的”和“具有历史学性质的”或“历史学的”。请参见本书第七十三节。——译注

样为科学奠定基础的工作原则上有别于跛足随行的“逻辑”，“逻辑”不过是按照一门科学的偶然状况来探索这门科学的“方法”而已。奠定基础的工作是生产性的逻辑，其意义是：它仿佛先行跳进某一存在领域，率先展开这一领域的存在法相，把赢获的结构交给诸门实证科学，使实证科学能够把这些结构作为透彻明晰的对发问的提示加以利用。于是，例如从哲学上讲首要的事情就不是构造历史学概念的理论，也不是历史学知识的理论，而且也不是历史学对象的历史理论；首要的事情倒是阐释历史上本真的存在者的历史性。同样，康德的纯粹理性批判的积极成果也在于着手清理出那属于某种自然一般的东西，而不在于一种知识“理论”。他的先验逻辑是一种关于自然这一存在领域的先天的事情逻辑。

然而，这样的发问，亦即不偏依任何一种存在论流派与倾向的最广意义上的存在论，其本身还需要指导线索。与实证科学的存在者状态上[①]的发问相比，存在论上的发问要更加原始。但若存在论在研究存在者的存在时任存在的一般意义不经讨论，那么存在论发问本身就还是幼稚而浑噩的。存在论的任务在于非演绎地构造各种可能方式的存在谱系，而这一存在论的任务恰恰须对“我们用‘存在’这个词究竟指什么”先行有所领悟。

---

① 在本书中，“ontisch”是作为“ontologisch”（存在论上的）的对立概念提出来的。和“ontologisch”指在存在者的存在层次上的研究相反，“ontisch”系指在存在者层次上的研究，故译为“存在者状态上的”。——译注

所以，存在问题的目标不仅在于询问一种使科学成为可能的先天条件（科学对存在者之为如此这般的存在者进行考察，于是科学一向已经活动在一种存在之领悟中），而且也在于询问那使先于任何存在者状态上的科学就已经存在的并且奠定了这种科学的基础的存在论本身成为可能的条件。**任何存在论，如果它未首先充分地澄清存在的意义并把澄清存在的意义理解为自己的基本任务，那么，无论它具有多么丰富多么紧凑的范畴体系，归根到底它仍然是盲目的，并背离了它最本己的意图。**

业经正确领会的存在论研究本身将给予存在问题以存在论上的优先地位，而不止于重新拾起某种可敬的传统或促进某个至今未经透视的问题。但这种事情上、科学上的优先地位并不是唯一的优先地位。

④ 存在问题在存在者状态上的优先地位

科学一般地可以被规定为通过诸真命题的相互联系而建立起来的整体。这个定义既不完全也不中肯。诸种科学都是人的活动，因而都包含有这种存在者（人）的存在方式。我们用**此在**这个术语来表示这种存在者。科学研究既不是这种存在者唯一可能的存在方式，也不是这种存在者最切近的可能存在方式。此在本身就还有与其他存在者的突出不同之处。现在就应把这种与众不同之处暂先地摆到眼前来。在进行以后的、真正展示内容的分析之前，先须对此进行一番讨论。

此在是一种存在者，但并不仅仅是置于众存在者之中的一种存在者。从存在者状态上来看，这个存在者的与众不同之处在于：这个存在者为它的存在本身而存在。于是乎，此在的这一存在机制中就包含有：这个此在在它的存在中对这个存在具有存在关系。而这复又是说：此在在它的存在中无论以任何一种方式、任何一种表述都领会着自身。这种存在者的情况是：它的存在是随着它的存在并通过它的存在而对它本身开展出来的。**对存在的领悟本身就是此在的存在规定**。此在作为存在者的与众不同之处在于：它存在论地**存在**。①

在这里，存在论地存在还不是说：造就存在论。因此，如果我们把存在论这个名称保留给对存在者的意义作明确的理论追问的话，那么这里所说的此在的存在论存在就须标识为是先于存在论的存在了。不过这不是简简单单地意味着在存在者状态上存在着〔ontisch-seiend〕，而是说以领会着存在的方式存在着。

此在这样或那样地与之相关的那个存在：总之此在无论如何总要以某种方式与之相关的那个存在，我们称之为生存。② 这个存在者的本质规定不能靠列举与事情相关的

---

① 此句“es ist ontologisch”也可译为“它是存在论的”。——译注

② 本书中，“Existenz”特指“人的存在”，我们将之译为“生存”。与此相应，“existenziell”的形容词形式译为“生存状态上的”。“Existenzial”和“Existenzialität”分别意指这种生存在根本性结构上的环节和联系，因而译为“生存论环节”或“生存论性质”和“生存论状态”。而其形容词形容式“existenzial”则译为“生存论上的”。——译注

"什么"来进行。它的本质毋宁在于：它向来不得不去是作为它本己存在的它的存在，[①] 所以，此在这个名称就被选来作为纯粹指存在的术语，用来标识这个存在者了。

此在总是从它的生存来领会自己本身：总是从它本身的可能性——是它自身或不是它自身——来领会自己本身。或者是此在自己挑选了这些可能性，或者是它陷入了这些可能性，或者是它本来就已经是在这些可能性中成长起来的。生存只是被当下的此在自己以抓紧或者耽误的方式决定着。生存问题总是只有通过生存活动本身才能弄清楚。进行的对生存活动本身的领悟我们称之为**生存状态上的领悟**。生存问题是此在的一种存在者状态上的"事务"。为此并不需要对生存的存在论结构作理论的透视。追问生存的存在论结构，目的是要解析什么东西组建生存。我们把这些结构的联系叫做**生存论状态**。对生存论状态的分析所具有的不是生存状态上的领会的性质，而是**生存论上的**领会的性质。对此在作生存论上的分析的任务，就其可能性与必要性看来，已在此在的存在者状态的法相中先行描绘出来了。

但是只要生存规定着此在，对这个存在者的存在论分析就总需要对生存论状态作一番事先的观察。但是我们把生存论状态领会为生存着的存在者的存在法相。而在这样的存在法相的观念中却也有着一般存在观念。于是对此在

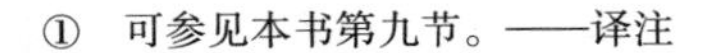

① 可参见本书第九节。——译注

进行分析的可能性又系于对追究一般存在的意义问题预先作一番清理。

各种科学都是此在的存在方式，在这些存在方式中此在也对那些本身无须乎是此在的存在者有所作为。此在本质上就是：存在在世界之中。因此这种属于此在的对存在的领悟就同样原始地关涉到对诸如“世界”这样的东西的领会以及对在世界之内可通达的存在者的存在的领会了。由此可见，凡是以不具备此在式的存在特性的存在者为课题的各种存在论都是赖此在自身的存在者状态上的结构为根基并作说明的，而这种此在的存在者状态结构包含着先于存在论的存在之领会的规定性。

因而其他一切存在论所源出的**基础存在论**〔Fundameutalontologie〕必须在**对此在的生存论分析**中来寻找。

由此可见，同其他一切存在者相比此在具有几层优先地位。第一层是**存在者状态上的**优先地位：这种存在者在它的存在中是通过生存得到规定的。第二层是**存在论上的**优先地位：此在由于以生存为其规定性，故就它本身而言就是“存在论的”。而作为生存之领悟的受托者，此在却又同样原始地包含有对一切非此在式的存在者的存在的领会。因而此在的第三层优先地位就在于它是使一切存在论在存在者暨存在论上〔ontisch-ontologisch〕都得以可能的条件。于是此在就摆明它是先于其他一切存在者而从存在论上首须问及的东西了。

而生存论分析归根到底在**生存状态上**有其根苗，也就是说，在**存在者状态上**有其根苗。只有把哲学研究的追问本身就从生存状态上理解为生存着的此在的一种存在可能性，才有可能开展出生存的生存论状态，从而也才有可能着手进行有充分根据的一般性的存在论问题的讨论。于是存在问题在存在者状态上的优先地位也就显而易见了。

此在在存在者暨存在论上的优先地位早已被人见到了，无需此在本身在它天生的存在论结构中被人明察，甚至无需形成以此为目标的问题。亚里士多德说：ἡ ψυχὴ τὰ ὄντα πώs ἐστιν[①]〔人的〕灵魂以某种方式是存在者。”这个构成人的存在的“灵魂”，在它去存在的两种方式即αἴσθησιs〔知觉〕和 νόησιs〔直观〕之中，从其存在与如是而存在的方面着眼，揭示着一切存在者，亦即总是在一切存在者的存在中揭示一切存在者。这个命题可以一直追溯指回到巴门尼德的存在论论点；后来托马斯对此进行了颇具特色的讨论。托马斯从事的工作是获得**超越**者：存在的性质除超出存在者的一切可能的与事情相关而又可以归类的规定性之外，超出一切 modus specialis entis〔存在者的种〕之外，同时又是任何一个无论是什么的东西都必然具有的。Verum〔真理〕既然是这样一种**超越的东西**，它也就必须在追究“超越者”亦即存在的性质这一任务的范围之内才能阐明。这要求助于这样一种存在者才能做到：这种存在者的存在方式本身就有与任何一个存在者“与生俱来”的特点。ens，quod natum est convenire cum omni ente〔这种与一切可能的存在者与生俱来的〕与

① 《论灵魂》p8，431 b21，参见同书 p5，430 a14 以下。——原注

众不同的存在者就是灵魂〔anima〕[①]。此在对其他一切存在者的优先地位在这里显露出来，虽然还未从存在论上加以澄清。显然，这种优先地位同把存在者全体恶劣地加以主观化的做法毫无共同之处。

要阐明存在问题在存在者暨存在论上的与众不同之处，首须提示出此在在存在者暨存在论上的优先地位。但是对存在问题的这样一种结构分析（第二节）碰到了这种存在者在问题的提法本身范围之内的与众不同的功能。如果追问要变成透彻明晰的追问，此在就得暴露自身为首须从存在论上弄得足够清楚的存在者。现在事情摆明了：对此在的存在论的分析工作本身就构成基础存在论，因而此在所充任的就是原则上首须**问及**其存在的存在者。

如果任务是阐释存在的意义，那么此在不仅是首须问及的存在者；更进一步，此在还是在其存在中向来已经对这个问题所追问的**那一东西**有所作为的存在者。于是乎存在的问题不是别的，只不过是把此在本身所包含的存在倾向极端化，把先于存在论的存在领悟极端化罢了。

⑤ 此在的存在论分析——剖析一般存在的意义得以阐释的境域

当我们标识“提出”存在问题这一任务时，我们曾

① 《真理问题》qu，la，1c。参见在《自然的起源》一文中对超越物所进行的在当时看来颇严密的但有所偏离的“演绎”。——原注

表明：我们不仅必须确定充任首先被问及的东西的那种存在者，而且也必须要明确占有和保障正确通达这一存在者的方式。我们已经讨论了存在问题范围之内，何种存在者承担着特殊的角色。然而，应当如何通达这种存在者即此在呢——或者说，如何藉领会解释活动来瞄准这个存在者呢？

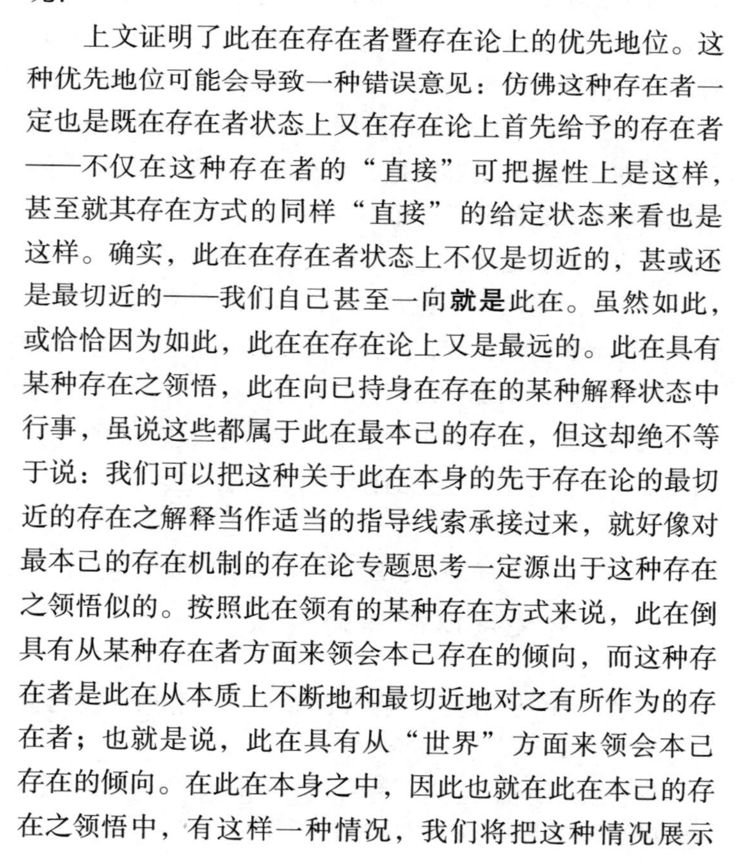

上文证明了此在在存在者暨存在论上的优先地位。这种优先地位可能会导致一种错误意见：仿佛这种存在者一定也是既在存在者状态上又在存在论上首先给予的存在者——不仅在这种存在者的“直接”可把握性上是这样，甚至就其存在方式的同样“直接”的给定状态来看也是这样。确实，此在在存在者状态上不仅是切近的，甚或还是最切近的——我们自己甚至一向**就是**此在。虽然如此，或恰恰因为如此，此在在存在论上又是最远的。此在具有某种存在之领悟，此在向已持身在存在的某种解释状态中行事，虽说这些都属于此在最本己的存在，但这却绝不等于说：我们可以把这种关于此在本身的先于存在论的最切近的存在之解释当作适当的指导线索承接过来，就好像对最本己的存在机制的存在论专题思考一定源出于这种存在之领悟似的。按照此在领有的某种存在方式来说，此在倒具有从某种存在者方面来领会本己存在的倾向，而这种存在者是此在从本质上不断地和最切近地对之有所作为的存在者；也就是说，此在具有从“世界”方面来领会本己存在的倾向。在此在本身之中，因此也就在此在本己的存在之领悟中，有这样一种情况，我们将把这种情况展示为：世界之领悟从存在论上返照到此在的解释之上。

所以，此在特有的存在机制（如果把它领会为属于此在的“范畴”结构）对此在始终蔽而不露，其根据恰恰就是此在在存在者暨存在论上的优先地位。此在在存在者状态上离它自己“最近”，在存在论上最远，但在前存在论上却并不陌生。

目前我们不过暂先指出了：对这种存在者的阐释面临着独特的困难，这些困难奠基于这一专题对象的存在方式本身，奠基于专题化活动的存在方式本身；这些困难并非由于我们被赋予的认识能力的欠缺，或由于适当的概念方式的似乎不难消除的欠缺。

存在之领悟不仅一般地属于此在，而且它随着此在当时的存在方式本身或成形或毁败，因此，可以对存在之领悟作出多种解释。哲学、心理学、人类学、伦理学、政治学、诗歌、传记与历史记述一直以形形色色的方式和等等不同的规模研究着此在的行止、才能、力量、可能性与盛衰。这种种解释在生存状态上也许都是原始的；但问题却是：它们在生存论上是否也同样曾以原始的方法得出，生存状态上的解释同生存论解释不一定比肩为伍，但也不互相排斥。如果哲学认识的可能性和必然性确实得到了理解，生存状态上的解释就会要求进行生存论分析。惟当我们鲜明地依循存在问题本身制订方向，借以把此在的基本结构充分清理出来，此在分析工作至今所赢得的东西才会得到生存论上的证明。

于是，此在的分析工作必须保持为存在问题中的第一

要求。然而，赢得并确保通达此在的主导方式这一问题就因而愈发焦灼。用否定的方式说：不允许把任何随意的存在观念与现实观念纯凭虚构和教条安到这种存在者头上，无论这些观念是多么“不言自明”；同时，也不允许未经存在论考察就把用这类观念先行描绘出来的“范畴”强加于此在。毋宁说，我们所选择那样一种通达此在和解释此在的方式必须能使这种存在者可以在其本身从其本身显示出来。也就是说，这类方式应当像此在**首先与通常**〔Zunächst und zumeist〕所是的那样显示这个存在者，应当在此在的通常的**日常生活**中显示这个存在者。我们就日常生活提供出来的东西不应是某些任意的偶然的结构，而应是本质的结构；无论实际上的此在处于何种存在方式，这些结构都应保持其为规定着此在存在的结构。从此在的日常生活的基本状况着眼，我们就可以循序渐进，着手准备性地端出这种存在者的存在来。

如此这般加以把捉的此在分析工作始终还是对准解答存在问题这一主导任务来制订方向的。由此也就规定了这一分析工作的界限。它不会打算提供一种完备的此在存在论；如果要使“哲学”人类学这样的东西站到充分的哲学基地上面，此在存在论自然还必须加以扩建。如果意在建立一种可能的人类学及其存在论基础，下面的阐释就还只是提供出了某些“片断”，虽然它们倒不是非本质的。此在的分析不仅是不完备的，而且最初还只是**暂先的**。这一分析仅仅把此在的存在提出来，而不曾阐释存在的意义。这一分析毋宁是要做好准备工作，以便显露借以最原始地解释存在的境域。一旦赢获了这一境域，我们就将要求在更高的和本真的存在论基地上来重复准备性的此在分析工作。

作为我们称为此在的这种存在者的存在之意义，**时间性**①将被展示出来。我们将把暂先展示的此在诸结构作为时间性的诸样式重新加以阐释；时间性之为此在存在的意义这一证明也由这一解释得到检验。把此在解释为时间性，并不就算为主导问题即一般存在的意义问题提供了答案，但却为赢得这一答案准备好了地基。

我们曾提示，此在包含有一种先于存在论的存在，作为其存在者上的机制，此在以如下方式**存在**：它以存在者的方式领会着存在这样的东西。确立了这一联系，我们就应该指出：在未经明言地领会着和解释着存在这样的东西之际，此在所由出发之域就是**时间**。我们必须把时间摆明为对存在的一切领悟及对存在的每一解释的境域。必须这样本然地理解时间。为了让人能够洞见到这一层，我们须得**源原始地解说时间性之为领会着存在的此在的存在，并**

① “Zeitlichkeit”和“zeitlich”；“Temporalitat”和“temporal”是海德格尔用来说明时间的两组概念。在本书中，前一组概念出现次数较频，后一组较少，它们的意义基本相同，稍有区别。海德格尔认为，当我们把时间视为有所领会地把握存在的境域之际，“Zeitlichkeit”即为“Temporalitat”。（参见海德格尔：《现象学的基本问题》1975年德文版第389页。）为了便于将这两组概念区分开来，我们将前者译为“时间性”和“时间性的”；后者译为“时间状态”和“时间状态上的”，与此相关，“unzeitlich”译为“非时间的”；“zeitlos”译为“无时间的”；“überzeitlich”译为“超时间的”。——译注

从这一时间性出发解说时间之为存在之领悟的境域。总揽这一任务的同时，就须在这样赢获的时间概念和对时间的通俗领悟之间划清界限。从沉淀在传统时间概念之中的时间解释着眼就可以明白看到这种对时间的通俗领悟；而自亚里士多德直到柏格森，这种传统时间概念不绝如缕。在这里还须弄清楚：传统的时间概念与对时间的通俗领悟正源出于时间性，并且应弄清楚它如何源出于时间性。这样一来，我们就把自主权还给了流俗的时间概念——这同柏格森的论点正相反对，那个论点是：流俗的时间概念所意指的时间乃是空间。

很久以来，“时间”就充任着一种存在论标准或毋宁说一种存在者状态上的标准，借以素朴地区分存在者的种种不同领域。人们把“时间性的”存在者（自然进程与历史事件）和“非时间的”存在者（空间关系与数字关系）划分开来。人们习惯于把道出命题的“时间性的”过程同命题的“无时间的”意义区别开来。再则，人们发现在“时间性的”存在者与“超时间的”永恒者之间有一条“鸿沟”，人们试图为二者搭桥。在这里，“有时间性的”向来说的只是存在“在时间中”的，而这个规定本身当然也够晦暗的。实际情况是：在“在时间中存在”这种意义上，时间充任着区分存在领域的标准。时间如何会具有这种与众不同的存在论功能，根据什么道理时间这样的东西竟可以充任这种标准？再则，在这样素朴地从存在论上运用时间的时候，是否表达出了一种可能与这种运用相关的本真的存在论上的东西？这类问题迄今还无人问津，无人探索。在对时间的通俗领悟的境域内，“时间”仿佛“本来”就落得了这种“不言自明的”存在论功能，并把这种“不言自明的”功能保持至今。

与此相反，在解答存在的意义问题的地基上，应该可以显示出：**一切存在论问题的中心提法都植根于正确看出了的和正确解说了的时间现象以及它如何植根于这种时间现象**。

如果我们确应从时间来理解存在，如果事实上确应着眼于时间才能理解存在的种种不同样式的样式化过程及其种种衍生物的衍化过程，那么，存在本身的（而不仅仅是存在“在时间中”的存在者的）“时间”性质由此也就可弄得明白可见了。于是乎“时间性的”就不再可能只等于说“在时间中存在着的”“非时间的东西”与“超时间的东西”就其存在来看也是“时间性的”。而且与“时间性的东西”那样一种“在时间中”的存在者不同，“非时间的东西”与“超时间的东西”并非仅以某种褫夺方式才是“时间性的”；这里的“时间性的”具有积极的意义，诚然这种意义还有待澄清。不过，因为“时间性的”这个词的上述含义已经被前哲学的和哲学的语言用法遮盖了，因为在后面的探索中我们还要把这个词用于另一种含义，所以，我们把出自时间的存在的原始意义的规定性以及存在的诸性质与诸样式的原始意义的规定性称为存在的**时间状态上的**规定性。从而，阐释存在之为存在的基础存在论任务中就包含有清理**存在的时间状态**的工作。只有把时间状态的问题讲解清楚，才可能为存在的意义问题提供

具体而微的答复。

因为只有着眼于时间才可能把捉存在，所以，存在问题的答案不可能在一个孤立的盲目的命题里面。靠着对这个答案以命题形式道出的东西鹦鹉学舌一番并不就是理解了这个答案。若把这个答案当作飘浮无据的结论人云亦云一番，结果也不过认识了某种“立场”，而这种“立场”也许还同迄今为止的处理方式南辕北辙，这更不能说是理解了这个答案。这个答案“新”或不“新”是无关宏旨的，那始终是事情的外在方向。这个答案的积极的东西倒是在于这个答案足够古老，这样才使我们能学着去理解“古人”已经准备好了的种种可能性。按照这个答案的最本己的意义，这个答案为具体的存在论研究提供了指示——在业经开放的境域内，以探索性的发问去开始具体的存在论研究，这也就是这个答案所提供的一切。

如果存在问题的答案正是这样成为研究的主导指示，那么问题就归结为：迄今为止的存在论特有的存在方式，这种存在论的发问、发现和拒绝的天命，它们作为此在式的必然，都从这个答案本身进入我们的洞见，只有这样，我们才能把存在问题的答案充分地提供出来。

⑥ 解析存在论历史的任务

一切研究——尤其是在中心的存在问题的环围中活动的研究——都是此在的一种存在者状态上的可能性。此在的存在在时间性中发现其意义。然而时间性也就是历史性之所以可能的条件，而历史性则是此在本身的时间性的存在方式；至于此在是否是以及如何是一个“在时间中”的存在者的问题，在此不谈。历史性这个规定发生在人们称为历史（世界历史的历事）的那个东西之前。首须以此在为基础，像“世界历史”这样的东西才有可能，这些东西才历史地成为世界历史的内容；而历史性就意指这样一种此在的历事的[①]存在法相。在它的实际存在中，此在一向如它已曾是的那样存在并作为它已曾是的“东西”存在。无论是否明显，此在总**是**它的过去，而这种情形不仅是说，它的过去仿佛“在后面”推着它，它还伴有过去的东西作为有时在它身上还起作用的现成属性。大致说来，此在的存在向来是从它的将来方面“演历”的，此在就以**它的**存在方式“现在正是”它的过去。此在是以它当下去存在的方式，因而也就是随着隶属于它的存在之领悟生长到一个承袭下来的此在解释中去并在这种解释中成长。此在当下就是而且在一定范围之内总是从这种此在解释中来领会自身。这种领悟开展着它的各种可能性并即调整着这些可能性。它自己的过去——而这总是说它的“同代人”的过去——并不是**跟在**此在**后面**，而是向来已经走在它的前头。

---

① 在德文的一般用法中，“geschehen”指某一事情的“发生”。但是，作者这里使用此词的重点则在于从它与“Geschichte”（历史）在词源上同根的角度强调这种“发生”的“历史”意义。按照作者对“历史”的理解，我们将“geschehen”译为“演历”，将其名词形式“Geschehen”译为“历事”。——译注

此在的这种基本的历史性也可能对此在自己还是讳莫如深的。但这种基本的历史性也可能以某种方式被揭示并自行培养。此在可能揭示传统、保持传统并突出地追随传统。传统的揭示以及传统“传下”什么和如何传下的情况的开展，都可能被把握为独立的任务。此在这样就把自身带进历史追问与历史研究的存在方式之中。但是历史学——说得更精确些历史学之为历史学——之所以可能成为进行追问的此在的存在方式，只因为此在基于它的存在就是被历史性规定的。当历史性对此在讳莫如深而且只要当历史性对此在还讳莫如深的时候，此在也就没有可能对历史进行历史学追问与历史学揭示。缺乏历史学并不是**没有**此在的历史性的证明；历史学的缺乏，这作为此在存在法相的残缺样式，倒是有此在的历史性的证明。一个时代只是因为它是“历史性的”，才可能是无历史学的。

另一方面，如果此在已经把握了在它之内的可能性——不仅把握了使自己看透自己的存在的可能性，而且把握了追究生存论状态本身的意义亦即先行追究一般存在的意义的可能性，如果在这样的追问中已经放眼于此在的本质的历史性，那么，就不可能不洞见到：对存在的追问——前曾指出过这种追问在存在者暨存在论上的必要性——其本身就是以历史性为特征的。这一追问作为历史的追问，其最本己的存在意义就包含有一种指示：要去追究这一追问本身的历史，也就是说，要成为历史学的。要好好解答存在问题，就必须听取这一指示，以便使自己在积极地据过去为己有的情况下来充分占有最本己的问题的可能性。存在的意义问题，就它所适用的进行追问的方式看来（也就是说，这个问题就是要在此在的时间性与历史性中把此在先行解说清楚），是由它本身所驱使而把自身作为历史学问题来加以了解的。

在此在的最切近的和通常的存在方式中，此在也当下就历史地存在着；就此在的这种最切近的和通常的存在方式看来，对此在的基本结构作了这些预备性的解释，就将把下述情形挑明了：此在不仅有一种趋向，就是要沉沦到它所在的它的世界去并依这个世界的反光来解释自身，而且与此同时此在也就沉溺于它的或多或少是明白把握了的传统之中。传统就从此在那里把对自己的领导，把追问和选择都拿过去了。这种情形尤其是适用于植根于此在的最本己的存在中的那种领悟（即存在论的领悟）以及可以造就这种领悟的境况。

似这般取得统治地位的传统首先与通常都使它所“传下”的东西难于接近，竟至于倒是把这些东西掩盖起来了。传统把承袭下来的东西当作是不言自明的，并堵塞了通达原始“源头”的道路，而流传下来的许多范畴和概念一部分本来曾是以真切的方式从这些源头汲取出来的。传统甚至根本使这样的渊源被遗忘了。传统使人们以为甚至无须去了解一下是否有必要回溯到渊源处去。传统把比在的历史性连根拔除，竟至于此在还只对哲学活动的五花八门的类型、方向、观点感到兴趣，它靠这种兴趣活动于最疏远最陌生的诸种文化中并试图用这种兴趣来掩藏自己的无根基状态。结果是：此在无论具有多少历史学兴趣以及在文字上进行“实事求是的”阐释的热衷，它仍然领会不了那些唯一能使我们积极地回溯过去（这里指的是有创造力地占有过去）的最基本的条件。

在开头处（第一节）已经显示，存在的意义问题不仅未了结，不仅没有充分提出，而且不论人们对“形而上学”有多少兴趣，它仍被付诸遗忘了。希腊存在论通过形形色色的分流与变种直到今天还规定着哲学的概念方式。这个希腊存在论及其历史就是下述情况的证明，此在是从“世界”方面来领会自己本身并且领会一般存在，而这样成长起来的存在论沉溺于其中的传统让存在论降低为不言自明之事，降低为只不过有待重新制作一番的材料（黑格尔就是这样）。这种无根的希腊存在论在中世纪变成了固定教材。这份教材的系统化并非只是把承袭下来的诸构件凑合成一座建筑了事。在教条式地承受希腊对存在的基本看法的限度内，在这个系统的构造中还是出了不少初拙的工作。希腊存在论的本质部分盖上了经院哲学的印记，通过苏阿列兹〔Suarez〕的形而上学论辩，过渡到近代的“形而上学”和先验哲学，并且它还规定着黑格尔《逻辑学》的基调和目标。在这个历史过程中，某些别具一格的存在领域曾映入眼帘并在此后主导着问题的提法（笛卡尔的我思，主体，我、精神、人格）；但同时，这些东西都与始终把存在问题耽搁了的情况相适应，没有就它们的存在之为存在及其存在结构被追问过。人们反而把传统存在论的范畴内涵以各种相应的表达法以及完全消极的限制加到这种存在者之上，或者竟为对主体的实体性作存在论阐释之故而乞灵于辩证法。

如果要为存在问题本身而把这个问题自己的历史透视清楚，那么就需要把僵硬化了的传统松动一下，需要把由传统作成的一切遮蔽打破。我们把这个任务了解为：**以存在问题为线索**，把古代存在论传下来的内容**解析**为一些原始经验。那些最初的，以后又起着主导作用的存在规定就是借这些原始经验获得的。

把存在论基本概念的渊源这样指出来，也就是为它们举行它们的“生庚证”的探讨性展览。这样做，却与把存在论的立场恶劣地加以相对化毫无共同之处。这种解析工作也没有要摆脱存在论传统的**消极**意义。这种解析工作倒是要标明存在论传统的各种积极的可能性，而这意思总是说：要标明存在论传统的限度；随着历史问题的提法，随着在这些提法中已经草描出来的可能的探讨范围这种情形，那些限度实际上已经给出了。这个分析任务不是否定地对待过去，它的批判针对“今天”，针对存在论历史中占统治地位的处理方式，无论这种处理方式是谈学理的也好，是谈精神历史的也好，是谈问题历史的也好。但这一解析工作并不想把过去埋葬在虚无中，它有**积极的**目的；它的消极作用始终是隐而不露的，是间接的。

解析存在论历史的工作本来是在本质上为存在问题的提法所应有的，而且只有在存在问题的提法范围之内才可能进行。不过本书的目的是要从原则上弄清楚存在问题本身。在本书的探讨工作框架之内，解析存在论历史的工作只能就存在论历史中原则上有决定意义的一些处所着手。

按照解析工作的积极倾向，首先就须提出这个问题：在一般存在论的历史发展过程中，对存在的解释究竟是否以及在何种程度上曾经或至少曾能够同时间现象专题地结合在一起？为此必须探讨的时间状态的问题是否在原则上曾被或至少曾能够被清理出来？曾经向时间性这一度探索了一程的第一个人与唯一的人，或者说，曾经让自己被现象本身所迫而走到这条道路上的第一个人与唯一的人，是康德。只有当时间状态的问题之提法已经确定了的时候，才能成功地引进光线来照亮图型说的晦暗之处。但通过这条途径也就可以显现出：**为什么**这个区域在其本身的维度及其中心的存在论功能方面对康德不能不始终是禁地。康德本人知道他自己已闯入漆黑一团的区域："我们的知性的这种图型说，在涉及到现象及其纯形式的时候，是潜藏在人们灵魂深处的一种技术，我们任何时候都将很难从自然手中获得破解这种技术的真正机关，把它无所遮蔽地摆到眼前。"[①] 设若"存在"这个语词有一种可以指明的意义，那么康德在这里望而却步的东西，就必须作为专题从原则上得到洞察。在以下的分析中将在"时间状态"这一名称下摆出来的那些现象恰恰是"通常的理性"的**最隐秘**的判断，康德就是把这些判断的分析规定为"哲学家的事业"。

在以时间状态的问题的提法为线索来完成解析工作的过程中，本书的第二部将试图解释图型说那一章并由此出

① 《纯粹理性批判》第二版第180—181页。——原注

发去解释康德的时间学说。同时还将显示：为什么康德终究无法窥时间问题的堂奥。有两重因素妨碍了他窥此堂奥：一是存在问题一般地被耽误了，与此相关的是根本没有出现过以此在为专题的存在论，用康德的话说，就是根本没有人对主体之为主体的情况事先作过存在论分析。尽管康德在某些本质方面作出了推进，但他却并不曾进行过上面说的那种存在论分析，反而教条式地继承了笛卡尔的立场。另一些因素在于：尽管康德已经把时间现象划归到主体方面，但他对时间的分析仍然还以流传下来的对时间的通俗领悟为准，这就使康德毕竟不能把“先验的时间规定”这一现象在其自身的结构与功能中清理出来。由于传统的这种双重作用，**时间**和“**我思**”之间的决定性的**联系**就仍然还隐藏在一团晦暗之中，这种联系根本就没有成为问题。

康德耽搁了一件本质性的大事：耽搁了此在的存在论，而这耽搁又是由于康德继承了笛卡尔的存在论立场才一并造成的。这次耽搁，就笛卡尔最本己的倾向来说，是决定性的耽搁。笛卡尔发现了“Cogito sum”〔“我思故我在”〕，就认为已为哲学找到了一个新的可靠的基地。但是他在这个“激进的”开端处没有规定清楚的就是这个能思之物的存在方式，说得更准确些，就是“**我在**”**的存在的意义**。对存在论历史进行分解回溯的这一工作的第二步就是要把“我思我在”的未曾明言的存在论基础清理出来。这一番解释将不仅会证明笛卡尔不能不耽误存在问题，而且也显示出为什么笛卡尔会认为：既然我思绝对

“是确实的”，就可以不管这个存在者的存在的意义问题。

然而就笛卡尔来说，事情还不止限于耽搁了此事因而使 res cogitans sive mens sive animus〔能思之物，无论其为心智还是精灵〕在存在论上陷入全无规定之境。笛卡尔通过把中世纪的存在论加到由他要立起来作为 fundamentum inconcussum〔不可动摇的基础〕的那个存在者身上来进行他的“沉思”的基本思考。res cogitans〔能思之物〕从存在论上被规定为 ens〔物〕，而对中世纪的存在论来说，ens 的存在之意义被确定地理解为：ens als ens creatum〔物即受造物〕。上帝作为 ens infinitum〔无限物〕就是 ens increatum〔非受造物〕。最广义的受造就是某种东西被制造出来，这层意思上的受造乃是古代的存在概念的一个本质的结构环节。这个徒有其表的哲学新开端，拆穿了，却是在培植一个不祥的成见，后世就是从这个成见出发才把以“心灵〔Gemüt〕”为主题的存在论分析耽搁下去的；这一分析原应以存在问题为线索，并同时对承袭下来的古代存在论加以批判剖析。

笛卡尔是“依赖”中世纪经院哲学的，而且使用经院哲学的术语，这是任何熟悉中世纪的人都看得出来的。不过，只要中世纪存在论在后世对能思之物的存在论规定或无规定究竟产生了多深远的原则性影响这件事还晦昧不明，“发现”这一事实在哲学上就将一无所获。要对此进行估价，就首须以存在问题为准来指明古代存在论的意义与限度。换句话说，前述的解析到此又面临把时间状态作为问题并据此来解释古代存在论的基地这一任务了。这样一来就挑明了：古代对存在者之存在的解释是以最广义的"世界"或"自然"为准的，而且事实上是从"时间"中来取得对存在的领会的。关于此点的外部证据——诚然也只是外部证据——就是：存在的意义被规定为παρουσία〔在场〕或οὐσία〔在〕，这在存在论时间状态上的含义是"在场"。[①] 存在者是在其存在中作为"在场"而得到把捉的，这就是说存在者是就一定的时间样式即"**现在**"而得到领会的。

希腊存在论所提出的问题必须和任何存在论所提出的问题一样从此在本身中觅取线索。此在，也就是说，人的存在，在通俗的"定义"中正如在哲学的"定义"中一样被界说为ζῶον λόγοs ἔχου〔会说话的动物〕，即这样一种生命物，它的存在就本质而言是由能说话来规定的。λέγειν〔说〕（参见第七节B）是获得在"因…而论"与"就…而论"中相遇的存在者的存在结构的线索。因而在柏拉图时期形成的古代存在论就变成了"辩证法"。随着

① 希腊文中，"οὐσία"这一名词是从不规则动词"εἶναι"〔存在〕的一种变化形式而来。尽管柏拉图著作的译者们更喜欢将οὐσία译为"本质""实存"或"在"，但在亚里士多德学派的传统中，它则通常被译为"实体"。海德格尔提出，"οὐσία"应该被视为与由其衍生出来的"παρουσία"〔"在某时或某地存在"、"在场"〕同义。他指出，就词源上来看，"παρουσία"与德语中的"Anwesenheit"近乎一致。与前者相似，"Anwesenheit"也是由具有"存在"意义的词根（参见古高地德语"wesan"）加上某地、某时在此的前缀"an"而成。一般说，我们将"Anwesenheit"译为"在场"，而将其分词形式"anwesend"译为"在场的"。——英译注

对存在论的进一步清理，也就是说，随着对 λόγος〔逻各斯〕的“诠释”的进一步清理，就越来越有可能更彻底地把捉存在问题了。那曾使哲学狼狈不堪的“辩证法”这时变为多余之事了。亚里士多德之所以对辩证法“再没有什么了解了”，那是因为他把辩证法置于一个更彻底的基地上并扬弃了它。λέγειν〔说〕本身，或者说，νοεῖν——对现成的东西就其纯粹的现成性的单纯知觉，巴门尼德已经取它作为解释存在的线索了——具有使这个东西纯粹“当前化”〔Gegenwärtigen〕的时间状态上的结构。这个在当前化中并为当前化而显现的存在者，这个被领会为本真存在者的存在者，就由此从现在方面获得了解释，也就是说，这个存在者被理解为在场（οὐσία）了。

然而，当希腊这样形成了对存在的解释之时，人们对在其中起作用的线索仍不鲜明知悉，对时间的基础存在论的功能并不熟悉甚至全无了解，亦未见到这种功能的可能性的深处。相反，人们把时间本身当作与其他存在者并列的一个存在者，未曾明言地、质朴地以时间为准来领悟存在，却又试图从这种存在之领悟的境域上就时间的存在结构来把握时间本身。

以下要从原则上弄清楚存在问题，在这一工作框架内不可能连带从时间状态上详细阐释古代存在论的基础——特别是它在亚里士多德那里达到的在科学上最高和最纯粹的阶段。在此只能不得已地对亚里士多德论时间的著作①

① 《物理学》⊿10、217b29—14、224、a17。——原注

作一点解释，因为这篇著作可以被选来作为古代存在学说的根基与限度的判别者。

亚里士多德的时间论著是第一部流传至今的对时间这一现象的详细解释。它基本上规定了后世所有的人对时间的看法——包括柏格森的看法。对亚里士多德的时间概念进行分析，同时就可以倒溯回来看清楚康德对时间的看法——这种看法就是在亚里士多德制订出来的结构中打转的；这就是说，康德存在论的根本方向——不管他对问题的新提法与前人有多少不同——依然是希腊式的。

只有在执行解析存在论传统的任务的时候，存在问题的探讨工作才能获得真正的具体化。在执行这个任务的时候，这个具体化的工作就能充分证明追究存在的意义问题是无可逃避的，并且就指明了“重提”这个问题这种说法的意义。

在这一块园地中，“事情本身是深深掩藏着的”，[1] 在这块园地中的任何探索工作都要防止过高估计自己的成果。因为可能的情况是：随着这样一种追问不断向前驱迫，自有一道更其原始更其浩瀚的境域开展出来，那便是或能求得“存在”是什么这一问题的答案的境域。只有当存在问题重被唤起而一个进行可控制的争论的园地被争取到了的时候，才能认真地而且有积极收获地来谈论这样一些可能性。

① 康德《纯粹理性批判》第二版第121页。——原注

⑦ 探索工作的现象学方法

我们已把这部探索的专题对象（存在者的存在，或一般存在的意义）粗略地描述了一番；随着这番描述，探索的方法似乎也已经先行描绘出来了。把存在从存在者中崭露出来，解说存在本身，这是存在论的任务。当人们想从历史上流传下来的存在论以及诸如此类的尝试那里讨教的时候，存在论的方法却还始终颇成问题。由于对这部探索来说，存在论这个术语是在形式上很广的含义下使用的，所以，循着存在论历史来澄清存在论方法这样一条道路本身就是走不通的。

而且，我们使用的存在论这一术语，说的也不是某一门确定的和其他诸学科并列相联的哲学学科。我们的任务远非先行给定一门学科，情况倒相反：只有从某些特定问题的事情的必然性出发，从“事情本身”所要求的处理方式出发，才能够形成这样一门学科。

随着存在的意义这一主导问题，探索就站到了一般哲学的基本问题上。处理这一问题的方式是**现象学的**方式。但这部论著却并不因此把自己误归入某种“立场”或某种“流派”。“现象学”这个词本来意味着一个**方法概念**。它不描述哲学研究对象所包纳事情的“什么”，而描述这种研究的“**如何**”，而一种方法概念愈真切地发生作用，愈广泛地规定着一门科学的基调，它也就愈原始地植根于对事情本身的分析之中，愈远离我们称之为技术手法的东西，虽说即使在这些理论学科中，这类技术手法也很不少。

“现象学”这个名称表达出一条原理；这条原理可以表述为：“走向事情本身!”① ——这句座右铭反对一切飘浮无据的虚构与偶发之见，反对采纳不过貌似经过证明的概念，反对任何伪问题——虽然它们往往一代复一代地大事铺张其为“问题”。人们也许会反对说，这一座右铭原是完全不言自明的，此外，它表达的是无论哪种科学认识都具有的原则。人们看不出为什么要把这种自明性突出标识为某一门研究的名称。事实上，这里关系到的是我们想更切近地加以考察的一种“自明性”，而这种切近考察对阐明这部论著的进程是很重要的。在这里我们将限于阐明现象学的先行概念。

现象学这个词有两个组成部分：现象和逻各斯，二者都可上溯到希腊术语：φαινόμενον〔显现者〕与 λόγος〔逻各斯〕。从外形上看，现象学这个名称就像神学、生物学、社会学这些名称可以翻译为神的科学、生命的科学、社会的科学一样，因此现象学似乎就是**现象的科学**。我们应得把这个名称的两个组成部分，即“现象”与“逻各斯”所意指的东西描述出来，把由它们**合成的**名字的意义确定下来；由此我们便可提出现象学的先行概念。

---

① “zu den Sachen selbst!”是本世纪初以埃·胡塞尔〔E. Husserl〕为代表的哲学现象学提出的一句著名口号。在一定意义上，它针对当时流行的新康德主义的口号：“回到康德去!”［zurück zu Kant!］而提出。这里，我们译为“走向事情本身”。——译注

据认为，现象学这个词产生于沃尔夫学派；不过，这个词本身的历史在这里无关宏旨。

（1）**现象的概念**

“现象”这个术语可追溯到希腊词 φαινόμενον；而 φαινόμενου 则由动词 φαίνεσθαι 派生而来；φαίνεσθαι 意味着：显示自身（显现）。因此，φαινόμενον 等于说：显示着自身的东西，显现者，公开者。φαινεσθαι 本身是 φαίνω 的中动态，φαίνω 的意思是：大白于世，置于光明中。φαίνω 的词根是 φα-。φῶs 的词根也是 φα-。它的意思是：光、明，即某某能公开于其中的东西，某某能在其中就其本身显而易见的东西。因此，“**现象**”一词的意义就可以**确定为：就其自身显示自身者**，公开者。于是 φαινόμενα 即“诸现象”就是：大白于世间或能够带入光明中的东西的总和；希腊人有时干脆把这种东西同 τὰ ὄντα（存在者）视为一事。按照通达存在者的种种方式，存在者又可以以种种不同的方式从其自身显现。甚至它可能作为它就其本身所**不**是的东西显现。存在者在这种显现中“看上去就像……一样”。这种显现称为**显似**。所以，φαινόμενον 即现象这个词在希腊文中也就有下面的含义：看上去像是的东西，“貌似的东西”，“假象”。Ψαινόμενον ἀγαθόν 意指某种看上去像是不错的东西，但“实际上”它却不像它所表现的那样。称为 φαινόμενον 的东西有着两重含义，即作为自现者的“现象”与作为假象的“现象”，而要进一步领悟现象概念，全在于看到这两种含义如何按现象概念的结构相互联系。惟当某种东西就其意义来说根本就是假装显现，也就是说，假装是现象，它才**可能作为**它所**不**是的东西显现，它才**可能**“仅仅看上去像……”。在作为“假象”的 φαινόμενον 的含义中已经共同包含有作为公开者的现象的原始含义。公开者这种含义对假象这种含义具有奠基作用，我们在术语的用法上用“现象”这个名称来指 φαινόμενον 正面的和原始的含义，使之有别于假象这种现象，假象是现象的褫夺性变式。不过首先这**两个**术语表达出的东西同人们用“现像”乃至“纯粹现象”① 所称谓的东西是风马牛不相及的。

例如说到“病理现象”，它意指身体上出现的某些变故，它们显现着，并且在这一过程中，它们作为显现的东西“标示着”某种不显现自身的东西。这样的变故的发生和显现同某些现成存在着的失调并行不悖，虽然这些失调本身并不显现。因此，现像作为“某种东西的”现像恰恰**不是说**，显现自身；而是说通过某种显现的东西呈报出某种不显现的东西。现像是一种不显现。但我们绝不可把这个“不”同褫夺性的“不”搅在一起。褫夺性的

① 在德语的一般用法中，“Erscheinung”和“Phänomen”是同义词。但海德格尔从语源学角度进行考察，强调指出它们之间的区别。我们仍用“**现象**”一词来译“Phänomen”，而用“**现像**”一词来译“Erscheinung”。“现像”意在表明“Erscheinung”通过自身显现呈报出一个不自身显现的他物，即仅是“像”而非“象”；表明它极易和“Phänomen”在意义上混淆起来的性质。同这两个概念一并出现的还有“Schein”，译为“假象”。与上述三个概念相应的三个动词分别译为“显现”（sich zeigen）；“现像为”或“现像出来”（erscheinen）；“显似”（scheinen）。——中译注

"不"所规定的是假象结构。而以现像者的**那种**方式**不**呈现的东西，也绝不可能〔作为假象〕显似。一切标示、表现、征候与象征都具有现像的上述基本形式结构，虽然它们自身相互之间还有区别。

虽然"现像"不是并且绝不会是一种现象意义上的显现，但现像只有根据某某东西的显现才是可能的。然而这种使现像也一起成为可能的显现却不是现像本身。现像通过某种显现着的东西**呈报**出来。所以，如果人们说，我们用"现像"这个词是指这样一种东西，在其中有某种本身不是现像的东西现像出来，那这还不是对现象概念进行界说，而是把现象概念**设为前提了**，不过，这一前提仍然是掩蔽着的，因为在这般规定"现像"的时候，人们是在双重意义上使用着"现像"这个词。所谓在其中有某种东西"现像"，意思是说：在其中有某种东西呈报出来，亦即这一东西并不显现。而在"本身并不是'现像'"这句话里，现像则意味着显现，但这个显现本质上却属于某种东西在其中呈报的那个"何所在"。因此，现象**绝不是**现像，虽然任何现像都指向现象。如果人们借"现像"这个尚且含混不清的概念来定义现象，那就完全头足倒置了，建立在这一基础之上的对现象学的"批判"也就显然是一桩妄为之举了。

"现像"这个词本身又可能有双重含义：一会儿作为不显现而是呈报意义上的**现像**，一会儿又是呈报者本身——它在其显现中指点出某种不显现的东西。最后，人们还可能把现像用来称现象的真切意义，即称作显现。既然人们把这三种不同的情况都标识为“现像”，于是乎混乱就不可避免了。

由于“现像”还可以有另一种含义，于是上述混乱就在根本上加剧了。呈报者在其显现过程中指点着那不公开的东西，如果人们把这种呈报者把握为在那种本身就不公开的东西身上浮现出来的东西，把握为从那种本身就不公开的东西那里辐射出来的东西，而这不公开的东西又被设想为根本**不会**公开的东西，那么，现像就恰恰等于呈献，或被呈献的东西，但这种被呈献的东西又不构成呈献者的本真存在。这种现像就是“纯粹现像”意义上的现像。被呈献出来的呈报者虽然显现自身，但作为它所呈报的东西的辐射又同时恰恰在其自身始终掩藏着它所呈报的东西。但是，这种掩藏着的不显现又不是假象。康德就是在这种双重性中使用现像这一术语的。在康德看来，现像只是“经验直观的对象”，即在经验直观中显现的东西。但这种显现着的东西（真正原始意义上的现象）同时又是另一种“现像”，即是由隐藏在现象里面的东西的有所呈报的辐射。

对于“通过某种呈现者呈报出来”这一含义下的“现像”来说，现象是起组建作用的；但现象又可能以褫夺方式演变为假象。只要是这样，现像也就可以变为纯粹假象。在某种特定的光照下，某个人可能看上去双颊赤红，而这种显现着的赤红可能呈报着发烧的现成存在，而发烧复又标示着机体失调。

现象——就其自身显示自身——意味着与某种东西的

特具一格的照面方式。而**现像**则相反，它意指着存在者本身之中的某种存在着的指引关联；而只有当**指引者**（有所呈报者）就其本身显现着，只有当指引者是“现象”，它才能够完全具有它所可能的功能，现像和假象以各各不同的方式奠基于现象。人们用现象、假象、现像、纯粹现像这些名称来称谓“现象”，惟当我们一开始就把现象概念领会为“就其自身显现自身”，我们才能够廓清“现象”的上述形形色色混乱状态。

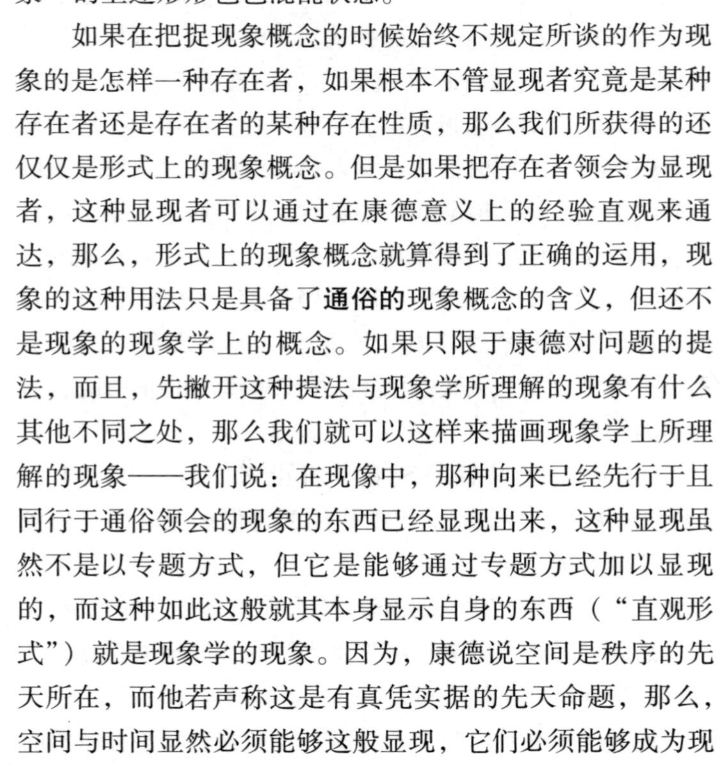

如果在把捉现象概念的时候始终不规定所谈的作为现象的是怎样一种存在者，如果根本不管显现者究竟是某种存在者还是存在者的某种存在性质，那么我们所获得的还仅仅是形式上的现象概念。但是如果把存在者领会为显现者，这种显现者可以通过在康德意义上的经验直观来通达，那么，形式上的现象概念就算得到了正确的运用，现象的这种用法只是具备了**通俗的**现象概念的含义，但还不是现象的现象学上的概念。如果只限于康德对问题的提法，而且，先撇开这种提法与现象学所理解的现象有什么其他不同之处，那么我们就可以这样来描画现象学上所理解的现象——我们说：在现像中，那种向来已经先行于且同行于通俗领会的现象的东西已经显现出来，这种显现虽然不是以专题方式，但它是能够通过专题方式加以显现的，而这种如此这般就其本身显示自身的东西（“直观形式”）就是现象学的现象。因为，康德说空间是秩序的先天所在，而他若声称这是有真凭实据的先天命题，那么，空间与时间显然必须能够这般显现，它们必须能够成为现象。

且不管还能怎样更切近地规定显现者，凡要想对现象学的一般现象概念有所领会，其无法回避的先决条件就是：洞见形式上的现象概念的意义，以及洞见在通俗含义下对这一概念的正确运用的意义。不过，在确定现象学的先行概念之前，还须得界说 λόγος 的含义，这样才能够弄清楚，现象学究竟在何种意义下能够成为“关于”现象的“科学”。

（2）逻各斯的概念

在柏拉图与亚里士多德那里，λόγος 这个概念具有多重含义；而且，这些含义相互抗争，没有一个基本含义在积极地主导它们。事实上这只是假象。只要我们的阐释不能就其本来内涵适当把握 λόγος 的基本含义，这种假象就会持续下去。如果我们说：λόγος 的基本含义是言谈，那么只有先规定了“言谈”这词本身说的是什么，这种字面上的翻译才有用处。λόγος 这个词的含义的后来历史，特别是后世哲学的形形色色随心所欲的阐释，不断掩蔽着言谈的本真含义。这含义其实是够显而易见的。λόγος 被“翻译”为，也就是说，一向被解释为：理性、判断、概念、定义、根据、关系。但“言谈”怎么竟能变出这么多种样式，竟使 λόγος 得以意味着上列种种，而且还是在科学的语言用法范围之内？即使把 λόγος 的意义领会为陈述，而陈述却又作为“判断”时，这种貌似正当的翻译仍然可能使 λόγος 的基本含义交臂失之；我们若在当今的任何一种“判断理论”的意义上来理解判断，那情况就尤其不妙。如果人们把判断领会为一种“联结”或一种选取角度（认可、反对），那么，λόγos 说的就不是判断，无论如何它本来并不等于说判断。

λόγos 作为言谈，毋宁说恰恰等于 δηλοῦν：把言谈时“话题”所及的东西公开出来。亚里士多德把言谈的功能更精细地解说为 ἀποφαίνεσθνι[1]〔合乎语法的言谈〕。λόγos 是让人看某种东西（φαίνεσθαι），让人看言谈所谈及的东西，而这个看是对言谈者（中间人）来说的，也是对相互交谈的人们来说的。言谈“让人” απο……〔从〕某某东西方面“来看”，让人从话题所及的东西本身方面来看。只要言谈是真切的，那么，在言谈（ἀπόφανσιs）中，言谈之**所谈**就当**取自**言谈之所涉；只有这样，言谈着的传达用所谈的东西才能把所涉的东西公开出来，从而使他人也能够通达所涉的东西。这就是说 λόγos 之为 ἀπόφανσιs 的结构。这种“使公开”的意义就是展示出来让人看；当然，并非一切“言谈”都具有**这种**意义上的“使公开”的样式。譬如请求（εὐχή）也使某种东西公开，但却是以其他的方式来进行的。

在具体的言谈过程中，言谈（让人看）具有说的性质——发声为词。λόγos 就是 φωνή〔发声〕，而且是 φωνὴ μετὰ φαντασίαs——向来已有所视的发声。

---

① 参见《解释篇》第一章至第六章。又，《形而上学》卷 Z4，与《尼各马可伦理学》卷 Z。——原注

λόγος 之为 ἀπόφανσις，其功能在于把某种东西展示出来让人看；只因为如此，λόγος 才具有 σύνθεσις〔综合〕的结构形式。综合在这里不是说表象的联结或纽结，不是说对某些心理上发生的事情进行操作——从诸如此类的联系方面会产生出这样的“问题”来：这些〔心理上的〕内在的东西是如何同外部物理的东西相符合的？συν 在这里具有纯粹构词法上的含义，它等于说：就某种东西同某种东西**共处**的情形来让人看，把某种东西**作为**某种东西来让人看。

再则，惟因 λόγος 是让人来看，所以它才可能是真的或假的。

在这里，问题也完全系于不要沾染“符合”那种意义上的虚构的真理概念。这种观念根本不是 ἀλήθεια［无蔽］这一概念中的本来观念。λόγος 的“真在”亦即 ἀληθεύειν 说的是：在 λέγειν 这种 ἀποφαίνεσθαι 中，把话题所及的存在者从其掩蔽状态拿出来，让人把它当作无蔽的（ἀληθές）东西来看，也就是说，**揭示**话题所及的存在者。同样，“假在”即 ψεύδεσθαι 说的是**遮蔽**这一意义上的欺骗，（以让人来看的方式）把某种东西放到某种东西之前，从而却使这样东西**作为它所不**是的东西呈现出来。

但正因为“真理”具有这一意义而 λόγος 则是让人来看的一种确定样式，所以 λόγος **才不可**被当作真理的本来“处所”来谈。如今人们习以为常，把真理规定为“本真地”归属于判断的东西，而且还为这个论点援引亚里士多德；然而，不仅这种援引无道理可言，而且这首先是误解了希腊的真理概念。在希腊的意义上，“真”是αἴσθησις［知觉］对某种东西的素朴感性觉知，它比上面谈到的λόγος更其原始，只要一种αἴσησις以它自己的ἴδια［观念］，亦即以天生只有**通过它并且只是为了**它才可通达的存在者为目标，譬如，看以颜色为目标，那么，觉知总是真的。这等于说，看总揭示颜色，听总揭示声音。“真”既只为了不可能产生蒙蔽而进行揭示，而纯粹νοεῖν［直观］则是素朴地观望着觉知存在者之为存在者这种最简单的存在规定性。纯粹νοεῖν是这种最纯粹最原始意义上的“真”。这样一种νοεῖν绝不可能进行遮蔽，绝不可能是假的，充其量它只能保持其为**不觉知**，即ἀγνοεῖν：不足以提供质朴的适当的通路。

如果揭示的形式不再是纯粹的让人来看，而是在展示过程中已回溯到另外某种东西，这样也就是让人把某种东西**作为**某种东西来看，那么，这样一种综合结构就承担了蔽的可能性。“判断的真理”却只是这种蒙蔽的反例而已——也就是说，是一种另有**几重根基**的真理现象。实在论与唯心论都以同样的彻底性错失了希腊的真理概念，而人们从希腊的真理概念竟只能悟出这样一种可能性，那就是把诸如“理念学说”之类的东西当作充当为哲学的**知识**。

因为λόγος的功能反在于素朴地让人来看某种东西，在于**让人觉知**存在者，所以λόγος又能够意味着理性。因为λόγος不仅使用在λέγειν的含义上，而且也使用在λεγόμενον（被展示者本身）的含义上；因为这个

λεγόμενον 不是别的。正是 ὑποκείμενον：在一切因它而谈和就它而谈之际总已经现成摆在那里作为**根据**的东西；所以 λεγόμενον 这种 λόγος 又等于说根据：ratio。最后 λεγόμενον 这种 λόγος 又可以意味着这样一种东西：它作为某种因它而谈及的东西，乃在它同某种东西的关系中才变得明白可见，即在它的“相关性”中才变得明白可见；所以，λόγος 又具有**关系**与**相关**的含义。

对“构词法上的言谈”所作的这一番解释大致也就足以弄清楚 λόγος 的本来功能了。

（3）现象学的先行概念

如果我们就眼下的目的来看待刚才我们解释“现象”与“逻各斯”之际所提出来的东西，那么，这两个名称所意指的东西之间的一种内在关联就跳入了眼帘。现象学这个词可以用希腊文表述为 λέγειν τὰ φαινόμενα。λέγειν 则等于说 ἀποφαίνεσθαι。于是，现象学是说：ἀποφαίνεσαι τὰ φαινόμενα：让人从显现的东西本身那里，如它从其本身所显现的那样来看它。这就是取名为现象学的那门研究的形式上的意义。然而，这里表达出来的东西无非就是前面曾表述过的座右铭：“走向事情本身！”

所以，“现象学”这个名称就其意义来看实不同于诸如“神学”之类的名号。那些名称按照有关科学各自包含事情的情况称谓出这些科学的对象。“现象学”这一名称则既不称谓其诸研究的对象，也不描述这些研究包含着哪些实际内容。无论应当在这门科学里论述**什么**，“现象学”这个词都只不过告诉我们**如何**展示和处理这种东西。现象“的”科学等于说，以**这样的**方法来把捉它的对象——关于这些对象所要讨论的一切都必须以直接展示和直接指示的方式加以描述。“描述性的现象学”具有同样的意义，这个词其实是一种同语反复。在这里，描述并不意味着植物形态学的那样一种处理方法——这个名称还有一种禁忌性的意义：远避一切不籍指示的规定活动。描述性本身就是 λόγos 特有的意义。只有从被“描写”的东西的“实是”［Sachheit］出发，也就是说，只有从对与现象相遇的方式加以科学规定的东西的“实是”出发，才能够把描述性本身确立起来。形式的和通俗的现象概念的含义是从形式上表明：凡是如存在者就其本身所显现的那样展示存在者，都可在形式上合理地称为现象学。

那么，形式上的现象概念若要脱其之为形式的而化为现象学的现象概念，应当考虑些什么呢？如何区别现象学的现象概念与通俗的现象概念呢？现象学要“让人来看”的东西是什么？必须在与众不同的意义上称为“现象”的东西是什么？什么东西依其本质就**必然是突出**的展示活动的课题？显然是这样一种东西：它首先并恰恰**不**显现，同首先和通常显现着的东西相对，它隐藏不露；但同时它又从本质上包含在首先和通常显现着的东西中，其情况是：它造就着它的意义与根据。

这个在不同寻常的意义上**隐藏不露**的东西，或复又反过来沦入遮蔽状态的东西，或仅仅“**以伪装方式**”显现的东西，却不是这种那种存在者，而是像前面的考察所指

出的，是存在者的存在。存在可以被遮蔽得如此之深远，乃至存在被遗忘了，存在及其意义的问题也无人问津。因此，什么东西发自其最本己的事实内容而以一种与众不同的意义要求成为现象，它就由现象学作为专题对象收进了“掌握”之中。

无论什么东西成为存在论的课题，现象学总是通达这种东西的方式，总是以指示方式来规定这种东西的方式。**存在论只有作为现象学才是可能的**。现象学的现象概念意指这样的显现者：存在者的存在和这种存在的意义，变式和衍化物。而显现并非任意的显现，更不是现像这类事情。存在者的存在绝不会是那样一种东西——好像还有什么“不现像的东西”在它背后似的。

在现象学的现象“背后”，本质上就没有什么别的东西，但应得成为现象的东西仍可能隐藏不露。恰恰因为现象首先和通常是未给予的，所以才需要现象学。遮蔽状态是“现象”的对应概念。

现象可能有各式各样的掩蔽方式。有时现象还根本**未经揭示**，它可能在这种意义上遮蔽着。关于它的存有，谈不上认识也谈不上不认识。再则，一种现象也可能被**掩埋**。这种情况是：它从前曾被揭示，但复又沦入遮蔽状态。遮蔽状态可以成为完完全全的遮蔽状态；但常规的情况是：从前被揭示的东西还看得见，虽然只是作为假象才看得见。然而，有多少假象，就有多少“存在”。这种作为“伪装”的遮蔽是最经常最危险的遮蔽，因为在这里，欺骗和引入歧途的可能性格外顽固，这一类存在结构虽然

可资利用，但是它们的地基是否稳固，这一点还隐绰未彰。也许这些存在结构及其概念可以在某种“体系”的内部要求其权利。而这个体系作为无须乎进一步辩护的、“清清楚楚的”东西，就可以被用作出发点来开始进一步演绎了。

无论把遮蔽把握为掩藏还是掩埋还是伪装，遮蔽本身总又具有两重可能。有偶然的遮蔽，也有必然的遮蔽；后者奠基于被揭示者的存在方式。原始创造的现象学概念与命题，一旦作为传达出来的命题，无不可能蜕化。这种命题会在空洞的领悟中人云亦云，丧失其地基的稳固性，变为飘浮无据的论点。原始的“掌握”会僵化而变得不可掌握；在现象学本身的具体工作中就有这种可能性。这种研究的困难之处恰恰就是要在一种积极的意义上使这种研究对它本身成为批判的。

存在及其结构在现象这一样式中的照面方式，还须从现象学的对象那里**争**而后得。所以，分析的**出发点**，**通达**现象的道路，**穿**越占据着统治地位的掩蔽状态的通道，这些还要求获得本己的方法上的保证。“本原地”、“直觉地”把捉和解说现象，这是同偶然的、“直接的”，不经思索的“观看”的**幼稚粗陋**相对立的。

我们已经界说了现象学的先行概念；在这一地基上，我们也就能确定“现象的”［Phänomenal］和“现象学的”［phänomenologisch］这两个术语的含义了。以现象的照面方式给予的和可用这种方式解说的，称之为“现象的”；现象的结构这种说法便由此而来。而所有属于展示方式与解说方式的东西，所有造就了这种研究所要求的概念方式的东西，则都叫作“现象学的”。

因为现象学所领会的现象总只是构成存在的东西，而存在又向来是存在者的存在，所以，若意在显露存在，则先须以正确的方式提出存在者本身。存在者同样须以了然通达它的方式显现出来。于是，通俗的现象概念在现象学上就变得大有干系。必须从“现象学上”保证那典型的存在者作为本真分析工作的出发点，这一在先的任务已经由分析工作的目标先行描绘出来了。

从包含的事实情形来说，现象学是存在者的存在的科学，即存在论。从前面对存在论任务的解说中曾产生出基础存在论的必要性。基础存在论把存在论暨存在者状态上与众不同的存在者即此在作为课题，这样它就把自己带到了关键的问题即一般存在的意义这个问题面前来了。从这种探索本身出发，结果就是：现象学描述的方法上的意义就是**解释**。此在现象学的 λόγος 具有 ερμηνεύειν［诠释］的性质。通过诠释，存在的本真意义与此在本己存在的基本结构就向居于此在本身的存在之领悟**宣告出来**。此在的现象学就是诠释学［Hermeneutik］。这是就诠释学这个词的原始含义来说的，据此，诠释学标志着这项解释工作。但只要发现了存在的意义与此在基本结构的意义，也就为进一步对非此在式的存在者进行种种存在论研究提供了境域。如果确实如此，诠释学就也是另一种意义上的诠释学——整理出一切存在论探索之所以可能的条件。最后，此在比一切其他存在者在存在论上都更为优先，因为它只是在生存的可能性中的存在者；与此相应，诠释学作为此在的存在之解释就具有特殊的第三重的意义：它是生存的生存论状态的分析工作——从哲学上来领会这重意义是首要意义。这种意义下的诠释学作为历史学在存在者状态上之所以可能的条件，在存在论上把此在的历史性构建起来；只要是这样，那么，只可在派生方式上称作“诠释学”的那种东西，亦即历史学性质的精神科学的方法论，就植根于这第三重意义下的诠释学。

作为哲学的基本课题的存在不是存在者的种、但却关涉每一存在者。须在更高处寻求存在的“普遍性”。存在与存在的结构超出一切存在者之外，超出存在者的一切可能的具有存在者方式的规定性之外。**存在地地道道是** transcedens［**超越**］。此在存在的超越性是一种与众不同的超越性，因为最激进的**个体化**的可能性与必然性就在此在存在的超越性之中，存在这种 transcendens 的一切开展都是**超越的**认识。**现象学的真理（存在的展开状态）乃是** veritas transcendentalis［**超越的真理**］。

存在论与现象学不是两门不同的哲学学科而并列于其他属于哲学的学科。这两个名称从对象与处理方式两个方面描述哲学本身。哲学是普遍的现象学存在论；它是从此在的诠释学出发的，而此在的诠释学作为生存的分析工作则把一切哲学发问的主导线索的端点固定在这种发问所从之**出**且向之**归**的地方上了。

现象学是以胡塞尔的《逻辑研究》开山的。下面的探索只有在胡塞尔奠定的地基上才是可能的。对现象学的先行概念的解说表明：在现象学中，本质的东西不在于它作为一种哲学的“流派”才是**现实的**。**可能性**高于现实性。现象学的领悟惟在于把现象学当作可能性来加以掌握。[1]

考虑到在下面的分析中遣词造句之笨拙和“有欠优美”，应当为此作一个注解：以讲述方式报道**存在者**是一回事，而在其**存在**中把握存在者是另一回事。对后一项任务来说，不仅往往缺乏词汇，而首先是缺乏“语法”。希腊的存在分析就其水平而言是无可比拟的；如果我们可以引这种早期研究为例的话，那么我们可以拿柏拉图《巴曼尼德斯篇》中关于存在论的段落、拿亚里士多德《形而上学》第七卷第四章同修昔底德的某一叙述性段落作一番比较。我们将看到，希腊哲人期待希腊人来理解的表述方式真是闻所未闻。我们的力量本质上较为薄弱，而且如今有待开展的存在领域在存在论上远比希腊人面临的存在领域来得艰难；在这种情况下，概念构造不免更其繁冗，表达也就不免更其生硬。

⑧ 本部论著的构思

存在的意义问题是最普遍最空泛的问题。但在这个问

① 如果下面的探索能在“事情本身”的开展方面前进几步，那么作者首先应当感谢的是埃·胡塞尔。笔者就学于弗莱堡时期，胡塞尔曾给予笔者以深入地亲自指导并最无保留地把其未发表的研究手稿提供给笔者，使笔者得以熟悉至为多样化的现象学研究领域。——原注

题中又有一种可能性，即可能把这个问题本己地、最尖锐地个别化于当下的此在之上。赢获“存在”这一基本概念，草描出这一概念所要求的概念方式及这一方式的种种必然演变，这些工作需要一条具体的指导线索。存在概念的普遍性不反对探索的“特殊性”；这种“特殊性”就是：通过对某种存在者即此在特加阐释这样一条途径突入存在概念。因为我们在此在中将能赢获领悟存在和可能解释存在的境域，但这个存在者本身是“历史的”，所以，对存在者的这一番最本己的存在论澄照就必得成为一种“历史学的”阐释。

于是，存在问题的清理工作就分为两项任务，这部论著也相应地分成两个部分：①

第一部：依时间性阐释此在，解说时间之为存在问题的超越的境域

第二部：依时间状态问题为指导线索对存在论历史进行现象学解析的纲要

第一部分成三篇

1. 准备性的此在基础分析

2. 此在与时间性

① 本书最终未能完成预订的写作计划，仅出版了此计划第一部分的第一、第二篇。海德格尔曾在1975年整理出版的《现象学的基本问题》（1927年夏季学期马堡大学讲课稿）导言部分的一个注解中指出，这部手稿可视为《存在与时间》未完的第一部分第三篇的底稿，至于《存在与时间》第二部分的基本内容，按照作者自己在本书德文第七版序言中所说，可参看作者1953年出版的《形而上学导论》。——译注

3. 时间与存在

第二部同样分为三篇：

1. 康德的图型说和时间学说——提出时间状态问题的先导。

2. 笛卡尔的“cogito sum”［我思我在］的存在论基础以及在“res cogitans”［能思之物］这一提法中对中世纪存在论的继承。

3. 亚里士多德论时间——古代存在论的现象基础和界限的判别式。

（陈嘉映、王庆节　译）

二、路　标

1. 形而上学是什么？

“形而上学是什么?”——这个问题令人期待着要大谈形而上学。我们无意于此。我们不要大谈形而上学，而要探讨一个特定的形而上学问题。通过此探讨，看来我们就把自身直接放进形而上学中去了。唯有这样，我们才使形而上学真有可能来作自我介绍。

我们打算先摊出一个形而上学问题，然后试图展开这个问题，最后回答这个问题。

① 摊出一个形而上学问题

从正常人的了解的观点看来，哲学就是黑格尔所说的“颠倒了的世界”。因此我们的入手处就很特别，需要作准备性的界说。这是由形而上学问题的双重特性引起的。

首先，每个形而上学问题总是包括形而上学问题的整体。它总是这个整体自身。其次，每个形而上学的问题都只能这样被追问，即：发问者本身包括在问题里面，也就是说，已被摆到问题中去了。由此我们得到下列启发：形而上学的追问，是必须就整体来进行，并且必须从发问者此在的本质的处境中来进行的。我们是在此时此地为我们自身而发问。我们的此在——在研究人员、教师与学生的共同体中——是由科学规定着的。既然科学成了我们的热忱之所在，那么在我们的此在深处究竟发生什么本质情况呢？

各门科学千差万别。它们探讨对象的方式根本不同。这许多支离破碎的学科，在今天只是被各大学科系的技术组织维系在一起，并且只是靠各学科的实际应用目的而保持其意义。反之，各门科学的根株在其本质深处则已经死亡了。

然而，在一切科学中，当我们探索其最根本的旨趣的时候，我们是和存在者本身打交道。恰恰从各门科学的角度来看，决没有一个领域比另一个领域优先，自然既不比历史优先，历史也不比自然优先。决没有一种对象的探讨方式高于另一种。数学知识并不比语言学历史知识更严格。数学只有“精确性”的特点，而这是不能与严格性混为一谈的。向历史要求精确，就会与精神科学的特殊严格性观念相抵触。贯穿在这样支离破碎的各门科学中的那种与世界相关涉的情况，让各门科学各自去寻找存在者本身，为的是要按其内蕴和存在的方式，把存在者造成一种研究对象，一种说明问题的对象。按此观念说来，就是在各门科学中正在完成着一种逼近万物之本的工作。

世界对存在者本身的这种特殊的关涉情况，是由人的生存的一种自由选定的态度来承担和进行的。人的先于科学的活动和在科学之外的活动固然也和存在者打交道，但科学的出色之处却在于以其特有的方式明确而且唯一地给事情本身作出最初的与最后的断言。在这样追问、这样规定和这样论证的这回事中，就在进行着一种特别的、有限制的、屈从于存在者本身的事，以至于一切都要在存在者身上来显示自身。科学研究与理论的这种职责，逐渐变成在人的整个生存中可能出现的一种特有的、虽然有限制的领导地位的根据。科学对世界的特殊关涉情况，以及人进行这种关涉的态度，自然要在我们看到并掌握这样保持着的那种与世界的关涉情况中所发生的情况时，才被充分理解到。人——众多存在者中的一个存在者——“从事科学研究”。在此“从事”中所发生的事情，就是一个叫做人的存在者进入存在者整体，而且在这一进入时，并通过这一进入，存在者就在其所是的情况以及如何是的情况中动作起来。必须先以这种方式得到这一动作起来的进入的帮助，然后存在者才能达到自身。

这三回事——与世界关涉的情况，态度，进入——在根苗上是完全统一的，而且即在此统一中把此在的一种动人的单纯性和敏锐性带进科学的生存。如果我们明确地为我们占有了如此阐明的那种科学的此在，那我们就不能不说：

世界所关涉的就是存在者本身——再无他物。

每个态度赖以选定其方向的，就是存在者本身——别无他物。

进入存在者整体时用以进行科学探讨的，就是存在者本身——此外更无他物。

但是很奇怪——恰恰在研究科学的人确实把握住最本己的东西之处，他谈论的竟是另外的东西。被研究的应该只是存在者——再无物矣；仅是存在者——别无物矣；唯有存在者——此外更无物矣。

这个无是怎么回事？我们谈得如此自然而然，难道这是偶然的事吗？难道这只是一种谈论方式——再无物矣？

但是我们对这个‘无’[1] 关心些什么呢？这个‘无’恰恰是被科学否认掉并且当作虚无的东西牺牲掉了。可是，如果我们这样牺牲掉‘无’，我们岂不是恰恰承认了它么？但是如果我们什么都不承认，我们能谈得上一种承认吗？也许这样谈来谈去已经陷入一种空洞的辞句之争。反之，科学现在必须重新郑重而清醒地宣称它只过问存在者。这个‘无’——对科学来说，它怎么能不是一种可厌之事与虚幻之物呢？如果科学是正确的，那么只有一件事情是确定不移的：科学不愿与闻‘无’。归根到底，这就是对‘无’的一种严格的科学理解。我们以不愿与闻‘无’来知‘无’。

科学不愿与闻‘无’。但是也仍然确实存在这样的事实，即：在科学试图道出其自己的本质之处，科学就乞灵

① 本文中‘无’和‘不’等词上的单引号为德文原文所没有，中译以此醒目。——编者

于‘无’。科学所抛弃的东西，科学就需要它。在这里暴露出什么样的两面物来了呢？

当我们领悟到我们当下的生存——作为一种由科学规定着的生存——的时候，我们就陷入一种纠纷之中。通过此纠纷，一个问题已经摊出来了。这个问题只要求用特别的讲法来道出：‘无’是怎么回事？

② 追问一个‘无’的问题

把追问‘无’的问题展开，就必定使我们进入这样这样的境地，从这个境地里才有可能回答这个问题或者才看到这个问题的回答是不可能的。‘无’被承认了。科学以一种高傲的无所谓的态度对待‘无’，把‘无’当作“不有”的东西牺牲掉了。

然而我们试图追问‘无’。‘无’是什么呢？刚一接触这个问题，就已显示出某种异乎寻常的东西。在这一发问中，我们自始就把‘无’定为某种如此如此“存在着”的东西——作为一个存在者。但‘无’却恰恰与存在者截然不同。追问‘无’——问‘无’是什么以及如何是——就把所问的东西变成了它的反面。这个问题本身就剥夺了它自己的对象。

据此看来，任何对此问题的答案都是自始就不可能的。因为任何答案都必然逃不出这个形式：‘无’“是”如此如此。着眼于‘无’的问题与答案，都同样在自身之内就是蹩扭的。

因此根本不需要科学来驳斥它。一般进行思维时通用的基本规则，必须避免矛盾的原则，一般“逻辑”，都压下这个问题不谈。因为思维在本质上总是思维某物，若竟思维‘无’，那就不能不违反它自己的本质来行事了。

如果前提是：要在这个问题中以“逻辑”为最高准绳，要以知性为手段并通过思维的途径，以求原始地把握‘无’并对‘无’可能暴露的真相作出决断——那么在这样的前提之下，因为我们始终无法把‘无’作成对象，我们就对追问‘无’的问题已经山穷水尽无计可施了。

然而“逻辑”的统治权威碰得吗？在追问‘无’的这个问题中，知性岂不是确实在作主吗？据说我们根本只有靠知性之助才能规定‘无’，并把‘无’定为一个问题，虽然只是一个要把自己本身吞噬掉的问题哩。因为‘无’是对存在者的一切的否定，是根本不存在者。我们在此却是把‘无’置于有‘不’的性质的东西的更高规定之下，亦即置于被否定的更高规定之下了。但按有统治权威而且简直碰不得的“逻辑”理论讲来，否定是知性的一种特殊活动。我们怎么可以想在追问‘无’的问题中甚至在‘无’是否可以追问的问题中不要知性呢？我们在此所假定的东西竟如此可靠吗？这个‘不’，这个否定性，从而这个否定，都是把‘无’作为一种特别的被否定者而包括着的更高规定吗？仅仅因为有这个‘不’，也就是说，仅仅因为有这个否定，就有‘无’吗？或者事情是恰恰相反呢？只是因为有‘无’，才有这个否定与这个‘不’呢？这是还没有决定的，甚至还没有被提出来成为明确的问题。我们主张：‘无’比‘不’与否定更原始。

如果这个命题是正确的，那么作为知性活动的否定之所以可能，便以某种方式依赖于‘无’。从而知性本身便以某种方式依赖于‘无’。那么知性怎么可以想去决定‘无’呢？着眼于‘无’的问题与答案好像很蹩扭的情况，毕竟只是出自游荡不定的知性之盲目固执己见么？

但是，如果我们被追问‘无’的问题在形式上的不可能所迷惑，而不管可能与否都提出这个问题，那么我们至少就不能不满足于在对任何问题可能进行追问时所始终要要求的基本的东西。如果‘无’本身要像往常那样被追问，那么它必须事先被给予。我们须能够遇到‘无’。

我们在什么地方寻求‘无’？我们如何发现‘无’？为了发现某物，我们不是必须根本已经知道现有此物吗？当然！一个人当下而且多半只有在已经假定被寻求的东西是现成存在着的时候，这个人才能寻求。但‘无’现在是被寻求的东西。到底有一种不带上述假定的寻求、一种只是纯粹发现而已的寻求吗？

无论这是怎么回事，总之我们认识‘无’，即使只是作为我们日常反复谈论的东西来认识的也罢。这个通常被认为不言自明而黯然失色又不惹人注意地在我们的言谈中反复出现的‘无’，我们甚至可以干脆给它一个“定义”：

‘无’是对存在者的一切加以充分否定。对‘无’的这个界说难道不是终究指示出我们能唯独遇到‘无’的方向吗？

存在者的一切必须事先被给予，以便将其整个加以否定，然后‘无’本身就会在此否定中呈现出来了。

然而，即使我们撇开否定与‘无’的关系的疑问不谈，我们作为有限的东西怎样去把包罗一切的存在者整体弄成自在的，尤其是使其能为我们所见呢？无论如何我们总能在“观念”中思存在者整体，并在思想中否定以及否定地“思”此一如此设想的东西。循此途径，我们固然获得了设想的‘无’的形式概念，但绝非‘无’本身。不过‘无’是一无所有，而在设想的‘无’与“真正的”‘无’之间不能具有一种区别，如果‘无’还形成完全无区别状态的话。然而“真正的”‘无’本身——这不又是那隐蔽着的一个有所有的‘无’的荒谬概念吗？现在知性的诘难已经是最后一次阻止我们的寻求了。我们的寻求是只有靠‘无’的基本经验才能证明其为合情理的。

我们一定从未绝对掌握到存在者整体本身，我们却确实发现自身是处于以某种方式被揭露在整体中的存在者之中。掌握存在者整体本身与发现自身处于在整体中的存在者之中，二者之间，毕竟存在着一种本质区别。前者在原则上就是不可能的。后者则经常发生在我们的具体存在中。当然，事情看起来是这样：好像我们恰恰在日常活动中总是只附着于这个存在者或那个存在者上，好像我们是在存在者的此一范围或彼一范围中消失了。不论日常事务多么琐屑，它总还把存在者依稀仿佛地保持在“整体”的统一中。甚至当、而且正是当我们不特别留心于外物与我们自身时，存在者就“在整体中”，例如在真正的无聊

中侵袭我们了。当我们只靠这本书或那出戏、那件事或这种消遣来无聊地混着时，真正的无聊就还离得远。当"我真无聊"时，真正的无聊就来临了。这种深刻的无聊，在此在的深渊中如满天沉静的迷雾弥漫周遭，把万物与众生以及与它们一起的我自身都浑入一种麻木不仁的境界中。这种无聊启示出在整体中的存在者。

在整体中的存在者这样被启示出来的时候，还有另一种可能性，即：此启示在一个蒙垂爱的人——非单纯的人格——亲身体验其存在处藏有欢乐。

我在其中"是"如此这般的这样的情绪，使我们——为此情绪所浸透——现身于整体中的存在者之中。情绪的现身状态不仅按各情绪的方式揭露着在整体中的存在者，而且此一揭露同时就是我们的此在的基本遭际，绝非只是一种偶然现象而已。

我们如此称为"感受"的东西，既不是我们的思想行为和意志行为的变幻无常的附带现象，也不单纯是这些行为的起因，更不仅是我们无可奈何地如此这般碰上的现成状态。

然而恰恰是在这些情绪如此这般把我们引到在整体中的存在者之前的时刻，这些情绪却把我们所寻求的'无'隐藏起来使我们不可得见。我们现在更加不会认为，把靠情绪启示出来的在整体中的存在者否定掉，我们就被引向'无'了。按理说来，这类情况原来只能在这样一种情绪中才能发生，这种情绪按其最特有的揭露意义看来正启示出'无'。

在一种情绪中人被引到‘无’本身之前；这样一种情绪在人的此在中出现吗？

在人的此在中出现此情绪是可能的，而且也真的出现——虽然相当罕见——只出现在‘畏’之基本情绪中的若干瞬间。我们并不认为此畏就是屡见不鲜的畏惧，畏惧到底只是太容易出现的恐惧。畏与惧根本不同。我们总是恐惧在这个或那个确定的方面威胁着我们这个或那个确定的存在者。恐惧到什么的恐惧总是也为某种确定的东西而恐惧。因为恐惧总有其恐惧什么与为什么而恐惧的这种局限性，所以恐惧与懦怯的人是被他现身于其中的东西执著住的。这种人在努力回避此确定的东西时，对其他东西也变得惶惶不安，也就是说，整个就成“昏头没脑的”了。

畏的境界就不再有此迷乱。畏的境界毋宁弥漫着一种独特的宁静。畏固然总是畏……，但却不是畏这个或畏那个。畏……总是与为……而畏合而为一，但却不是为这个或为那个而畏。我们所畏与所为而畏的东西是不确定的，但其不确定并不单纯就是缺乏确定性，而是在本质上不可能加以确定。此其不可能加以确定的情况在人所熟知的一种讲法中表现出来了。

我们说，在畏中，“这真使人茫然失措”。这个“这”与这个“人”是指什么？我们说不出我对什么感到茫然失措。我就是感到整个是这样。万物与我们本身都沉入一种麻木不仁境界。但这不是单纯的全然不见的意思，而是万物在如此这般隐去的同时就显现于我们之前。在畏中，此存在者整体之隐去就萦绕着我们，同时又紧压着我们。

周遭竟一无滞碍了。所余以笼罩我们者——当存在者隐去之时——仅此“无”而已。

畏启示着‘无’

我们“飘浮”在畏中。说得更明确些：畏使我们飘浮着，因为畏使存在者整体隐去了。即在此情此景中，我们本身——这些存在着的人们——也在存在者之中随同隐去了。因此归根到底不是“你”和“我”茫然失措，而是“浑然一心”感到如此。经此飘浮的震荡，此在竟无可滞留，于是只还余纯粹的此在在此而已。

畏使我们忘言。因为当存在者整体隐去之时正是‘无’涌来之时，面对此‘无’，任何“有”之说都归于沉寂。我们在畏之茫然失措境界中往往竟不择语言，只求信口打破此一片空寂，这只是‘无’已当前之明证。当畏已退之时，人本身就直接体验到畏揭示‘无’。在新鲜的回忆中擦亮眼睛一看，我们就不能不说：“原来”我们所曾畏与为之而畏者，竟一无所有。事实是：如此这般曾在者就是‘无’本身。

体会到畏之基本情绪，我们就体会到此在之遭际了；在此在之遭际中，‘无’就可被揭示出来，而且‘无’必须从此在之遭际中才可得而追问。

‘无’是怎么回事呢？

③‘无’是怎么回事

如果我们注意到追究‘无’的问题实际上终究是被

提出来了，那么在我们所要作的回答中当下唯一重要的答案就已经获得了。为作出回答，就要求我们补作把人变成他的此在这一工作，而每一次畏都使此一变化在我们身上出现；要把人变成他的此在，才能把在畏中启示出来的‘无’在其显示自身的情况中把握住。为此同时就须要求明确舍弃‘无’的一切界说，这些界说都不是在真和‘无’打交道的情况中得出来的。

‘无’在畏中显露自身——但却不是作为存在者而显露出来。‘无’也绝不会作为对象而被给予。畏并不就是对‘无’的掌握。然而‘无’却是通过畏并在畏中显露出来，虽则又不是这样的情形，仿佛‘无’是处于茫然失措境界中的存在者整体“之旁”，而以与此存在者整体剥离的状态显示出自身来的。我们倒是说过：‘无’在畏中是与存在者整体浑为一体而来露面的。这个“浑然一体”是什么意思呢？

在畏中，存在者整体离形去智同于大通了。在什么意义之下发生此种情况的？存在者却不是被畏消灭了，以便只让‘无’剩下来。畏恰恰是在完全无能为力的处境中面对着存在者整体，那么上述情况如何会有呢？倒是‘无’本来就要和离形去智同于大通的存在者合在一起并即在此存在者身上显现出来。

在畏中，并不发生消灭整个存在者本身的情况，也不是我们要把存在者整体否定掉，以求如此尽先获得‘无’。姑勿论这样的畏和下明确否定的论断是全不相干的两回事，即使我们要乞灵于这样的否定以期得到

‘无’，但任何时候这样办都是为时已晚了。在这样办之前‘无’已经露面了。我们曾说过，‘无’是与离形去智同于大通的存在者“浑为一体”来露面的。

在畏中有一种对……的回避，此回避当然已经不是逃遁，而是一种无动于衷的安宁。此对……的回避从‘无’处得到终局。‘无’并不引向自身，而是在本质上就处于拒绝状态的。但这样从自身方面进行的拒绝，却是要指引向低沉着的存在者整体而又使其离形去智。此整个拒绝着的指引向离形去智的存在者整体，就是‘无’在畏中用以萦绕着此在的方式，也就是‘无’的本质：不。此‘不’既非将存在者消灭，亦非从否定中产生。此‘不’也是在消灭与否定中结算不出来的。‘无’自己就不。

此‘不’绝不是随便出现的事，而是拒绝着的指引向离形去智的存在者整体；它即以此方式把这个存在者从其迄今完全隐而不现的陌生状态中启示出来，成为与‘无’相对的全然他物。

在畏之‘无’之明亮的黑夜里，存在者的真相才大白，原来是这样：存在者有——而不无。这个我们在言谈中对此所说的“而不无”却不是事后追加的解释，而根本就是它在事先使存在者之被启示出来成为可能。这个原始的能不的‘无’的本质就在于：它首先把此在带到这样的存在者之前。

只有以‘无’所启示出来的原始境界为根据，人的此在才能接近并深入存在者。但是只消此在按其本质和不是此在的存在者而只是存在者自身的存在者发生关系，那么这样的此在就已经总是从有所启示的‘无’方面来的。

此在意谓着：嵌入‘无’中的境界。

此在将自身嵌入‘无’中时，就总是已经超出存在者整体之外了。此超出存在者之外的境界我们称为超越境界。假使此在在其本质深处都不超越，现在可换句话说，假如此在自始就不将自身嵌入‘无’中，那么，此在根本就不能和存在者打交道，也就根本不能和自己本身打交道。

没有‘无’所启示出来的原始境界，就没有自我存在，就没有自由。

于是追问‘无’的问题的答案就获得了。‘无’既不是一个对象，也根本不是一个存在者。‘无’既不自行出现，也不依傍着它仿佛附着于其上的那个存在者出现。‘无’是使存在者作为存在者对人的此在启示出来所以可能的力量。‘无’并不是在有存在者之后才提供出来的相对概念，而是原始地属于本质本身。在存在者的存在中‘无’之‘不’就发生作用。

但是现在终于不能不来谈谈一种按下太久未及谈到的思想了。如果此在只能在将自身嵌入‘无’中的情况下和存在者打交道，也就是才能生存，如果‘无’原来只是在畏中被启示出来，那么我们岂不是必须经常飘浮在此畏中，然后才能生存吗？但是我们自己岂不是已经承认此种原始的畏是罕见的吗？可是首先须指出，我们大家却都存在着而且都和不是我们自身的存在者以及就是我们自身的存在者打交道——而并没有此畏。此畏岂不是一种任意的捏造，而被说成是与畏息息相关的‘无’岂不是一种夸张吗？

可是又说：此原始的畏只有在罕有的一些时刻中发生，这是什么意思？这无非是说：我们对‘无’的原始面貌总是当下而且多半蔽而不见的。究竟是怎样蔽而不见的？是这样：我们以一定的方式将自身完全丧失到存在者方面去了。我们在我们的活动中越是将自身转向存在者，我们就越不让这样的存在者隐去，我们就越远离‘无’。但我们也就更加一定的是把我们自己赶到此在的表面上去了。

然而这种对于‘无’的经常的、可是有双关意义的离去，在一定的界限之内却是按照‘无’的最根本的意义离去。它——起着‘不’的作用的‘无’——把我们恰恰是指向存在者。‘无’毫无间断地‘不’着，而我们凭着我们日常运用的知识对此事竟无所知。

在我们的此在中，还有什么东西为‘无’所启示出来的经常而广泛的、虽然是走了样的境界作证作得比否定还深刻的呢？但绝不是否定从自己身上把‘不’作为区分与对比的手段加到现成事物身上去，然后仿佛才把现成事物区划开似的。既然否定只有当可否定的东西已现成摆在面前时才能进行否定，那么否定怎么会从自己身上拿出这个‘不’来呢？若不是一切进行这样的工作的思维都已事先见到这个‘不’了，可否定的东西与须加以否定的东西又怎么会作为有‘不’的性质的东西而被见到呢？但是只有当这个‘不’的渊源，即一般的‘无’之

‘不’的作用，亦即‘无’本身，已不复蔽而不明的时候，这个‘不’才能够被显示出来。这个‘不’并非由否定而生，而否定倒是植根于由‘无’之‘不’的作用中产生的这个‘不’上的。否定还只不过是进行‘不’的活动之一种方式，也就是说，只不过是事先就以‘无’之‘不’的作用为依据的活动之一种方式。

由此我们便从一切要点上证明了上述命题：‘无’是否定的根源，而不是相反的情况。如果知性的权威在追问‘无’与‘有’的问题的范围之内如此被打倒了，那么在哲学的范围之内“逻辑”的统治地位的命运也就决定了。“逻辑”的观念本身就在一个更原始的问题的漩涡中消散了。

无论否定——讲明的或没有讲明的——如何经常而多样地贯彻在一切思维中，总之否定绝不是为在本质上属于此在的‘无’所启示出来的境界作证的唯一充分有效的见证。因为此在在某些起‘不’的作用的活动中总是被‘无’之‘不’震撼着，但否定既不能说是唯一的、更不能说是主导的起此种‘不’的作用的活动。在思维中进行否定，只不过是要做到得当而已，相形之下，要做到反其道而行时之严酷与要做到有所厌弃时之尖锐，都更深沉得多了。要加以拒绝时之痛苦与要加以禁止时之无情，也更负责得多了。要加以割舍时之辛酸也更沉重得多了。

以上这些都是起‘不’的作用的活动的一些可能形态，这些可能形态都是一些力量，此在即用这些力量去承担它被抛入的处境，虽则并不能主宰其处境；这些起

‘不’的作用的可能形态或力量，都不是单纯的否定之方式。但此点并不妨碍这些可能形态也可以用‘否’与否定来表达自身。由此才真可窥见否定是如何空疏了。此在为起‘不’的作用的活动所渗透，此点就确证了‘无’所经常启示出来但自然是暗昧不明的境界，而‘无’则原始地只是由畏揭示出来的。但此中却有这样的情况：此原始的畏在此在中多半是被压制住的。畏就在此，不过他睡着了。畏的呼吸经常使此在浑身震动：为庸碌生活而“唯唯”“否否”的“畏首畏尾”未闻大道之辈震动得最少；身体力行者震动得最早；大勇到了家的此在震动得最可靠。但最可靠的震动只有从此在之为耗尽心血以求保持此在之无上伟大者身上出现。

大勇者的畏绝非愉快的反面，甚至不是轻松地享受安然有所作为的乐趣的反面。畏并不构成这样的对立，而是和雄心壮志的开朗与舒畅相默契的。原始的畏任何时刻都可以在此在中苏醒。它无需靠非常事件来唤醒。它浸透得非常之深，但可能发作的机缘则微乎其微。它经常如箭在弦，但真正发动而使我们动荡不安，则是极其稀少之事。

此在凭借隐而不显的畏，就被嵌入‘无’中，于是人就站到‘无’的地位上来了。我们是这样的有限，以至于我们就是不能靠自己的决心与意志把我们自身原始地带到‘无’之前。在我们的此在中一切都变成有限的了这一情况竟埋藏得这样深，以至于我们的自由把最本己的与最深的有限性奈何不得。

此在凭借隐而不显的畏嵌入‘无’中的境界就是越

过存在者整体的境界：超越境界。

我们追问无的问题是要把形而上学本身展示于我们之前。“形而上学”这个名称源出于希腊文 τά μετὰ φυσικά。这个稀奇的名称后来被解释成 μετά——trans——（超出）存在者整体的追问的名称。

形而上学就是超出存在者之上的追问，以求返回来对这样的存在者整体获得理解。

在追问‘无’的问题中，就出现这样一种超出作为存在者整体的存在者之上的情况。因此这个问题就表明即为“形而上学的”问题。我们在本文开始时即曾指出这样的问题的双重特性：首先，每个形而上学问题总是包括形而上学的整体。其次，在每个形而上学问题中，发问的此在总是被包括到问题中去了。

追问无的问题是以怎样的情况来贯穿与笼罩形而上学的整体的呢？

关于‘无’，形而上学自古以来就用一句含义自然很多的话说道：ex nihilo nihil fit，从‘无’生‘无’。虽然在探讨这句话的时候‘无’本身从未真正成为问题，但这句话却从每次着眼于‘无’的机会中把在此中起主导作用的对存在者的基本看法表达出来了。古代形而上学所讲的‘无’的意思是非有，也就是说，是未成形的质料，此质料不能将自身形成有形的因而即可提供外貌（εἶδος）的存在者。存在着的乃是形成自身的形体，这样的形体显现成形。对‘有’的这种看法的渊源、理由和界限都和‘无’本身一样未经探讨。反之，基督教的教义却否认 ex

nihilo nilil fit 这句话是真理，并且在上帝之外完全一无所有这一意义之下给‘无’一种改变了的意义：ex nihilo fit -ens creatum（从‘无’生被创造的‘有’）。于是‘无’就变成了与真正的‘有’，与 summum ens（至上之有），与作为 ens increatum（不能被创造的‘有’）的上帝相对的概念。对‘无’的讲法在此也表明了对存在者的基本看法。但对存在者作形而上学的研讨的工作却是和追问‘无’的问题在同一平面上进行的。追问这样的‘有’与‘无’的问题还是听任二者处于此种状态。对此种状态，由于有上帝既从‘无’创造，那就不能不和‘无’打交道这样的困难问题，也就简直管不了了。但是既然又说“绝对者”排除一切虚无状态，那么如果上帝是上帝，他就不能认知‘无’。

这种简略的历史的回顾表明‘无’是真正的存在者的对立概念，也就是说，是对存在者的否定。但若‘无’以任何一种情况成为问题，那就不仅是此种对立关系获得了更明确的规定，而乃是此对立关系才唤起人们提出追问存在者的存在这一真正的形而上学的问题。‘无’已不再是存在者的不确定的对方，而是表明自身是属于存在者的‘存在’的。

“纯粹的‘有’与纯粹的‘无’是一回事。”黑格尔的这句话（《逻辑学》，卷一；见《全集》，第三卷，第78页）是对的。‘有’与‘无’是一回事，但非因为它们二者——从黑格尔所讲的‘思’的概念来看——在其不确定性与直接性中一致，而是因为‘有’本身在本质上是有限的并且只在嵌入‘无’中的存在之超越境界中显示自身。

如果要追问这样的‘有’的问题是形而上学的包罗一切的问题，那么追问‘无’的问题就表明为这样的问题：它笼罩形而上学整体。但是只消‘无’的问题迫使我们面对否定的起源问题，也就是说，归根到底是迫使我们去对“逻辑”在形而上学中的合法统治地位加以决断，那么追问‘无’的问题同时还贯彻形而上学整体。

于是 ex nihilo nihil fit（从‘无’生‘无’）这句旧话就获得另外一种谈到‘有’的问题本身的意义并成为：ex nihilo omne ens qua ens fit（从‘无’生一切作为‘有’的‘有’）。存在者整体在此在之‘无’中才按其最特有的可能性，也就是说，才以有限的方式到达自己本身。追问‘无’的问题如果是一个形而上学的问题，那么它是在怎样的情况下把我们发问的此在包括到它自身之内去了的呢？我们把我们此时此地体会到的此在说成是基本上由科学规定了的。如果我们的已经这样被规定了的此在已经被摆到追问‘无’的问题中去了，那么我们的此在就不能不由这个问题而成为值得追问的了。

科学的此在有其单纯而犀利之处，是由于它以一种特别的方式和存在者打交道，而且只和存在者打交道。科学总想以优越的姿态把‘无’牺牲掉。但是现在在对‘无’追问的过程中弄明白了，这个科学的此在只有当其自始即嵌入‘无’中时才可能有。只有当科学的此在不牺牲‘无’时，科学的此在才能在其所是的情况中了解自身。

如果科学不好好地认真对待‘无’，那么科学号称明达与优越都将变成笑话。只是因为‘无’是可以弄明白的，科学才能把存在者本身作为研究对象。只有当科学是从形而上学中生存起来的时，科学才能不断获得新的基本任务，其基本任务不在于积累与整理知识，而在于对自然与历史的真理的整个空间永远要进行新的开拓工作。

只是因为‘无’在此在的深处可得而见，存在者才能迫使我们陷于十分诧异之境。只有当存在者迫使我们诧异时，存在者才唤起惊奇之感并吸引人惊奇。只有以惊奇之感为根据，也就是说，以‘无’所启示出来的境界为根据，才会提出“为什么?”的问题。只是因为可能提出这样的为什么的问题了，我们才能以一定的方式追问理由并作论证。只是因为我们能够追问与论证，研究家的命运才会落到我们的生存身上。

追问‘无’的问题把我们——发问者——本身摆在问题中。这个问题是一个形而上学的问题。

人的此在只有当其将自身嵌入‘无’中时才能和存在者打交道。超越存在者之上的活动发生在此在的本质中。此超越活动就是形而上学本身。由此可见形而上学属于“人的本性”。形而上学既不是学院哲学的一个部门，也不是任意心血来潮的一块园地。形而上学是此在内心的基本现象。形而上学就是此在本身。因为形而上学的真理寓于此深不可测的底层，所以就是最接近它的紧邻也经常有把它认得大错特错的可能。因此没有任何一门科学的严格性赶得上形而上学的严肃性。哲学绝不能以科学观念的尺度来衡量。

如果已经展开的追问‘无’的问题确实是与我们一同被追问的，那么我就不是从外面把形而上学引到我们之前。我们也不是现在才把我们自身“放”到形而上学中去的。我们根本不能把自身放到形而上学中去，因为，只消我们生存，我们就总是已经处于形而上学中的。Φύσις γὰρ, ὦ φίλε, ἔνεστί τις φιλοσοφία τῆ τοῦ ανδρὸς διανοὶα（人在他的天性中就包含有哲学的成分）（柏拉图：《斐德罗篇》，279a）。只要人生存，哲学活动就以一定方式发生。哲学——我们这样称呼它——就是把形而上学带动起来，在形而上学中哲学才尽性，并尽其明确的任务。哲学只有通过本己的生存之独特的一跃而入此在整体之各种根本可能形态中才动得起来。为此一跃，关键性的事情是：首先给存在者整体以空间；其次，解脱自身而入‘无’，也就是说，摆脱人人都有而且惯于暗中皈依的偶像；最后，让此飘摇状态飘摇够了，终于一心回到此直逼‘无’本身处的形而上学基本问题中：为什么就是存在者在而‘无’倒不在？①

（熊伟　译）

① 此句原文为：Warum ist überhaupt Seiendes und nicht vielmehr Nichts？——编者

2. 论真理的本质[①]

这里要说的是真理的本质。真理的本质之问并不关心真理是否总归是实际生活经验的真理呢，还是经济运算的真理，是技术考虑的真理呢，还是政治睿智的真理，特别地，是科学研究的真理呢，还是艺术造型的真理，甚或，是深入沉思的真理呢，抑或宗教信仰的真理。这种本质之问撇开所有这一切，而观入那唯一的东西，那标识出任何一般“真理”之为真理的东西。

然而凭着这个本质之问，我们难道没有遁入那窒息一切思想的普遍性之空洞中去么？此种追问的浮夸性难道不是彰明了所有哲学的无根么？而一种有根的、转向现实的思想，必须首先并且开门见山地坚决要求去建立那种在今天给予我们尺度和标准的现实真理，以防止意见和评判的混淆。面对现实的需要，这个无视于一切现实的关于真理的本质的（抽象的）问题又有何用？这种本质之问难道不是我们所能问的最不着边际、最干巴巴的问题么？

---

① 《论真理的本质》初版于 1943 年，由维多里奥·克劳斯特曼出版社（美茵法兰克福）出版。该文系一个公开演讲的文本，经过多次审查、考订而成。这个公开演讲是在 1930 年做的，以同一标题在各地作过多次（1930 年秋季和冬季在不莱梅、马堡和弗莱堡，1932 年夏季在德雷斯登）。1949 年第二版出版时增补了末节注解（即第九节）的第一段。1976 年出第六版。中译文依据《路标》（即海德格尔《全集》第九卷），美茵法兰克福，1978 年第二版。——编者

无人能逃避上述顾虑的明显的确凿性。无人能轻易忽视这一顾虑的逼人的严肃性。但谁在这一顾虑中说话呢？是“健全的”理智。它固执于显而易见的利益需求而竭力反对关于存在者之本质的知识，即长期以来被称为“哲学”的那种根本知识。

普通的理智自有其必然性；它以其特有的武器来维护它的权利。这就是诉诸于它的要求和思虑的“不言自明性”。而哲学从来就不能驳倒普通的理智，因为后者对于哲学的语言置若罔闻。哲学甚至不能奢望去驳倒普通的理智，因为后者对于那种被哲学置于本质洞察面前的东西熟视无睹。

再者，只消我们臆想自己对那些生活经验、行为、研究、造型和信仰的林林总总的真理感到确信，则我们本身也还持留在普通的理智的明白可解性中。我们自己就助长了那种以“不言自明性”反对任何置疑要求的拒斥态度。

因此，即便我们必得追问真理，我们也需要回答这样一个问题：我们今天立身于何处？我们要知道我们今天的情形如何。我们要寻求那个应当在人的历史中并为这种历史而给人设立起来的目标。我们要现实的“真理”。可见，还是真理！

但在寻求现实的“真理”之际，我们当也已经知道真理究竟意味着什么。或者，我们只是“凭感受”并且“大体上”知道真理？可是，这种约莫含糊的“知道”和对之漠不关心的态度，难道不是比那种对真理的本质的纯粹无知更加苍白么？

① 流俗的真理概念

那么，人们通常所理解的真理是什么？“真理”，这是一个崇高的、同时却已经被用滥了的、几近晦暗不明的字眼，它意指那个使真实成其为真实的东西。什么是真实呢？例如，我们说：“我们一起完成这项任务，是真实的快乐”。意思是说：这是一种纯粹的、现实的快乐。真实即现实。据此，我们也谈论不同于假金的真金。假金其实并不就是它表面上看起来的那样。它只是一种“假象”(Schein)，因而是非现实的。非现实被看作现实的反面。但假金却也是某种现实的东西。因此我们更明白地说：现实的金是真正的金。但两者都是“现实的”，真正的金并不亚于流通的非真正的金。可见，真金之真实并不能由它的现实性来保证。于是又要重提这样一个问题：这里何谓真正的和真实的？真正的金是那种现实的东西，其现实性符合于我们“本来”就事先并且总是以金所意指的东西。相反，当我们以为是假金时，我们就说：“这是某种不相符的东西。”[①] 反之，对“适得其所”的东西，我们就说：这是名符其实的。**事情**是相符的。

然而，我们不仅把现实的快乐，真正的金和所有此类存在者称为真实的，而且首先也把我们关于存在者的陈述

① 此句原文为“Hier stimmt etwas nicht”，可意译作“这儿有点不对头”。——译注

称为真实的或虚假的，而存在者本身按其方式可以是真正或非真正的，在其现实性中可以是这样或者那样。当一个陈述所指所说与它所陈述的事情相符合时，该陈述便是真实的。在此我们也说：这是名符其实的。但现在相符的不是事情，而是**命题**。

真实的东西，无论是真实的事情还是真实的命题，就是相符、一致的东西。这里，真实和真理就意味着符合（Stimmen），而且是双重意义上的符合：一方面是事情与人们对之所作的先行意谓的符合；另一方面是陈述的意思与事情的符合。

传统的真理定义表明了符合的这一双重特性：veritas est adaequatio rei et intellectus。其意可以是：真理是物与知的符合。但也可以说：真理是知与物的符合。诚然，人们往往喜欢把上述定义表达为如下公式：veritas est adaequatio intellectus ad rem（真理是知与物的符合）。这样理解的真理，即命题真理，只有在事情真理（Sachwahrheit）的基础上，也即在 adequatio rei ad intellectum（物与知的符合）的基础上，才是可能的。真理的两个本质概念始终就意指一种“以……为取向”，因此它们所思的就是作为**正确性**（Richtigkeit）的真理。

尽管如此，前者却并非对后者的单纯颠倒。毋宁说，在两种情况下，知（intellectus）与物（res）被作了不同的思考。为了认清这一点，我们必须追溯通常的真理概念的流俗公式的最切近的（中世纪的）起源。作为物与知的符合的真理并不就是后来的、惟基于人的主体性才有可能的康德的先验思想，即“对象符合于我们的知识”，而是指基督教神学的信仰，即认为：从物的所是和物是否存在来看，物之所以存在，只是因为它们作为受造物（ens creatum）符合于在 intellectus divinus 即上帝之精神中预先设定的观念，因而在观念上是正当的（正确的），并且在此意义上看来是“真实的”。就连人类理智也是一种受造物。作为上帝赋予人的一种能力，它必须满足上帝的观念。但理智之所以在观念上是正当的，乃由于它在其命题中实现所思与必然相应于观念的物的符合。如果一切存在者都是“受造的”，那么人类知识之真理的可能性就基于这样一回事情：物与命题同样是符合观念的，因而根据上帝创世计划的统一性而彼此吻合。作为物（受造物）与知（上帝）的符合的真理保证了作为知（人类的）与物（创造的）的符合的真理。本质上，真理无非是指协同（convenientia），也即作为受造物的存在者与创造主的符合一致，一种根据创世秩序之规定的“符合”。

但这种秩序在摆脱了创世观念之后，同样也能一般地和不确定地作为世界秩序被表象出来。神学上所构想的创世秩序为世界理性（Weltvernunft）对一切对象的可计划性所取代。世界理性为自身立法，从而也要求其程序（这被看作“合逻辑的”）具有直接的明白可解性。命题真理的本质在于陈述的正确性，这一点用不着特别的证明。即便是在人们以一种引人注目的徒劳努力去解释这种正确性如何发生时，人们也是把这种正确性先行设定为真理的本质了。同样，事情真理也总是意味着现成事物与其

“合理性的”本质概念的符合。这就形成一种假象：仿佛这一对真理之本质的规定是无赖于对一切存在者之存在的本质的阐释的——这种阐释总是包含着对作为知识的承担者和实行者的人的本质的阐释。于是，有关真理之本质的公式（veritas est adaequatio intellectus et rei）就获得了它的任何人都可以立即洞明的普遍有效性。这一真理概念的不言自明性在其本质根据中来看几乎未曾得到关注；而在这种自明性的支配下，人们也就承认下面这回事情是同样不言自明的：真理具有它的对立面，并且有非真理。命题的非真理（不正确性）就是陈述与事情的不一致。事情的非真理（非真正性）就是存在者与其本质的不符合。无论如何，非真理总是被把握为不符合。此种不符合落在真理之本质之外。因此，在把捉真理的纯粹本质之际，就可以把作为真理的这样一个对立面的非真理撇在一边了。

然而，归根到底我们还需要对真理的本质作一种特殊的揭示么？真理的纯粹本质不是已经在那个不为任何理论所扰乱并且由其自明性所确保的普遍有效的概念中得到充分体现了吗？再者，如果我们把那种将命题真理归结为事情真理的做法看作它最初所显示出来的东西，看作一种神学解释，如果我们此外还纯粹地保持哲学的本质界定，以防止神学的混杂，并且把真理概念限于命题真理，那么，我们立即就遇到了一种古老的——尽管不是最古老的——思想传统，依这个传统来看，真理就是陈述（λόγος）与事情（πρᾶγμα）的符合一致（ὁμοίωσις）。假如我们知道陈述与事情的符合一致的意思，那么，这里，有关陈述还有什么值得追问的呢？我们知道这种符合一致的意思吗？

② 符合的内在可能性

我们在不同的意义上谈到符合。例如，看到桌子上的两个五分硬币，我们便说：它们彼此是符合一致的。两者由于外观上的一致而相符合。所以它们有着共同的外观，而且就此而言，它们是相同的。进一步，譬如当我们就其中的一枚硬币说：这枚硬币是圆的，这时候，我们也谈到了符合。这里，是陈述与物相符合。其中的关系并不是物与物之间的，而是陈述与物之间的。但物与陈述又在何处符合一致呢？从外观上看，这两个相关的东西明显是不同的嘛！硬币是由金属做成的，而陈述根本就不是物质。硬币是圆形的，而陈述根本就没有空间特性。人们可以用硬币购买东西，而一个关于硬币的陈述从来就不是货币。但尽管有这样那样的不同，上述陈述作为一个真实的陈述却与硬币相符合。而且，根据流俗的真理概念，这种符合乃是一种适合。完全不同的陈述如何可能与硬币适合呢？或许它必得成为硬币并且以此完全取消自己。这是陈述绝不可能做到的。一旦做到这一点，则陈述也就不可能成为与物相一致的陈述了。在相称中，陈述必须保持其所是，甚至首先要成其所是。那么，陈述的全然不同于任何一物的本质何在呢？陈述如何能够通过守住其本质而与一个它者——物——适合呢？

这里，适合的意思不可能是不同的物之间的物性上的同化。毋宁说，适合的本质取决于在陈述与物之间起作用的那种关系的特性。只消这种“关系”还是不确定的，在其本质上还是未曾得到论究的，那么，所有关于此种适合的可能性和不可能性争执，关于此种适合的特性和程度的争执，就都会沦于空洞。但关于硬币的陈述把“自身”系于这一物，因为它把这一物表象（vorstellt）出来，并且就这个被表象的东西说，这一被表象的东西在其主要方面处于何种情况中。有所表象的陈述就像对一个如其所是的被表象之物那样来说其所说。这个“像……那样”（so-wie）涉及到表象及其所表象的东西。这里，在不考虑所有那些“心理学的”和“意识理论的”先行之见的情况下，表象（Vorstellen）意味着让物对立而为对象。作为如此这般被摆置者，对立者必须横贯一个敞开的对立领域（ein offenes Entgegen），而同时自身又必须保持为一物并且自行显示为一个持留的东西。横贯对立领域的物的这一显现实行于敞开之境中，此敞开之境的敞开状态首先并不是由表象创造出来的，而是一向只作为一个关联领域而为后者所关涉和接受。表象性陈述与物的关系乃是那种**关系**（Verhältnis）的实行，此种关系原始地并且向来作为一种行为（Verhalten）表现出来。但一切行为的特征在于，它持留于敞开之境而总是系于一个可敞开者**之为**可敞开者。如此这般的可敞开者，而且只有在此严格意义上的可敞开者，在早先的西方思想中被经验为“在场者”，并且长期以来被称为“存在者”。

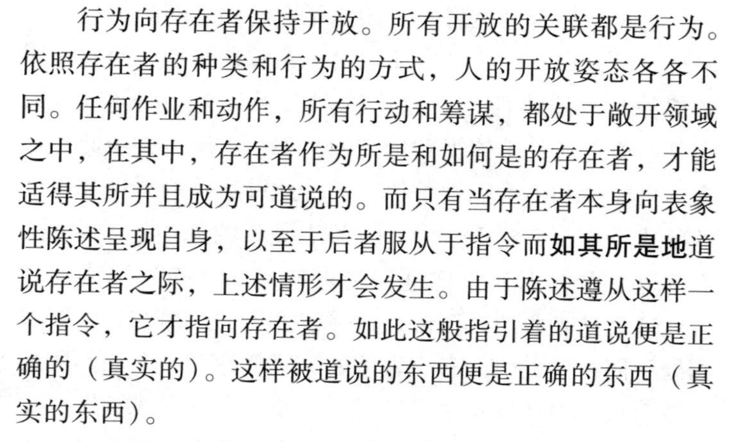

行为向存在者保持开放。所有开放的关联都是行为。依照存在者的种类和行为的方式，人的开放姿态各各不同。任何作业和动作，所有行动和筹谋，都处于敞开领域之中，在其中，存在者作为所是和如何是的存在者，才能适得其所并且成为可道说的。而只有当存在者本身向表象性陈述呈现自身，以至于后者服从于指令而**如其所是地**道说存在者之际，上述情形才会发生。由于陈述遵从这样一个指令，它才指向存在者。如此这般指引着的道说便是正确的（真实的）。这样被道说的东西便是正确的东西（真实的东西）。

行为的开放状态赋予陈述以正确性；因为只有通过行为的开放状态，可敞开者才能成为表象性适合的标准。开放的行为本身必须让自己来充当这种尺度。这意味着：它必须担当起对一切表象之标准的先行确定。这归于行为的开放状态。但如果只有通过行为的这种开放状态，陈述的正确性（真理）才是可能的，那么，首先使正确性得以成为可能的那个东西就必然具有更为原始的权利而被看作真理的本质。

由此，习惯上独一地把真理当作陈述的唯一本质位置而指派给它的做法，也就失效了。真理原始地并非寓居于命题之中。但与此同时也生发出一个问题，即开放的和先行确定标准的行为的内在可能性的根据的问题，惟这种可能性才赋予命题之正确性以那种根本上实现了真理之本质的外观。

③ 正确性之可能性的根据

表象性陈述从哪里获得指令，去指向对象并且依照正确性与对象符合一致？何以这种符合一致也一并决定着真理的本质？而先行确定一种定向，指示一种符合一致，诸如此类的事情是如何发生的？只有这样来发生，即这种先行确定已经自行开放而入于敞开之境，已经为一个由敞开之境而来运作着的结合当下各种表象的可敞开者自行开放出来了。这种为结合着的定向（Richte）的自行开放，只有作为向敞开之境的可敞开者的**自由存在**（Freisein）才是可能的。此种自由存在指示着迄今未曾得到把捉的自由之本质。作为正确性之内在可能性，行为的开放状态植根于自由。**真理的本质乃是自由**（Das Wesen der Wahrheit ist die Freiheit）。

但是这个关于正确性之本质的命题不是以一种不言自明替换了另一种不言自明么？为了能够完成一个行为，由此也能够完成表象性陈述的行为，乃至与“真理”符合或不符合的行为，行为者当然必须是自由的。然而前面那个命题实际并不意味着，作出陈述，通报和接受陈述，是一种无拘无束的行为；相反，这个命题倒是说：自由乃是真理之本质本身。在此，“本质”被理解为那种首先并且一般地被当作已知的东西的内在可能性的根据。但在自由这个概念中，我们所思的却并不是真理，更不是真理的本质。所以，“真理（陈述之正确性）的本质是自由”这个

命题就必然是令人诧异的。

把真理之本质设定在自由中——这难道不就是把真理委诸于人的随心所欲吗？人们把真理交付给人这个“摇摆不定的芦苇”的任意性——难道还能有比这更为彻底的对真理的葬送吗？在前面的探讨中总是一再硬充健全判断的东西，现在只是更清晰了些：真理在此被压制到人类主体的主体性那里。尽管这个主体也能获得一种客观性，但这种客观性也还与主体性一起，是人性的并且受人的支配。

错误和伪装，谎言和欺骗，幻觉和假象，简言之，形形色色的非真理，人们当然把它们归咎于人。但非真理确实也是真理的反面，因此，非真理作为真理的非本质，便理所当然地被排除在真理的纯粹本质的问题范围之外了。非真理的这种人性起源，确实只是根据对立去证明那种“超出”人而起支配作用的“自在的”真理之本质。形而上学把这种真理看作不朽的和永恒的，是绝不能建立在人之本质的易逝性和脆弱性之上的。那么，真理之本质如何还能在人的自由中找到其持存和根据呢？

对上面这个“真理的本质是自由”的命题的拒斥态度依靠的是一些先入之见，其中最为顽冥不化的是：自由是人的特性。自由的本质毋须进一步的置疑，也不容进一步的置疑。人是什么，尽人皆知的嘛！

④ 自由的本质

然而，对作为正确性的真理与自由的本质联系的说明却动摇着上面所说的先入之见；当然，前提是我们准备好作一种思想的转变。关于真理与自由的本质联系的思索驱使我们去探讨人之本质的问题，着眼点是保证让我们获得对人（此在）的被遮蔽的本质根据的经验的那个方面，并且是这样，即这种经验事先把我们置于原始地本质现身着的真理领域之中。但由此而来也显示出：自由之所以是正确性之内在可能性的根据，只是因为它是从独一无二的根本性的真理之原始本质那里获得其本己的本质的。起初，自由已经被规定为对于敞开之境的可敞开者来说的自由了。应当如何来思自由的这一本质呢？一个正确的表象性陈述与之相称的那个可敞开者，是始终在开放行为中敞开的存在者。向着敞开之境的可敞开者的自由让存在者成其所是。于是，自由便自行揭示为让存在者存在（das Seinlassen von Seiendem）。

通常地，譬如当我们放弃一件已经安排好的事情时，我们就会说到这个让存在。"我们听其自然吧"[①]，意思就是我们不再碰它，不再干预它。在这里，让某物存在含有放任、放弃、冷漠、乃至疏忽等消极意义。

但这里必要的"让存在者存在"一词却并没有疏忽和冷漠的意思，而倒是相反。"让存在"乃是让参与到存在者那里。当然，我们也不能仅仅把它理解为对当下照面的或寻找到的存在者的单纯推动、保管、照料和安排。让

① 此句原文为"Wir lassen etwas sein"，也可直译作"我们让某物存在吧！"——译注

存在——即让存在者成其所是——意味着：参与到敞开之境及其敞开状态中，每个仿佛与之俱来的存在者就置身于这种敞开状态中。西方思想开端时就把这一敞开之境把握为 τὰ ἀληθέα，即无蔽者。如果我们把 αληθεια 译成“无蔽”，而不是译成“真理”，那么，这种翻译不仅更加“合乎字面”，而且包含着一种指示，即要重新思考通常的正确性意义上的真理概念，并予以追思，深入到存在者之被解蔽状态和解蔽过程的那个尚未被把握的东西那里。参与到存在者之解蔽状态中，这并不是丧失于这一状态中，而是自行展开而成为一种在存在者面前的引退，以便使这个存在者以其所是和如何是的方式公开自身，并且使表象性适合从中取得标准。作为这种让存在，它向存在者本身展开自身，并把一切行为置入敞开之境中。让存在，即自由，本身就是展开着的，是绽出的（ek-sistent）。着眼于真理的本质，自由的本质显示自身为进入存在者之被解蔽状态的展开。

自由并不是通常的理智喜欢任其借此名义四处流传的东西，即那种偶尔出现的在选择中或偏向于此或偏向于彼的任意。自由并不是对行为的可为和不可为不加约束。当然，自由也不只是对必需之物和必然之物（从而无论何种存在者）的准备。先于这一切（“消极的”和“积极的”自由），自由乃是参与到存在者本身的解蔽过程中去。被解蔽状态本身被保存于绽出的参与之中，由于这种参与，敞开之境的敞开状态，即这个“此”（Da）才是其所是。

在此之在（Da-sein）中，人才具有他由之得以生存的本质根据，而这个本质根据长期以来未曾被探究过。在这里，“生存”（Existenz）并不意味着一个存在者的出现和“现存”（现成存在）意义上的实存（existentia）。但“生存”在此也不是“在生存状态上”意指人在身－心机制的基础上构造出来的为其自身道德努力。绽出之生存（Ek-sistenz）植根于作为自由的真理，乃是那种进入存在者本身的被解蔽状态之中的展开。历史性的人的绽出之生存还没有得到把握，甚至还需要一种本质建基；历史性的人的绽出之生存惟开端于那样一个时刻，那时候，最初的思想家追问着，凭着“什么是存在者”这个问题而投身到存在者之无蔽状态中。在这个问题中，无蔽状态才首次得到了经验。存在者整体自行揭示了 φύσιs，即“自然”；但“自然”在此还不是意指存在者的一个特殊领域，而是指存在者之为存在者整体，而且是在涌现着的在场（das aufgehende Anwesen）这个意义上来说的。惟当存在者本身被合乎本己地推入其无蔽状态并且被保存于其中，惟当人们从存在者之为存在者的追问出发把握了这种保存，这时候，历史才得开始。对存在者整体的原初解蔽，对存在者之为存在者的追问，和西方历史的开始，这三者乃是一回事；它们同时在一个“时代”里出现，这个“时代”本身才无可度量地为一切尺度开启了敞开之境。

然而，如果绽出的此之在——作为让存在者存在——解放了人而让人获得其“自由”，因为它才为人提供出选择的可能性（存在者），向人托出必然之物（存在者），

那么，人的任性愿望就并不占有自由。人并不把自由“占有”为特性，情形恰恰相反：是自由，即绽出的、解蔽着的此之在占有人，如此原始地占有着人，以至于唯有自由才允诺给人类那种与作为存在者的存在者整体的关联，而这种关联才首先创建并标志着一切历史。唯有绽出的人才是历史性的人。“自然”是无历史的。

如此这般来理解的作为让存在者存在的自由是存在者之解蔽意义上的真理的本质的实现和实行。“真理”并不是正确命题的标志，并不是由人类“主体”对一个“客体”所说出的、并且在某个地方——我们不知道在哪个领域中——“有效”的命题的标志；不如说，“真理”乃是存在者之解蔽，通过这种解蔽，一种敞开状态才成其本质（west）。一切人类行为和姿态都在它的敞开之境中展开。因此，人乃以绽出之生存（Ek-sistenz）的方式存在。

由于每一种人类行为各各以其方式保持开放，并且与它所对待的东西相协调，所以，让存在之行为状态，即自由，必然已经赋予它以一种内在指引的禀赋，即指引表象去符合于当下存在者。于是，所谓人绽出地生存（ek-sistieren）就意味着：一个历史性人类的本质可能性的历史对人来说被保存于存在者整体之解蔽中了。历史的罕见而质朴的决断就源出于真理的原始本质的现身方式中。

但由于真理在本质上乃是自由，所以历史性的人在让存在者存在中也可能让存在者不成其为它所是和如何是的存在者。这样，存在者便被遮盖和伪装了。假象（der Schein）占了上风。于此，真理的非本质突现出来了。不过，因为绽出的自由作为真理的本质并不是人固有的特性，倒是人只有作为这种自由的所有物才绽出地生存出来，并因而才能有历史，所以即便真理的非本质也并不是事后来源于人的纯然无能和疏忽。毋宁说，非真理必然源出于真理的本质。只是因为真理和非真理在本质上并不是互不相干的，而是共属一体的，一个真实的命题才能成为一个相应地非真实的命题的对立面。于是乎，真理之本质的问题才达到了问之所问的原始领域之中，其时，基于对真理的全部本质的先行洞识，这个问题也已经把对于非真理之沉思摄入本质揭示中了。对真理之非本质的探讨并非事后补遗，而是充分地发动对真理之本质的**追问**的关键一步。但我们应如何来把捉真理之本质中的非本质呢？如果说陈述的正确性并没有囊括真理的本质，那么，非真理也是不能与判断的不正确性相等同的。

⑤ 真理的本质

真理的本质揭示自身为自由。自由乃是绽出的、解蔽着的让存在者存在。任何一种开放行为皆游弋于“让存在者存在”之中，并每每对此一或彼一存在者有所作为。作为参与到存在者整体本身的解蔽中去这样一回事情，自由乃已经使一切行为协调于存在者整体。然而我们却不能把此种协调状态（调谐）把捉为“体验”和“情感”，因为这样做，我们只不过是使之丧失了本质，并且从那种东西（“生命”和“灵魂”）出发对之作出解释而已——

这种东西确实只能维持自己的本质权利的假象，只要它本身包含着对协调状态的伪装和误解。协调状态，即一种入于存在者整体的绽出的展开状态，之所以是能够被“体验”和“感受”的，只是因为“体验的人”一向已经被嵌入一种揭示着存在者整体的协调状态中了，而并没有去猜测调谐之本质为何。历史性的人的每一种行为，无论它是否被强调，无论它是否被理解，都是被调谐了的，并且通过这种调谐而被推入存在者整体之中了。存在者整体的敞开状态并不就是我们才熟悉的存在者之总和。情形倒是相反：存在者不为人所熟悉的地方，存在者没有或还只是粗略地被科学所认识的地方，存在者整体的敞开状态能够更为本质地运作；而比较而言，在熟知的和随时可知的东西成为大量的，并且由于技术无限度地推进对物的统治地位而使存在者不再能够抵抗人们的卖力的认识活动的地方，存在者整体的敞开状态倒是少见运作的。正是在这种无所不知和惟知独尊的平庸无奇中，存在者之敞开状态被敉平为表面的虚无，那种甚至不止于无关紧要而只还被遗忘的东西的虚无。

调谐着的让存在者存在贯通一切于存在者中游弋的开放行为，并且先行于存在者。人的行为乃完全由存在者整体之可敞开状态来调谐。但在日常计算和动作的视野里来看，这一“整体”似乎是不可计算的、不可把捉的。从当下可敞开的存在者那里——无论这种存在者是自然中的存在者还是历史中的存在者——我们是捉不到这个“整体”的。尽管不断地调谐一切，但它却依然是未曾确定

的东西、不可确定的东西，从而，它大抵也是最流行的东西、最不假思索的东西。然而这个调谐者并非一无所有，而是存在者整体之遮蔽。让存在总是在个别行为中让存在者存在，对存在者有所动作，并因之解蔽着存在者；正是因为这样，让存在才遮蔽着存在者整体。让存在自身本也是一种遮蔽。在此之在的绽出的自由中，发生着存在者整体之遮蔽，**存在着**（ist）遮蔽状态。

⑥ 作为遮蔽的非真理

遮蔽状态拒绝给无蔽（ἀλήθεια）以解蔽，并且还不允许无蔽成为 δτέρησιs（剥夺），而是为无蔽保持着它的固有的最本己的东西。于是，从作为解蔽状态的真理方面来看，遮蔽状态就是非解蔽状态，从而就是对真理之本质来说最本己的和根本性的非真理（Un-wahrheit）。存在者整体的遮蔽状态绝不是事后才出现的，并不是由于我们对存在者始终只有零碎的知识的缘故。存在者整体之遮蔽状态，即根本性的非真理，比此一或彼一存在者的任何一种可敞开状态更为古老。它也比让存在本身更为古老，这种让存在在解蔽之际已然保持遮蔽了，并且向遮蔽过程有所动作了。是什么把让存在保存于这种与遮蔽过程的关联中的呢？无非是对被遮蔽者整体之遮蔽，对存在者本身之遮蔽而已——也就是神秘（Geheimnis）罢。并不是关于这个或那个东西的个别的神秘，而只是这一个，即归根到底统摄着人的此之在的这种神秘本身（被遮蔽者之遮蔽）。

让存在——即让存在者整体存在——是解蔽着又遮蔽着的，其中发生着这样一回事情：遮蔽显示为首先被遮蔽者。绽出的此之在保存着最初的和最广大的非解蔽状态，即根本性的非真理。真理的根本性的非本质乃是神秘。这里，非本质还并不意味着是低于在一般之物（κοινόν，γένος）及其可能性和根据这种意义上的本质的。这里所说的非本质乃是先行成其本质的本质。但“非本质”首先大抵是指那种已经脱落了的本质的畸变。不过，在上述任何一种意义上，非本质一向以其方式保持为本质性的，从来不会成为毫不相干意义上的非本质性的东西。而如此这般来谈论非本质和非真理，已经远远违背了常识之见，看起来好像是在搬弄煞费苦心地构想出来的“佯谬”。这种印象是难以消除的，所以我们似乎应当放弃这种矛盾的谈论；但它只是对于通常的意见来说是矛盾的。而对有识之士来说，真理的原初的非本质（即非真理）中的“非”（Un-），却指示着那尚未被经验的存在之真理（而不只是存在者之真理）的领域。

作为让存在者存在，自由在自身中就是断然下了决心的姿态，即没有自行锁闭起来的姿态。一切行为都植根于此种姿态中，并且从中获得指引而去向于存在者及其解蔽。但这一向着遮蔽的姿态却同时自行遮蔽，因为它一任神秘之被遗忘状态占了上风，并且消隐于这种被遗忘状态中了。尽管人不断地在其行为中对存在者有所作为，但他也往往总是对待了此一或彼一存在者及其当下可敞开状态而已。就是在最极端的情形中，他也还是固执于方便可达的和可控制的东西。而且，当他着手拓宽、改变、重新获得和确保在其所作所为的各各不同领域中的存在者之可敞开状态时，他也还是从方便可达的意图和需要范围内取得其行为的指令的。

然而，滞留于方便可达的东西，这本身就是不让被遮蔽者之遮蔽运作起来。诚然，在通行的东西中也有令人困惑的、未曾解释的、未曾确定的、大可置疑的东西。但这些自身确实的问题只不过是通行之物的通行的过渡和中转站，因而不是本质性的。当存在者整体的遮蔽状态仅仅被附带地看作一个偶尔呈报出来的界限时，作为基本事件的遮蔽便沦于遗忘了。

不过，此在的被遗忘的神秘并没有被遗忘状态所消除；毋宁说，这种被遗忘状态倒是赋予被遗忘者的表面的消隐以一种本己的现身当前。神秘在被遗忘状态中并且为这种被遗忘状态而自行拒绝，由此，它便让在其通行之物中的历史性的人寓于他所作成的东西。这样一来，人类就得以根据总是最新的需要和意图来充实他的“世界”，以他的打算和计划来充满他的“世界”。于是，在遗忘存在者整体之际，人便从上述的他的打算和计划中取得其尺度。他固守其尺度，并且不断地为自己配备以新的尺度，却还没有考虑尺度之采纳的根据和尺度之给出的本质。尽管向一些新的尺度和目标前进了，但在其尺度的本质之真正性（Wesens-Echtheit）这回事情上，人却茫然出了差错。他愈是独一地把自己当作主体，当作一切存在者的尺度，他就愈加弄错了。人类猖獗的忘性固执于用那种对他而言总是方便可得的通行之物来确保他自己。这种固执在那种**姿态**中有它所不得而知的 依靠；作为这种姿态，此在不仅**绽出地生存**（ek-sistiert），而且也**固执地持存**（in-sistiert），即顽固地守住那仿佛从自身而来自在地敞开的存在者所提供出来的东西。

绽出的此在是固执的。即便在固执的生存中也有神秘在运作；只不过，此时神秘是作为被遗忘的、从而成为“非本质性的”真理的本质来运作的。

⑦ 作为迷误的非真理

人固执地孜孜于一向最切近可达的存在者。但只有作为已经绽出的人，人才能固执，因为他毕竟把存在者之为存在者当作标准了。但在他采纳标准时，人类却背离了神秘。那种固执地朝向方便可达之物，与这种绽出地背离神秘，这两者是共属一体的。它们是一而二二而一的事情。而这种朝向和背离却又与此在中的来回往复的固有转向亦步亦趋。人离开神秘而奔向方便可达的东西，匆匆的离开一个通行之物，赶向最切近的通行之物而与神秘失之交臂——这一番折腾就是**误入歧途**。

人彷徨歧途。人并不是才刚刚误入歧途。人总是在迷误中彷徨歧途，因为他在绽出之际也固执，从而已经在迷误中了。人误入其中的迷误绝不是仿佛只在人身边伸展的东西，犹如一条人偶尔失足于其中的小沟；毋宁说，迷误乃属于历史性的人被纳入其中的此之在的内在机制。迷误乃是那种转向的运作领域，在这种转向中，固执的绽出之生存（Ek-sistenz）总是随机应变地重新遗忘自己，重新出了差错。对被遮蔽的存在者整体的遮蔽支配着当下存在者的解蔽过程，此种解蔽过程作为对遮蔽之被遗忘状态而成为迷误。

迷误是原初的真理之本质的本质性的反本质（Gegenwesen）。迷误公开自身为本质性真理的每一个对立面的敞开领域。迷误（Irre）乃**错误**（Irrtum）的敞开之所和根据。所谓错误，并非一个个别的差错，而是那种其中错综交织了所有迷误方式的历史的领地（即统治地位）。

按其开放状态和它与存在者整体的关联，每一种行为都各各是迷误的方式。错误的范围很广，从日常的做错、看错、算错，到本质性态度和决断中的迷失和迷路，都是错误。但通常地，甚至依照哲学的学说，人们所认为的错误，乃是判断的不正确性和知识的虚假性，它只不过是迷误的一种，而且是最为肤浅的一种迷误而已。一个历史性的人类必然误入迷误之中、从而其行程有迷误的；这种迷误本质上是与此在的敞开状态相适合的。迷误通过使人迷失道路而彻底支配着人。但使人迷失道路的迷误同时也一道提供出一种可能性，这是一种人能够从绽出之生存中获得的可能性，那就是：人通过经验迷误本身，并且在此之在的神秘那里不出差错，人就可能不让自己误入歧途。

由于人的固执的生存行于迷误之中，由于引人误入歧途的迷误总是以某种方式咄咄逼人并且由于这种逼迫控制了神秘——而且是一种被遗忘的神秘，所以人在其此在的绽出之生存中就**尤其**屈服于神秘的支配和迷误的逼迫了。他便处在受统一者和它者的**强制的困境**中了。完整的、包含着其最本己的非本质的真理之本质，凭这种不断的来回往复的转向，而把此在保持在困境之中。此在就是入于困境的转向。从人的此之在而来，并且惟从人的此之在而来，才出现了对必然性的解蔽，相应地也就出现了那种入于不可回避之物中的可能的移置。

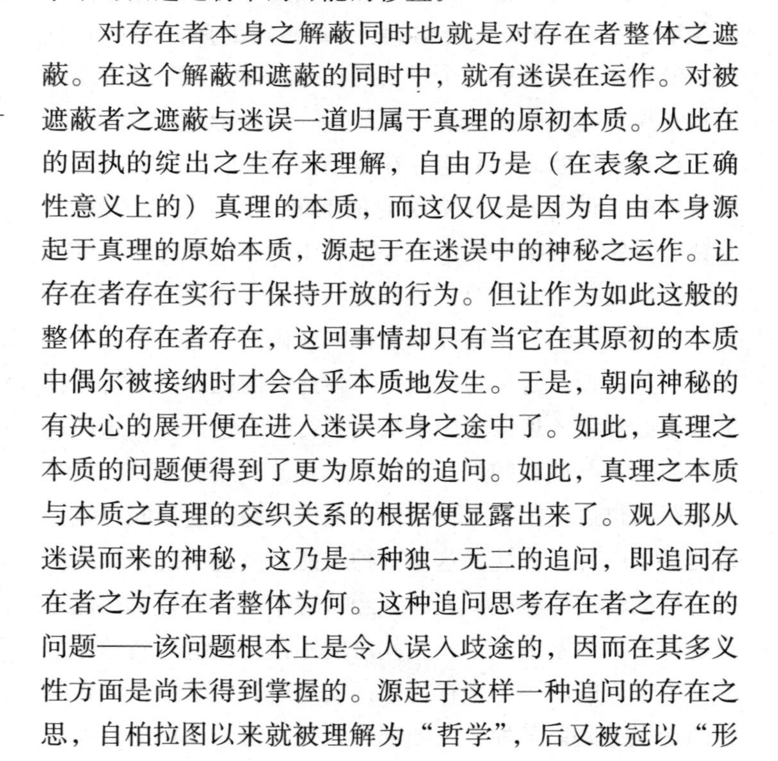

对存在者本身之解蔽同时也就是对存在者整体之遮蔽。在这个解蔽和遮蔽的同时中，就有迷误在运作。对被遮蔽者之遮蔽与迷误一道归属于真理的原初本质。从此在的固执的绽出之生存来理解，自由乃是（在表象之正确性意义上的）真理的本质，而这仅仅是因为自由本身源起于真理的原始本质，源起于在迷误中的神秘之运作。让存在者存在实行于保持开放的行为。但让作为如此这般的整体的存在者存在，这回事情却只有当它在其原初的本质中偶尔被接纳时才会合乎本质地发生。于是，朝向神秘的有决心的展开便在进入迷误本身之途中了。如此，真理之本质的问题便得到了更为原始的追问。如此，真理之本质与本质之真理的交织关系的根据便显露出来了。观入那从迷误而来的神秘，这乃是一种独一无二的追问，即追问存在者之为存在者整体为何。这种追问思考存在者之存在的问题——该问题根本上是令人误入歧途的，因而在其多义性方面是尚未得到掌握的。源起于这样一种追问的存在之思，自柏拉图以来就被理解为“哲学”，后又被冠以“形而上学”之名。

⑧ 真理问题与哲学

把人向着绽出之生存解放出来，这对于历史具有奠基作用。这种对人的解放在存在之思中达乎词语；不过，词语并不只是意见的“表达”，不如说，它一向已经是存在者整体之真理的得到完好保存的构造。至于有多少人能听到这词语，乃是无关紧要的事情。而正是那些能听者决定了人在历史中的位置。而在哲学发端的同一个世界瞬间里，也就开始了普通理智的**鲜明突出的**统治地位（智者派）。

普通理智要求可敞开的存在者的无可置疑性，并且把任何一种运思的追问说成是对健全理智的攻击，是健全理智的不幸迷惑。

然而，健全的、在其自己的范围内十分正当的理智对哲学的评判却并没有切中哲学的本质，后者只有根据与作为存在者整体的存在者的原始真理的关联才能得到规定。但由于真理的完全本质包含着非本质，并且是首先作为遮蔽而运作的，所以探究这种真理的哲学本身就是分裂性的。哲学之思想乃是柔和的泰然任之，它并不拒绝存在者整体的遮蔽状态。哲学之思想尤其是严格性的展开状态，它并不冲破遮蔽，而是把它的完好无损的本质逼入把握活动的敞开领域中，从而把它逼入其本己的真理之中。

在其让存在——让存在者作为如此这般的存在者整体而存在——的柔和的严格性和严格的柔和性中，哲学遂成为一种追问；这种追问并不唯一地持守于存在者，但也不允许任何外部强加的命令。思想的这种最内在的困境已经为康德所猜度；因为康德在谈到哲学时说："这里，我们看到哲学实际上被置于一个糟糕的立足点上了，它应该是牢固的，虽然无论是天上还是地上都没有它赖以立足的地方。在此，哲学应当证明它的纯正性，作为它的法则的自我维持者，而不是作为那个向哲学诉说某种移植过来的意义或者谁也不知道的监护本性的人的代言人……"（《道德形而上学的基础》，康德文集，学院版，第四卷，第425页）。

康德的著作引发了西方形而上学的最后一次转向。在他上述对哲学之本质的解说中，康德洞察到一个领域，按照他的形而上学立场，他是在主体性中，而且只有从这个主体性而来，才能把握这个领域，并且必定要把它理解为它自身的法则的自我维护者。尽管如此，这一对哲学之规定性的本质洞见已经足以推翻任何对哲学之思想的贬损，其中最无助的一种贬损是声称：作为一种"文化"的"表达"（斯宾格勒）和一个富有创造性的人类的装饰品，哲学也还是有其价值的。

然而，哲学是否实现了它的原初的决定性的本质而成为"其法则的自我维护者"，或者哲学是否由其法则一向所属的那个东西的真理来维护本身并获得支撑，这取决于那种开端性，在这种开端性中，真理的原始本质对运思之追问来说成为本质性的。

我们眼下所报告的尝试使真理之本质的问题超越了流

俗的本质概念中习惯界定的范囿，并且有助于我们去思索，真理之本质的问题是否同时和首先必定是本质之真理的问题。但在“本质”这个概念中，哲学思考的是存在。我们把陈述之正确性的内在可能性追溯到作为其“根据”的“让存在”的绽出的自由，同时我们先行指出这个根据的本质开端就在于遮蔽和迷误之中。这一番工作意在表明，真理的本质并非某种“抽象的”普遍性所具有的空洞的“一般之物”，而是那种独一无二的历史所具有的自行遮蔽着的唯一的东西；这种独一无二的历史乃是我们称之为存在而长期以来习惯于仅仅把它当作存在者整体来思考的那个东西的“意义”的解蔽的历史。

⑨ 注　释

真理之本质的问题起于本质之真理的问题。在前一个问题中，我们首先是在“所是”（quidditas）或实在（realitas）的意义上来理解本质的，而把真理理解为知识的一个特性。在本质之真理的问题中，本质一词作动词解；在这个还停留在形而上学表象范围内的词语中，我们思的是存在（Seyn）——作为存在与存在者之间运作着的差异的那个存在。[1] 真理意味着作为存在之基本特征的有所

① 第九节的第一段是1949年增写的，在这里，海德格尔用德语古体字“Seyn”表示“存在”（Sein），体现了海氏力图摆脱传统形而上学之概念方式的用心。——译注

澄明的庇护。真理之本质的问题的答案在于下面这个命题：**真理的本质是本质的真理**。依我们的解释，人们不难看出，这个命题不只是颠倒了一下词序而已，并不是要唤起某种背谬的假象。本质之真理是这个命题的主语——倘若我们毕竟还可以使用一下主语这个糟糕的语法范畴的话。有所澄明的庇护是知识与存在者的符合，其中这个“是”（ist）亦即“让成其本质”（lässt wesen）。这个命题不是辨证的。它根本就不是陈述意义上的命题。对真理之本质的问题的回答乃是对存在历史范围内的一个转向的道说。因为存在包含着有所澄明的庇护，所以存在原初地显现于遮蔽着的隐匿之光亮中。这种澄明的名称就是无蔽（ἀλήθεια）。

按原先的计划，“真理的本质”这个演讲还要续以第二个演讲，即“本质的真理”。后面这个演讲由于种种原因而未能做成；眼下，我在《关于人道主义的书信》中已经把个中原因挑明了。

意义的问题（参看《存在与时间》，1927 年），亦即筹划领域的问题（《存在与时间》，第 151 页），亦即敞开状态的问题，亦即存在之真理（而不止于存在者之真理）的问题——这是一个关键问题，而我们蓄意地未予展开。表面看来，我们的思仍停留在形而上学的轨道上；但在其关键的步骤上，也就是从作为正确性的真理到绽出的自由，从绽出的自由到作为遮蔽和迷误的真理，思想在这些步骤上却实行了一个问题的转变，这个转变乃属于对形而上学的克服。我们的演讲所尝试的思想实现在本质性的经验中，它经验到，惟从人能够进入其中的那个此之在而来，历史性的人才得以邻近于存在之真理。于是，一切人类学和作为主体的人的主体性被遗弃了——《存在与时间》就已经做到了这一点，存在之真理被当作一种已经转变了的历史性的基本立场的根据来寻求了；不止于此，演讲的进程就是要从这另一个根据（此之在）出发来运思。追问的过程本就是思想之道路。这种思想并不提供出观念和概念，而是作为与存在之关联的转变来经验和检验自身。

（孙周兴　译）

三、面向思的事情

1. 什么是哲学?[1]

此问题使我们触及一个十分宽广的、也即开阔的论题。由于此论题范围宽广，它便是不确定的。由于它是不确定的，我们就能以各种殊为不同的观点来对它进行探讨。其间，我们总是会切中某种正确的东西。但由于在探讨这样一个范围宽广的论题时，一切可能的观点相互交织在一起，故我们的讨论就会有缺乏适当的结合的危险。

因此之故，我们必须努力把问题规定得更准确些。以这种方式，我们把讨论带入某个确定的方向之中。由此，讨论便被带上一条道路。我说：带上**一条**道路。借此我们承认，此道路诚然不是唯一的道路。这条我在下面要指出的道路是否确实是一条能够使我们提出问题和解决问题的

① 本文系海德格尔1955年8月在法国诺曼底做的演讲，1956年由德国纳斯克出版社（弗林根）出版。中译文据德－英对照本，纽黑汶，1958年。译者在翻译时参考了俞宣孟先生的译文（载《现代外国哲学》，第七辑）。——编者

道路，这一点甚至必定还是悬而未决的。

如果我们假定，我们可以找到一条更准确地规定问题的道路，那么立刻就会出现一种针对我们的讨论的论题的重大异议。当我们问“什么是哲学？”之际，[①] 我们是**关于**（über）哲学来谈论。以此方式来追问，我们显然是站在哲学之上，也即在哲学之外。但我们的问题的目标乃是**进入**哲学中，逗留于哲学中，以哲学的方式来活动，也即“进行哲学思考”（philosophieren）。因此，我们的讨论的道路不仅必须具有一个清晰的方向，而且这一方向还必须保证我们在哲学范围内活动，而不是在哲学之外围着哲学转。

可见，我们的讨论的道路必须具有某种方式和方向，即：哲学所探讨的东西是与我们本身相关涉的，触动着（nous touche）我们的，而且是在我们的本质深处触动我们的。

但哲学岂不由此成了感受、情绪、情感方面的一个事情么？

“以精美的情感作出糟糕的文学”。[②] 安德烈·纪德的这句话不仅适用于文学，还更适用于哲学。情感，即使最

① 按字面和海德格尔的原意，问句“什么是哲学？”（Was ist das——die Philosophie?）更应译作“这是什么——哲学？”海氏在下文中强调，“这是什么？”的问题方式和“哲学”这个主题都是“希腊的”。故本文标题依德文原文亦更应译作《这是什么——哲学？》。——译注

② 安德烈·纪德：《陀斯妥也夫斯基》，巴黎，1923 年，第 247 页。——原注

精美的情感，在哲学中也是没有地位的。人们说，情感是某种非理性的东西。相反，哲学不仅是某种理性的东西，而且是理性的真正指导。这样说时，我们已经不知不觉地对哲学是什么作出了裁决。我们已经过于匆忙地给我们的问题以一个答案。人人都认为哲学是理性的事情这个说法是正确的。但也许这个说法也还是对“什么是哲学?”这个问题的仓促的和草率的回答。因为我们可以马上对此答案提出新的问题。什么是理性?理性是什么，在何处、通过谁来决定?理性本身已经成了哲学之王吗?如果说“是”，那么是凭何种权力?如果说“不是”，那么理性又是从何处获得其使命和角色的呢?如果被当作理性的东西只是通过哲学并且在哲学史整体范围内才首先得以确定，那么预先宣布哲学是理性的事情，就不是什么好办法。然而，一旦我们对那种把哲学的特征刻画为理性行为的做法产生怀疑时，也就同样可以怀疑，哲学是否属于非理性的领域。因为不论谁想把哲学规定为非理性的，他都是把理性当作划界的尺度，而且，他又把理性假定为不言自明的东西了。

另一方面，如果我们指出另一种可能性，即：哲学所涉及的东西是与我们人的本质相关的，并且是触动着(be-ruhrt)我们的，那么情形就可能是：这种激动与我们通常所谓的感情和情绪——简言之，即非理性的东西——是毫无干系的。

① 哲学是希腊的

从上面所述，我们首先只得出一点：如果我们胆敢在“什么是哲学?”这个标题下开始讨论，那就需要一种更高的谨慎。

首先，我们试图把问题带上一条方向清晰的道路上去，这样，我们才能免于在任意的和偶然的哲学观念中兜圈子。但我们应该如何去发现一条我们能借以可靠地规定我们的问题的道路呢?

我现在想指出的这条道路就在我们眼前。而且，只是因为它是最切近的一条道路，我们才难以发现它。但即使我们已经发现了它，我们也总还是笨拙地在这条路上行进。我们问：什么是哲学?我们往往已经道出了“哲学”这个词。但是如果我们现在不再把“哲学”当作一个用滥了的名称来使用，而是从其源起处来倾听“哲学”这个词，那它就是：φιλοσοφία。“哲学”一词现在说的是希腊语。这个希腊词语作为**希腊**词语乃是一条道路。这条道路一方面就在我们眼前，因为这个词语长期以来就已经先行向我们说话了。另一方面，这条道路又已在我们后面，因为我们总是已经听和说了这个词语。因此，希腊词语 φιλοσοφία 是一条我们行进于其上的道路。但我们对这条道路还只有十分模糊的认识，尽管我们能够拥有并且能够讲出一大篇关于希腊哲学的历史知识。

φιλοσοφία 这个词告诉我们，哲学是某种最初决定着希腊人的生存的东西。不止于此——φιλοσοφία 也决定着我们西方 - 欧洲历史的最内在的基本特征。常听到的“西方 - 欧洲哲学”的说法事实上是同义反复。为何？因为“哲学”本质上就是希腊的；“希腊的”在此意味：哲学在其本质的起源中就首先占用了希腊人，而且仅仅占用了希腊人，从而才得以展开自己。

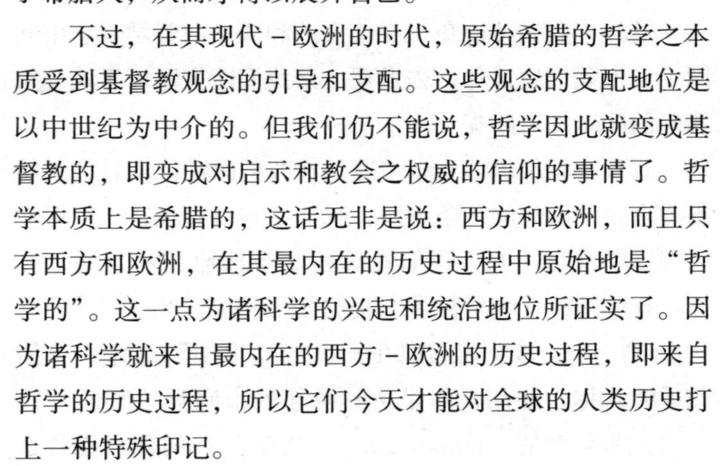

不过，在其现代 - 欧洲的时代，原始希腊的哲学之本质受到基督教观念的引导和支配。这些观念的支配地位是以中世纪为中介的。但我们仍不能说，哲学因此就变成基督教的，即变成对启示和教会之权威的信仰的事情了。哲学本质上是希腊的，这话无非是说：西方和欧洲，而且只有西方和欧洲，在其最内在的历史过程中原始地是“哲学的”。这一点为诸科学的兴起和统治地位所证实了。因为诸科学就来自最内在的西方 - 欧洲的历史过程，即来自哲学的历史过程，所以它们今天才能对全球的人类历史打上一种特殊印记。

让我们来考虑一下，这个被人们描绘成“原子时代”的人类历史的时期是什么意思。为科学所发现和释放出来的原子能被当作那种决定历史进程的力量。确实，要不是哲学已经先行于诸科学，那就根本不可能有诸科学。但哲学乃是：ἡ φιλοσοφία。这个希腊词把我们的讨论系于一种历史传统。因为这种传统是独一无二的，所以它也是清晰的。这个由希腊名称 φιλοσοφία 所命名的、并且以

φιλοσοφία这个历史性词语向我们标明出来的传统，向我们开放出一条我们借以追问“什么是哲学?”的道路的方向。传统并不把我们交付给一去不复返的过去之物的束缚。交付，即delivrer，是一种解放，就是进入与曾在者（das Gewesene）的对话的自由中。如果我们真正倾听“哲学”这个词，并且深思所倾听的东西，那么这个名称就会把我们召唤入哲学的希腊起源的历史中去。Φιλοσοφία这个词仿佛就站在我们自己的历史的生庚证明上；我们甚至可以说，它站在被称为的原子时代的当代世界历史的时代的生庚证明上。因此之故，惟当我们参与到一种与希腊人的思想的对话之际，我们才能来追问“什么是哲学?”这个问题。

但不光我们所要问的**什么**，即哲学，按其起源来看是希腊的，而且我们**如何**追问的方式也是希腊的；就连我们今天的提问的方式也是希腊的。

我们问：这是什么？这在希腊文中就是：τί ἐστιν。但某物是什么这个问题是多义的。我们可以问：远处那个东西是什么？我们得到回答：一棵树。此答案就是我们给一个我们并不确切地认识的事物以一个名称。

但我们还可以进一步问：我们称之为“树”的东西是什么？随着现在所提的问题，我们已经接近于希腊的τί ἐστιν（这是什么?）了。这是由苏格拉底、柏拉图、亚里士多德所发展出来的问题形式。例如，他们问：这是什么——美？这是什么——知识？这是什么——自然？这是

什么——运动?

然而我们必须注意，在刚刚指出的问题中，不仅是要寻求对自然、运动或美的一个更准确的界定，而同时也是要解释：这个“什么”意味着什么，这个 τί（什么）必须在何种意义上来理解。人们把这个“什么”的意思称为 quid est，τί quid，即：实质（quidditas）、所是（Washeit）。但在哲学的不同时期，对实质有不同的规定。例如，柏拉图的哲学就是对这个 τί（什么）的意思的一种特殊阐释。那就是所谓 ἰδέα（相）。当我们追问 τί、追问 quid 时，我们便意指这个“理念”（Idea），这绝不是不言自明的事情。亚里士多德对 τί 作了不同于柏拉图的解释。康德对 τί 作了另一种解释，而黑格尔又有另一种解释。一向以 τί、quid、“什么”为引线索被追问的东西每每都重新被规定。每当我们联系于哲学来问“这是什么?”时，我们便在追问一个原始地希腊的问题。

让我们牢牢记住：无论是我们的问题的论题——“哲学”，还是我们问“这是什么?”的提问方式，两者按其起源来看都是希腊的。我们本身归属于这个源头，即便我们绝口不提“哲学”这个词。一旦我们不仅在字面上把“这是什么——哲学?”这个问题表达出来，而且沉思此问题的意义，我们就被专门召唤回这个源头之中了，为此源头并且由此源头而被索回了。【“哲学是什么?”这个问题并不是一个以一种对自身的认识为目标的问题（哲学的哲学）。此问题也不是一个致力于认识所谓“哲学”

的起源和发展的历史学问题。此问题是一个历史性的问题，也即一个命运性的问题。① 更进一步说：它不是“一个”历史性的问题，它就是我们西方－欧洲的此在（Dasein）的**这个**历史性的问题。】

② 应合于逻各斯

如果我们进入到“什么是哲学?”这个问题的整个原始意义中，则我们的追问通过其历史性起源就已经找到了一个指向历史性的未来的方向。我们已经找到了一条道路。问题本身就是一条道路。此道路从希腊人的此在一直延伸至我们这里——即使不说超越于我们。如果我们执著于这个问题，我们就是行进在一条方向清晰的道路上。但我们并没有因此而得保证，我们直接就能以正确的方式走上这条道路。我们甚至不能立即决定我们今天处身于这条道路的哪一位置上。长期以来，人们往往把某物是什么这样一个问题当作关于本质的问题。向来只有当被问及其本质的那个东西已经变得模糊不清，同时，人与这个被问及的东西的关系已经变得不确定或者甚至已经被动摇，这时候，关于本质的问题才觉醒。

我们的讨论的问题涉及哲学的本质。如果此问题出于

① 在此应注意“历史学的”（historisch）和“历史性的”（geschichtlich）两词，后者才是真实发生的“历史”，从而才是“命运性的”（geschicklich）。——译注

某种需要，而不是仅仅为了进行谈话而保留的一个虚假问题，那么哲学之为哲学就必定对我们来说变成了一个大可追问的问题了。确实如此吗？如果确是如此，那么，在何种程度上哲学对我们来说成了大可追问的问题？显然，只有当我们已经获得了一种对哲学的洞察，我们才能说明这一点。而为洞察哲学，就需要我们事先知道哲学是什么。于是，我们便奇怪地被逐入一个圈子之中。哲学本身看来就是这个圈子。就算我们不能立刻跳出这个圈子，我们却还可以考察一下这个圈子。那么，我们的眼光应转向何方？Φιλοσοφία 这个希腊词为我们指明了方向。

这里须得作一种原则性的说明。如果我们现在和往后要倾听希腊语，那么我们就进入了一个别具一格的领域之中。渐渐地我们的思想就会明白，希腊语并不是像我们所熟悉的欧洲语言这样的一种单纯的语言。希腊语，而且只有希腊语，才是逻各斯（λόγos）。在下面的讨论中，我们还将不得不进一步论及此点。开始时，我们只须指出：在希腊语中，其中所道说的东西以一种别具一格的方式同时就是它所命名的东西。如果我们希腊地倾听一个希腊词语，我们就领会它的 λέγειν，即它的直接陈述。它所陈述的东西是摆在我们眼前的东西。通过希腊地被倾听的词语，我们便寓于眼前的事情本身，而并非首先寓于某个纯粹的语词含义。

希腊词 φιλοσοφία 源于 φιλόσοφos 一词。后者就像 φιλάργυρos（热爱银子），φιλότιμos（热爱荣誉）一样，原先是个形容词。φιλόσοφos 这个词大约是由赫拉克利特创造的。这就是说，在赫拉克利特那里还没有 φιλοσοφία（哲学）一词。一个 ἀνὴρ φιλόσοφος 不是一个“哲学的”人。希腊语的形容词 φιλόσοφος 所说的完全不同于形容词“哲学的”。一个 ἀνὴρ φιλόσοφος 就是那个 ὅς φιλεῖ τὸ σοφόν，即热爱 σοφόν 的人；这里，在赫拉克利特意义上，φιλεῖν，即热爱，意味着：ὁμολογεῖν，以逻各斯的方式去说话，即响应于逻各斯。这种响应就是与 σοφόν 相协调。协调就是 ἁρμονία。一物与另一物相互结合起来，因其相互依赖而原始地相互结合起来——这种协调就是赫拉克利特所说的 φιλεῖν，即“热爱”的特征。

这个 ἀνὴρ φιλόσοφον 热爱着 σοφόν。赫拉克利特这个词的意思很难翻译。但我们可以根据赫拉克利特自己的解释来解说之。据此，σοφόν 说的是：Ἕν Πάντα，即“一（是）一切”。这里，“一切”意指：Πάντα τὰ ὄντα，即存在者之整体、总体。Ἕν，即一，意指：一、唯一、统一一切者。但一切存在者都是在存在中统一的。这个 σοφόν 是说：一切存在者在存在中。更明确地说：存在**是**（ist）存在者。在此，“是”当作及物动词来使用，其意如同“聚集”（versammelt）。存在把一切存在者聚集起来，使存在者成为存在者。存在是聚集——即 Λόγος（逻各斯）。[①]

一切存在者在存在中。这样的话，即使还不算不堪入耳，听来也不免太过浅薄了。因为没有人需要为存在者归

① 参看拙著：《演讲与论文集》，1954 年，第 207－229 页。——原注

属于存在这回事情操心。尽人皆知存在者是存在着的东西。对存在者来说，除了存在着，它还有什么别的东西吗？然而，正是存在者被聚集于存在中，存在者出现在存在的显现中这回事情，使希腊人惊讶不已。希腊人最早而且也唯有希腊人才惊讶于此。存在者在存在中——这对希腊人来说是最可惊讶的事情。

然而，甚至希腊人也必得去挽救和保护对这种最可惊讶的事情的惊讶状态，以防智者的知性的攻击；智者的知性总是为一切备下了人人都能立即理解的说明，并且把这种说明放到市场上去兜售。对最可惊讶的事情——存在中的存在者——的拯救是由一些以最可惊讶的事情，即σοφόν为出发点的人来完成的。通过拯救活动，这些人就成了追求σοφόν的人，并通过他们自己的追求，在其他人那里唤醒了对σοφόν的思慕，并使这种思慕保持着生气。于是，热爱σοφόν，即上面已经指出的与σοφόν的协调，即ἁρμονία，就成了一种ὄρεξις（思慕），一种对σοφόν的欲求。这个σοφόν——在存在中的存在者——现在特别受到追求。由于热爱不再是一种与σοφόν的原始的协调，而是一种对σοφόν的特别的欲求，所以，热爱σοφόν就成了"φιλοσοφία"（哲学）。哲学的欲求便由厄洛斯[①]来规定了。

现在，对σοφόν，对Ἕν Πάντα【一（是）一切】，对存在中的存在者的渴求，就成了这样一个问题：就存在

① 厄洛斯（Eros）为希腊爱神。——译注

者存在而言，存在者是什么？现在，思想才成为“哲学”了。赫拉克利特和巴门尼德还不是哲学家。为什么不是呢？因为他们是更伟大的思者。这里，“更伟大”并不是对一种成就的估价，而是显明着思想的另一度。赫拉克利特和巴门尼德之所以“更伟大”，是因为他们依然与Λόγος（逻各斯）相契合，亦即与῞Εν Πάντα【一（是）一切】相契合。走向“哲学”一步，经过诡辩论的酝酿，最早是由苏格拉底和柏拉图完成的。进而，几乎在赫拉克利特之后两个世纪，亚里士多德把这一步表达为：“καὶ οἡ καὶ πάλαι τε καὶ νῦν καὶ ἀεὶ ζητούμενον καὶ ἀεὶ ἀπορούμενον，τί τὸ ὄν；（《形而上学》Z1，1028 b2sqq）译文如下：“自古至今（哲学）所常质疑问难又一再没有找到通道的问题是：存在者是什么？（τί τὸ ὄν）”。

哲学就存在者存在，去探索存在者是什么。哲学行进在通向存在者之存在的途中，也即着眼于存在而通达存在者。亚里士多德在我们上面所引的这段话之后作了一个补充解说：τοῦτό ἐστι τίs ἡ οὐσία；译文如下：“这（即 τί τὸ ὄν）意味着：什么是存在者之存在状态？”存在者之存在就在于这种存在状态（Seiendheit）。而这种存在状态，即 οὐσία（在场），柏拉图称之为 ἰδέα（相），亚里士多德称之为 ἐνέργεια（现实）。

眼下我们还不必更确切地探讨亚里士多德所说的 ἐνέργεια 是什么意思，以及 οὐσία（在场）在什么程度上能由 ἐνέργεια 来规定。这里重要的只是一点：我们要注意亚里士多德是如何从其本质上来界定哲学的。在

《形而上学》第一卷（A2，982b 9sq）中，亚氏说：哲学是关于第一原理和原因的抽象认识。人们通常把 ἐπιστήμη 译为“科学”。这是一种误解，因为我们太易于让关于“科学”的现代观念渗透于其中了。即便我们在费希特、谢林、黑格尔所指的哲学意义上来理解“科学”，把 ἐπιστήμη 译成“科学”的做法也是错误的。ἐπιστήμη 一词源于分词 ἐπιστάμενος（知其然的人）。后者被用来称呼那些胜任、擅长某事的人（在 appartenance 即有能力意义上的胜任）。哲学乃是 ἐπιστήμη τις，一种胜任，θεωρητική，即能够 θεωρεῖν（思辨），也即注视着某种东西并且将注视中所窥见的东西收入眼帘并保持在眼帘中。因此，哲学就是 ἐπιστήμη θεωρητική（思辨的认识）。但什么是被哲学收入眼帘中的东西呢？

亚里士多德把这种东西称为 πρῶται ἀρχαὶ καὶ αἰτίαι。人们译之为：“第一原理和原因”，即存在者的第一原理和原因。第一原理和原因因此构成了存在者之存在。在两千五百年后的今天，我们也许可以来考虑一下：存在者之存在与诸如“原理”和“原因”之类的东西究竟有什么相干？

存在在何种意义上被思考，诸如“原理”和“原因”之类的东西才适合于烙印并且接受存在者之存在呢？

但我们现在要关注一下另一些东西。上面所引的亚里士多德的话告诉我们，从柏拉图以降一直被称为“哲学”的东西在哪个方向上行进。这句话给出了一个关于什么是哲学的答复。哲学是一种能力，它能够把存在者收入眼帘，也即能够就存在者存在来洞察存在者**是什么**。

“什么是哲学?”这个问题给予我们的讨论以丰富的不安和激动，并为讨论指明了路向；而亚里士多德早已对之作了回答。如此，我们的讨论就不再是必要的了。尚未起步，就已结束。人们马上反驳说，亚里士多德关于哲学是什么的说法绝不能是对我们的问题的唯一答案。充其量，它也不过是许多答案中的**一种**而已。诚然，借助于亚里士多德对哲学的特性的描绘，我们能够来设想和解释亚里士多德和柏拉图以前的思想和亚里士多德之后的哲学。但是，人们很容易指出，在后来的两千多年中，哲学本身以及哲学表达它自己的本质的方式，发生了多样的变化。谁会否认这一点呢?但同时我们也不可忽略以下事实：恰恰是因为贯串在这个过程中的变化，才使从亚里士多德直到尼采的哲学保持着同一。因为变化是同一中的联系的保证。

我们这么说，绝不是主张亚里士多德的哲学定义是绝对有效的。即便在希腊思想的历史的范围内，它也仅仅是对希腊思想及其使命的一种特定解释。无论如何，亚里士多德对哲学的特征的描绘不能转嫁到赫拉克利特和巴门尼德的思想上去；相反，亚里士多德的哲学定义确然是早期思想及其结论的一种自由的结果。我说“一种自由的结果”，因为我们根本不可能看出各个哲学和哲学时代是在辩证运动的必然性意义上相继产生出来的。

对我们在讨论中探讨“什么是哲学?”这个问题的尝试来说，可以从上面所说的内容中得出什么结论呢?首先

一点：我们不能仅仅固执于亚里士多德的定义。由此我们得出第二点：我们必须了解前前后后的哲学定义。然后呢？然后通过比较、抽象，我们推知一切定义的共性是什么。然后呢？然后我们就获得了适用于一切哲学的一个空洞公式。再后呢？于是我们就尽可能远地离开了我们问题的答案。何以至此？因为在这样推进时，我们只是在历史学上收集现成的定义，并且将它们归入一个一般公式中。所有这一切实际上也可以凭着伟大的博学并且借助于正确的论断来做。这样做，我们根本用不着通过沉思哲学的本质而进入哲学中。以此方式，我们获得了多样的、彻底的、甚至也是有用的知识，认识到人们是如何表象在历史过程中的哲学的。但在这条道路上，我们绝不能获得一个对“什么是哲学？”这个问题的真正的、也即合法的答案。此答案只能是一个哲学化的答案，一个作为应答（Ant-wort）而在自身中哲学化（philosophieren）的答案。但我们应如何理解这句话呢？一个答案，特别是作为一种应答的答案，如何才能哲学化呢？让我暂时用一些提示来揭示之。这里所指的事情将一再使我们的讨论感到不安。它甚至是决定我们的讨论是否能成为真正哲学的讨论的试金石。这完全不是我们所掌握得了的。

对“什么是哲学？”这个问题的答案何时才是一个哲学化的答案呢？我们何时才哲学化呢？显然，惟当我们进入与哲学家的对话之时。这也包括：我们始终与他们深入讨论他们所说的东西。这种对始终作为同一而特别为哲学家们所关注的东西的深入讨论；乃是一种言说，是在

διαλέγεσθαι 意义上的 λέγειν，即作为对话的言说。是否对话必须是一种辩证法并且何时是一种辩证法，我们姑且不论。

确定的描写哲学家们的意见是一回事；与他们深入讨论他们道说的东西，即他们之何所道说，则完全是另一码事。

因此，假如哲学家为存在者之存在所召呼，才就存在者存在而去道说存在者是什么，那么，我们与哲学家的讨论也就必定是由存在者之存在所唤起的。我们本身必定通过我们的思想而与哲学向之行进的那个东西相遇。我们的言说必须响应于那个召唤了哲学家们的东西。如果这种响应（Ent-sprechen）为我们所成功，那么我们便在真正意义上应答着“什么是哲学?”这个问题。真正说来，德文中的 antworten（回答）一词意同 entsprechen（响应）。对我们的问题的回答并非全在于一个陈述，后者通过对我们在“哲学”这个概念那里所设想的东西而对问题作出答复。回答不是一个有所答复的陈述，而毋宁说是响应，这种响应应合于存在者之存在。的确，我们立即就想知道，究竟是什么构成了响应意义上的回答的特征，但一切首先取决于，我们要在提出关于这种特征的理论之前进入这种响应中。

对“什么是哲学?”这个问题的回答就在于：我们响应于哲学向之行进的那个东西。而且，这个东西就是存在者之存在。在这种响应中，我们自始就倾听着哲学已经向我们劝说着的那个东西了；这里，**哲学**就是希腊文意义上

的 φιλοσοφια。因此，只有当我们保持与哲学传统传递（亦即释放）给我们的那个东西的对话时，我们才进入与响应，也即获得对我们的问题的回答。我们找到对“什么是哲学?”这个问题的答案，并不是通过关于哲学定义的历史学陈述，而是通过与作为存在者之存在而传递给我们的东西的对话。

通向我们的问题的回答的这条道路不是与历史的断裂，不是抛弃历史，而是对传承下来的东西的居有和转换。这种对历史的居有就是我们所谓“解构”（Destruktion）的意思。“解构”一词的意义在《存在与时间》（第六节）中已得清楚的描写。解构的意思并不是摧毁，而是清除、肃清和撇开那些关于哲学史的纯粹历史学上的陈述。解构意味：开启我们的耳朵，净心倾听在传统中作为存在者之存在向我们劝说的东西。通过倾听这种劝说（Zuspruch），我们便得以响应了。

但在我们说这番话时，不免生发疑虑。要问：我们必须首先致力于达到一种与存在者之存在的响应吗？难道我们人不是始终已经在这种响应中了吗？而且，不仅事实如此，从人的本质而来不就如此吗？这种响应不就是我们的本质的基本特征吗？

确然。但如果是这样，我们就不再能说我们首先要达到这种响应。不过，我们还是可以这样说。因为尽管我们总是随时随地与存在者之存在相应合，但却很少去注意存在的劝说。对存在者之存在的响应固然始终是我们的居所，但它只是偶尔才成为一种特别地为我们所接受的、自行展开着的状态。惟当此事发生，我们才真正响应于向着存在者之存在行进的那种哲学所关注的东西。哲学就是响应于存在者之存在；但只有并且仅当这种响应已经真正实现，并因而在自行展开，并且扩建着这种展开时，哲学才是这种响应。这种响应以不同方式发生，依存在之劝说如何说话，依这种劝说被倾听与否，依被听到的东西是被道说了呢抑或被保持着沉默。我们的讨论能够给出一些时机，对之加以深思。

现在我只想说说这场讨论的序言。我想把前面所阐发的东西引回到我们在联系安德烈·纪德所谓的“精美的情感”时所触及的东西那里。φιλοσοφία 是真正实行了的响应，这种响应由于关注着存在者之存在的劝说而说话。这种响应倾听着劝说的声音。作为存在之声音向我们劝说的东西规定着我们的响应。于是，“响应”便意味着：从存在者之存在而来被规定，即 être disposé。Dis-posé 的字面意思是：被分解、被澄清，并由此而被置入与存在者的关联中。存在者之为存在者规定着言说，其方式是：道说（Sagen）合辙（协调）于存在者之存在。响应必然地和始终就是一种合辙的响应，而并非仅仅偶然地和间或是一种合辙的响应。它在一种合辙状态（Gestimmtheit）中存在。而且，惟在这种合辙状态的基础上，这种响应的道说才获得它的精确性、它的音调（Be-stimmtheit）。

作为合辙的和定音的响应，响应在本质上乃在一种调音中。通过这种调音，我们的行为向来或这样或那样地被安排。如此理解的这种调音不是那种仅仅与响应相伴随的

偶然涌现出来的感情的音乐。如果我们把哲学的特征描绘为合辙的响应，那么我们绝不是想把思想交付给情感状态的偶然变化和波动。毋宁说，问题只是要指出：道说的一切精确性都建基于一种响应的倾向；我所谓响应，就是符合，注意那种劝说。

但首先，指出本质性的响应之合辙状态，这并不只是一个现代的发明。希腊思想家柏拉图和亚里士多德早就注意到，哲学和哲学活动属于人的那个向度，即我们称之为调音（在合辙状态和定音状态意义上）的那个向度。

③ 哲学的惊讶

柏拉图说（《泰阿泰德篇》155d）：“惊讶，这尤其是哲学家的一种 πάθos（情绪）。除此之外，哲学没有别的开端”。“这地地道道是哲学家的 πάθos，即惊讶，因为除此之外哲学没有别的决定性的起点”。

作为 πάθos，惊讶乃是哲学的 ἀρχή（开端）。我们必须全面地理解 ἀρχή 这个希腊词。它是指某物从何而来开始了。但这种“从何而来”并不是在开始时被抛在后面了，而是这个 ἀρχή（开端）成为 ἄρχειν 这个动词所说的东西了，即成为占支配地位的东西了。惊讶的 πάθos（情绪）并非简单地停在哲学的发端处，就像诸如一个外科医生的洗手是在手术之前一样。惊讶承荷着哲学，贯通并支配着哲学。

亚里士多德也说了同样的话（《形而上学》A2，982

bl2sq）：

“因为古今的人们都是通过惊讶而开始哲学活动的”。“通过惊讶，人们现在也像在其开始时一样进入了哲学活动的决定性开端中”（达到了哲学活动由以发端并且完全决定着哲学活动过程的那个开端）。

如果我们以为柏拉图和亚里士多德只是在这里把惊讶确定为哲学活动的原因，那是十分肤浅的，而且首要地是非希腊地来思考了。倘若他们持这种意见，那就意味着：曾经一度，人们惊讶于存在者，惊讶于存在者存在这回事情以及存在是什么。受这种惊讶的驱动，他们才开始了哲学活动。而一旦哲学发展起来，作为动力的惊讶就成为多余的了，因而消失了。它之所以能消失，是因为它只不过是一种推动力。然而，惊讶是 ἀρχή——它贯通于哲学的每一个步骤中。惊讶乃是 πάθos。我们通常把 πάθos 译为情绪、情绪的迸发。但 πάθos 却是与 πάσχειν 即遭受、承受、承荷、共生和得到规定等意思联系在一起的。即使在这样的情形中，如我们把 πάθos 译作我们所谓的合辙和音调意义上的定音，也还是冒险的。但我们必须冒这种翻译的险，因为只有这种翻译才能使我们避免从现代心理学意义上去理解 πάθos。只有当我们把 πάθos 理解为合辙时，我们也才能对 θαυμάξειν 即惊讶作进一步的描述。我们在惊讶中约束着自己（être en arrêt）。我们仿佛从存在者那里退回来——从存在者存在并且如是存在而不是别样存在这回事情那里退回来。惊讶也不全在于从存在者之存在那里退回来；相反，作为这种退却和自我约束，惊讶

同时好像被拉向和系执于它所退出的地方。因此，惊讶就是一种倾向（Disposition），在此倾向中并且为了这种倾向，存在者之存在自行开启出来。惊讶是一种调音，在其中，希腊哲学家获得了与存在者之存在的响应。

有一种完全不同的调音，这种调音规定了思想，使之以全新的方式去提出那个传统的问题——就存在者存在而言存在者究竟是什么——，并因此开始了哲学的一个新时代。笛卡尔在其《沉思》中不仅仅问，并且不首先问 τὶ τὸ ὄν——就存在者存在而言，存在者是什么？笛卡尔是问：那个在确定之物（ens certum）意义上真实存在着的存在者是什么？此间，对笛卡尔来说，certitudo 的本质发生了变化。因为在中世纪，certitudo 并不是指确定性，而是指在其所是中的那个存在者的固定界限。这里 certitudo 还与 essentia 同义。另一方面，对笛卡尔来说，那真实存在的东西是以另一种方式来衡量的。对他来说，怀疑就成了一种调音，在其中回响着那种对 ens certum 即在确定性中存在的东西的合辙。certitudo 于是就成了那种对 ens qua ens（存在者之为存在者）的确定，这种确定是从我思对于人的自我的无可怀疑性而得出的。这样，自我就成了别具一格的 sub-jectum（主体），人的本质因而也首次进入了自我性意义上的主体性的领域。从这种对 certitudo 的合辙中，笛卡尔的言说就获得了一种清楚明白的感觉（clare et distincte percipere）的规定。怀疑的调音就是对确定性的肯定的承认。从此，确定性就成了真理的决定性形式。对在任何时候都可获得的认识的绝对确定性的信念的调音

就是一种 πάθos，从而是近代哲学的 ἀρχή（开端）。

但近代哲学的 τέλos 即完成——如果我们可以这样说的话——又在何处呢？这一终结是由另一种调音来规定的吗？我们应到哪里去寻找近代哲学的完成呢？在黑格尔那里，还是只在谢林后期哲学那里呢？马克思和尼采的情形又如何呢？他们已经越出了近代哲学的轨道吗？如果没有，我们应如何来确定他们的地位？

看起来，似乎我们只是提出了一些历史学上的问题。但实际上，我们是在考虑哲学的未来本质。我们试图倾听存在之声音。这种声音把今天的思想带入何种调音中去了？此问题是不能明白地回答的。也许有一种基本的调音在起作用。但它对我们来说还是隐而不现的。这或许是一个标志，表明我们今天的思想还没有找到它的清晰的道路。我们所碰到的不过是思想的各种调音。一方面是怀疑和失望，另一方面是对那些未经检验的原则的盲目醉心，这两方面相互对立着。怕和畏交织着希望和信心。所到之处，看来思想似乎按照它的推理的表象和计算特性而完全摆脱了任何一种调音。但是，就连计算之周密，计划之实际而清醒，也是一种合辙的标志。不止于此；甚至摆脱了一切情绪影响的理性，作为理性，也还合辙于那种对它的各种原理和规则的逻辑-数学上的明彻性的信念。

哲学就是那种特别被接受并且自行展开着的响应，对存在者之存在的劝说的响应。惟当经验到了哲学如何以及以何种方式成为哲学，我们才认识和知道哲学是什么。哲学以响应方式存在，响应乃是与存在者之存在的声音相协调。

此响应乃一种言说。① 它效力于**语言**。这意思对我们今人来说很难理解；因为我们流行的语言观念已经历了一些奇怪的变化。由于这些变化，语言显现为一种表达的工具。据此看来，人们认为正确的说法是：语言效力于思想，而不是：作为响应的思想效力于语言。但首要地，今天的语言观念与希腊的语言经验已相去甚远。语言的本质向希腊人敞开为逻各斯（λόγος）。但何谓 λόγος 和 λέγειν？通过对 λόγος 的多样解释。我们现在才开始慢慢地对它的原初的希腊本质有了一些隐约的观解。不过，我们既不能重新返回到这种语言的本质那里，也不能简单地接受这种语言的本质。相反的，也许我们必须与作为 λόγος 的语言的希腊经验进入一种对话中。为何？因为如果没有一种对于语言的充分沉思，我们就绝不能真正知道：作为那种被标识出来的响应的哲学是什么，作为一种别具一格的语言方式的哲学是什么。

然而，因为诗——如果我们把它与思比较一番——是以一种完全不同的别具一格的方式来为语言效力的，所以我们这场思索哲学的讨论必然导致对思与诗的关系的探讨。在思与诗两者之间有一种隐秘的亲缘关系，因为这两者都效力于语言，为语言尽力而挥霍自己。但思与诗之间同时也有一道鸿沟，因为它们“居住在遥遥相隔的两座山上”。

① 在此应注意“响应”（Ent-sprechen）与“言说”（Sprechen）的字面和意义联系。——译注

眼下，人们蛮可以提出要求，把我们的讨论限制在哲学问题上。不过，惟当在讨论中表明了一点，即哲学并不像我们现在所解释的那样是一种把存在者之存在的劝说带向语言的响应，这时候，上面这种限制才是可能的，甚至是必然的。

换言之，我们的讨论并没有对自己提出任务：制定一个固定的纲领。但它愿努力为所有参与进来的人们准备一种专心——在此专心中，被我们命名为存在者之存在的那个东西招呼着我们。而这当儿，在命名存在者之存在时，我们想起亚里士多德早已说过的话：

"存在之为存在多样地显现出来"。①

Tò ὂν λέγεται πολλαχῶs。

（孙周兴　译）

2. 哲学的终结和思的任务②

此标题命名一种沉思的尝试。沉思执著于追问。追问

---

① 参看拙著：《存在与时间》，第7节B。—原注

② 本文最初以法文译本（让·波弗勒等译）刊于文集《活的基尔凯郭尔》，联合国教科文组织年会（巴黎，1964年4月）会刊，1966年由伽利玛（巴黎）出版社出版。后收入海氏论文集《面向思的事情》，1969年由尼迈耶（图宾根）出版社出版。中译文据1976年第二版。《面向思的事情》现被辑为海氏《全集》第十四卷。——编者

乃通向答案之途。如若答案毕竟可得，那它必在于一种思想的转换，而不在于一种对某个事态的陈述。

本文具有一个更为广泛的关联背景。自1930年以来，我一再尝试更其原始地去构成《存在与时间》的课题。而这意味着，要对《存在与时间》的问题出发点作一种内在的批判。由此必得澄清，**批判性的**问题——即思想的事情是何种事情的问题——如何必然地和持续地归属于思想。所以，《存在与时间》这个任务的标题也将改变了。我们问：

（一）哲学如何在现时代进入其终结了？

（二）哲学终结之际为思想留下了何种任务？

① 哲学如何在现时代进入其终结了？

哲学即形而上学。形而上学着眼于存在，着眼于存在中的存在者之共属一体，来思考存在者整体——世界、人类和上帝。形而上学以论证性的表象思维方式来思考存在者之为存在者。因为从哲学开端以来，并且凭借于这一开端，存在者之存在就把自身显示为根据【ἀρχή（本原），αἴτιον（原因），Prinzip（原理）】。根据之为根据，是这样一个东西，存在者作为如此这般的存在者由于它才成为在其生成、消亡和持存中的某种可知的东西，某种被处理和被制作的东西。作为根据，存在把存在者带向其当下在场。根据显示自身为在场性（Anwesenheit）。在场性之现身当前乃在于：在场性把各具本己方式的在场者带入在场状态。依照在场性之印记，根据遂具有建基特性——它是实在的存在者状态上的原因，是对象之对象性的先验可能性，是绝对精神运动和历史生产过程的辩证中介，是那种设定价值的强力意志。

为存在者提供根据的形而上学思想的特性乃在于，形而上学从在场者出发去表象在其在场状态中的在场者，并因此从其根据而来把它展示为有根据的在场者。

关于哲学之终结的谈论意味着什么？我们太容易在消极意义上把某物的终结了解为单纯的中止，理解为没有继续发展，甚或理解为颓败和无能。相反的，关于哲学之终结的谈论却意味着形而上学的完成（Vollendung）。但所谓“完成”并不是指尽善尽美，并不是说哲学在终结处已经臻至完满之最高境界了。我们不仅缺乏任何尺度，可以让我们去评价形而上学的某个阶段相对于另一个阶段的完满性。根本上，我们也没有权利作这样一种评价。柏拉图的思想并不比巴门尼德的思想更完满。黑格尔的哲学也并不比康德的哲学更见完满。哲学的每一阶段都有其本己的必然性。我们简直只能承认，一种哲学就是它所是的方式。我们无权偏爱一种哲学而不要另一种哲学——有关不同的世界观可能有这种偏爱。

“终结”一词的古老意义与“位置”相同：“从此一终结到彼一终结”，意思即是从此一位置到彼一位置。哲学之终结是这样一个位置，在那里哲学历史之整体把自身聚集到它的最极端的可能性中去了。作为完成的终结意味着这种聚集。

纵观整个哲学史，柏拉图的思想以有所变化的形态始终起着决定性作用。形而上学就是柏拉图主义。尼采把他自己的哲学标示为颠倒了的柏拉图主义。随着这一已经由卡尔·马克思完成了的对形而上学的颠倒，哲学达到了最极端的可能性。哲学进入其终结阶段了。至于说人们现在还在努力尝试哲学思维，那只不过是谋求获得一种模仿性的复兴及其变种而已。那么，难道哲学之终结不是哲学思维方式的中止吗？得出这个结论，或许还太过草率。

终结作为完成乃是聚集到最极端的可能性中去。只要我们仅仅期待发展传统式的新哲学，我们就不免太过狭隘地思这种聚集。我们忘了，早在希腊哲学时代，哲学的一个决定性特征就已经显露出来了：这就是科学在由哲学开启出来的视界内的发展。科学之发展同时即科学从哲学那里分离出来和科学的独立性的建立。这一进程属于哲学之完成。这一进程的展开如今在一切存在者领域中正处于鼎盛。它看似哲学的纯粹解体，其实恰恰是哲学之完成。

要说明此点，我们指出心理学、社会学和人类学（文化人类学）的独立性，指出作为符号逻辑和语义学的逻辑的作用，就绰绰有余了。哲学转变为关于人的经验科学，转变为关于一切能够成为人的技术的经验对象的东西的经验科学；而人则通过技术以多种多样的制作和塑造方式来加工世界，人因此把自身确立在世界中。所有这一切的实现在任何地方都是以科学对具体存在者领域的开拓为基础和尺度的。

现在，自我确立的诸科学将很快被控制论这样一门新的基础科学所操纵。我们并不需要什么先知先觉就能够认识到这一点。

控制论这门科学是与人之被规定为行动着的社会存在者这样一回事情相吻合的。因为它是关于人类活动的可能计划和设置的控制的学说。控制论把语言转换为一种信息交流。艺术逐渐成为被控制的而又起着控制作用的信息工具。

哲学之发展为独立的诸科学——而诸科学之间却又愈来愈显著地相互沟通起来——乃是哲学的合法的完成。哲学在现时代正在走向终结。它已经在社会地行动着的人类的科学方式中找到了它的位置。而这种科学方式的基本特征是它的控制论的亦即技术的特性。追问现代技术的需要大概正在渐渐地熄灭，与之同步的是，技术更加明确地铸造和操纵着世界整体的现象和人在其中的地位。

诸科学将根据科学规则——也即技术地——来说明一切在科学的结构中依然让我们想起出自哲学的来源的东西。任何一门科学都依赖于范畴来划分和界定它的对象领域，都在工具上把范畴理解为操作假设。这些操作假设的真理性不仅仅以它们的在研究之进步范围内所带来的效果为衡量尺度。科学的真理是与这种效果的功效相等同的。

哲学在其历史进程中试图在某些地方（甚至在那里也只是不充分地）表达出来的东西，也即关于存在者之不同区域（自然、历史、法、艺术等）的存在论，现在被诸科学当作自己的任务接管过去了。诸科学的兴趣指向关于分门别类的对象领域的必要的结构概念的理论。“理论”在此意味着：对那些只被允许有一种控制论功能而被剥夺了任何存在论意义的范畴的假设。表象计算性思维的操作特性和模式特性获得了统治地位。

然而，诸科学在对其区域性范畴的无可逃避的假设中依然谈论着存在者之存在。只是它们不这样说而已。它们能够否认出自哲学的来源，但绝不能摆脱这种来源。因为在诸科学的科学方式中，关于诸科学出自哲学的诞生的证物依然在说话。

哲学之终结显示为一个科学技术世界以及相应于这个世界的社会秩序的可控制的设置的胜利。哲学之终结就意味着植根于西方欧洲思维的世界文明之开端。

但在哲学展开为诸科学这一意义上的哲学之终结，也必然是对哲学思维已经被置入其中的一切可能性的完全现实化吗？抑或，对思想来说，除了我们所刻画出来的**最终**可能性（即哲学消解于被技术化了的诸科学），还有一种第一可能性——哲学思维虽然必须由这种可能性出发，但哲学作为哲学却不能经验和接纳这种可能性了——是这样吗？

如若情形真是这样，那么在哲学从开端到终结的历史上，想必还有一项任务隐而不显地留给了思想，这一任务既不是作为形而上学的哲学能够达到的，更不是起源于哲学的诸科学可以通达的。因此我们问——

② 哲学终结之际为思留下了何种任务？

对思想的这样一项任务的思考必定格外不可思议。有一种既不能是形而上学又不能是科学的思想吗?

有一项在哲学开端之际(甚至是由于这一开端)就对哲学锁闭自身,从而在后继时代里不断变本加厉地隐匿自身的任务吗?

一项看来似乎包含着认为哲学从未能胜任思想之任务从而成了一部纯粹颓败的历史这样一个断言的思想的任务吗?

在这里,在这样一些断言中,难道不是含有一种企图凌驾于伟大的哲学思想家之上的傲慢自大么?

这个疑问势所难免。但它很容易打消。因为任何想对我们所猜度的思想之任务有所洞见的尝试,都不免依赖于对整个哲学史的回溯;不待如此,这种尝试甚至必得去思那种赋予哲学以一个可能历史的东西的历史性。

正因为这样,我们于此所猜度的那个思想,必然不逮于哲学家的伟大。它更逊色于哲学。之所以逊色,是因为在工业时代被科学技术烙印了的公众状态中,这种思想所具有的直接或间接的效果显然更逊色于哲学所具有的效果。

但是我们所猜度的思想之所以保持着谦逊,首先是因为它的任务只具有预备性,而不具有任何创设的特性。它满足于唤起人们对一种可能性的期待,而这种可能性的轮廓还是模糊不清的,它的到来还是不确定的。

思想首先必须学会参与到为思想所保留和贮备的东西那里。在这种学会中思想为自己的转变作了预备。

我们所思的是这样一种可能性:眼下刚刚发端的世界

文明终有一天会克服那种作为人类之世界栖留的唯一尺度的技术科学工业之特性。这不会自行通过自身而发生，而是要借助于人对一种决断的期备——不论人们倾听与否，这种决断总是在人的尚未裁定的天命中说话了。同样不确定的乃是，世界文明是否将遭到突然的毁灭，或者它是否将长期地稳定下来，却又不是滞留于某种持久不变，一种持存，而毋宁说是把自身建立在常新的绵延不断的变化中。

我们所猜度的预备性的思想并不想预见将来，并且它也不能预见将来。它不过是尝试对现在有所道说，道说某种很久以前恰恰就在哲学开端之际并且为了这一开端已经被道出的而又未曾得到明确的思想的东西。就眼下而言，以适当的简洁指出这一点，想必就足够了。为此，我们求助于一个由哲学提供出来的路标。

当我们追问思想的任务之际，就意味着要在哲学的视野内规定思想所关涉的东西，规定对思想来说还有争议的东西，也即争执（Streitfall）。这就是德语中“事情”（Sache）一词的意思。这个词道出了在眼下的情形中思想所关涉的东西，按柏拉图的说法，即事情本身（τὸ πρᾶγμα αὐτό）（参阅《信札第七》341c7）。

在晚近时代里，哲学主动明确地召唤思想“面向事情本身”。我们不妨指出在今天受到特别关心的两例。我们在黑格尔 1807 年出版的《科学的体系：第一部，精神现象学》的“前言”中听到了这种“面向事情本身”的呼声。这个前言不是“现象学”的前言，而是《科学的体系》的前言，是整个哲学体系的前言。“面向事情本身”的呼声最终——这个“最终”按事情而言意味着首先——针对“逻辑学”。

在“面向事情本身”的呼声中重点强调的是“本身”。乍一听，这呼声含有拒绝的意思。与哲学之事情格格不入的那些关系被拒绝了。关于哲学之目标的空洞谈论即属于这类关系，而关于哲学思维之结论的空洞报告也在这类关系之列。两者绝不是哲学之现实整体。这个整体惟在其变易中才显示出来。这种变易在事情的展开着的表现中进行。在表现（Dar stellung）中主题与方法成为同一的。在黑格尔那里，这个同一性被称为观念。凭此观念，哲学之事情“本身”才达乎显现。但这一事情是历史地被规定的，亦即主体性。黑格尔说，有了笛卡尔的我思故我在（ego cogito），哲学才首次找到了坚固的基地，在那里哲学才能有家园之感。如果说随着作为突出的基底（subiectum）的我思自我，绝对基础（fundamentum absolutum）就被达到了，那么这就是说：主体乃是被转移到意识中的根据（ὑποκείμενον），即真实在场者，就是在传统语言中十分含糊地被叫做“实体”的那个东西。

当黑格尔在那个前言（荷尔麦斯特编辑，第19页）中宣称：“（哲学的）真理不仅应被理解和表述为实体，而且同样应被理解和表述为主体”，这就意味着：存在者之存在，即在场者之在场性，只有当它在绝对理念中作为本身自为地现身当前时，才是明显的因而也才是完全的在场性。但自笛卡尔以降，理念即意味知觉（perceptio）。

存在向它本身的生成是在思辨辩证法中进行的。只有观念的运动，即方法，才是事情本身。“面向事情本身”的呼声要求的是合乎事情的哲学方法。

但哲学之事情是什么，这自始就被认为是确定了的。作为形而上学的哲学之事情乃是存在者之存在，乃是以实体性和主体性为形态的存在者之在场性。

一百年之后，“面向事情本身”的呼声重新在胡塞尔的论文《作为严格科学的哲学》中出现了，这篇论文发表在1910—1911年《逻各斯》杂志第一卷上（第289页以下）。这一呼声首先还是具有拒绝的意思。但在这里，拒绝的目标指向与黑格尔不同的另一方向。这种拒绝针对那种要求成为意识探究活动的真正科学方法的自然主义心理学。因为这种方法自始就阻挡着通向意向性意识的道路。但是，“面向事情本身”的呼声同时还反对历史主义，这种历史主义在关于哲学观点的讨论和对哲学世界观类型的划分中丧失了自身。对此，胡塞尔在一段加重点号的文字中说（同上，第340页）：**“研究的动力必然不是来自哲学而是来自事情和问题”**。

那么，什么是哲学研究的事情呢？对胡塞尔来说与黑格尔如出一辙，都按同一传统而来，这个事情就是意识的主体性。胡塞尔的《笛卡尔沉思》不仅是1929年2月巴黎讲演的主题，不如说，它的精神在《逻辑研究》之后自始至终伴随着胡塞尔哲学研究的充满热情的道路。在其消极的同时也是积极的意义上，“面向事情本身”的呼声决定着方法的获得和阐发，也决定着哲学的程序，通过这一程序，事情本身才成为可证明的给定性。对胡塞尔来说："一切原则的原则"首先不是关于内容的原则，而是一个方法原则。在1913年出版的《纯粹现象学和现象学哲学的观念》一书中，胡塞尔专门用一节（第24节）来规定"一切原则的原则"。从这一原则出发，胡塞尔说，"任何可设想的理论都不能迷惑我们。"（同上书，第44页）

"一切原则的原则"是：

> "任何原始地给予的直观都（是）**知识的合法性源泉；在'直观'中原始地**（可以说在其具体现实性中）向我们**呈现出来的一切，**（是）可以直接**如其给出自身那样**被接受的，但也**仅仅是在它给出自身的界限之内……**"

"一切原则的原则"包含着方法优先的论点。这一原则决定了唯有何种事情能够符合方法。"一切原则的原则"要求绝对主体性作为哲学之事情。向这种绝对主体性的先验还原给予并保证这样一种可能性：即在主体性中并通过主体性把一切客体的客观性（存在者之存在）建立在其有效结构和持存中，也即建立在其构造的基础之上。因此先验主体性表明自身是"唯一的绝对的存在者"（《形式的和先验的逻辑》1929年，第240页）。同时，作为关于存在者之存在的构造的"普遍科学"的方法，先验还原具有这一绝对存在者的存在样式，也即哲学之最本己的事情的方式。方法不仅指向哲学之事情。它并非只是像钥匙属于锁那样属于事情。毋宁说，它之属于事情乃因为它就是“事情本身”。如果有人问：“一切原则之原则”从何处获得它的不可动摇的权利？那么答案必定是：从已经被假定为哲学之事情的先验主体性那里。

我们已经把对“面向事情本身”这个呼声的讨论选为我们的路标。它把我们带到通向一种对在哲学终结之际思想的任务的规定的道路上去。我们已经到了哪里？我们已经获得了这样一种洞见：对“面向事情本身”这个呼声而言先行确定的乃是作为哲学之事情的哲学所关涉的东西。从黑格尔和胡塞尔的观点——而且不光是他们的观点——来看，哲学之事情就是主体性。对这个呼声来说，有争议的东西并非事情本身，而是它的表现，通过这种表现，事情本身才成为现身当前的。黑格尔的思辨辩证法是这样一个运动，在这个运动中事情本身达乎其自身，进入其自身的在场（Präsenz）了。胡塞尔的方法应把哲学之事情带向终极原始的给定性，也即说，带向其本己的在场了。

两种方法尽可能地大相径庭。但两者要表达的事情本身是同一东西，尽管是以不同的方式经验到的。

然而这些发现对我们洞察思想的任务的尝试又有何助益呢？只要我们仅仅空洞地讨论了一番这个呼声，而此外再无所作为，那么上述发现就是无所助益的。反之，我们必得要问：在“面向事情本身”这个呼声中始终未曾思的东西是什么？以此方式追问，则我们就能注意到：恰恰就在哲学已经把其事情带到了绝对知识和终极自明性的地方，如何隐藏着不再可能是哲学之事情的有待思的东西。

但在哲学之事情及其方法中未曾思的是什么呢？思辨辩证法是一种哲学之事情如何从自身而来自为地达乎显现并因此成为现身当前（Gegenwart）的方式。这种显现必然在某种光亮中进行。唯有借助于光亮，显现者才显示自身，也即才显现出来。但从光亮方面来说，光亮却又植根于某个敞开之境，某个自由之境（Freien）：后者能在这里那里，此时彼时使光亮启明出来。光亮在敞开之境（Offenen）中游戏运作，并在那里与黑暗相冲突。无论是在一个在场者遭遇另一个在场者的地方，或者一个在场者仅仅只是在另一个在场者近旁逗留的地方，即便在像黑格尔所认为的一个在场者抽象地在另一个在场者中反映自身的地方，都已有敞开性（Offenheit）在起支配作用，都已有自由的区域在游戏运作。只有这一敞开性也才允诺抽象思维的道路通达它所思的东西。

我们把这一允诺某种可能的让显现（Scheinenlassen）和显示的敞开性命名为澄明。在德语语言史中，“澄明”（Lichtung）一词是对法文 clairiere 的直译。它是依照更古老的词语“森林化”（Waldung）和“田野化”（Feldung）构成起来的。

在经验中，林中空地与稠密森林相区别，后者在较古老的德语中被称为 Dickung。[①] 名词“澄明”源出于动词

① 这里的“林中空地”（Waldlichtung）亦可译作“林中澄明”；“Dickung”按字面直译为“稠密化”，在日常德语中已经无此词。——译注

“照亮”（lichten）。形容词“明亮的”（licht）与“轻柔的”（leicht）是同一个词。照亮某物意味：使某物轻柔，使某物自由，使某物敞开，例如，使森林的某处没有树木。这样形成的自由之境就是澄明。在自由之境和敞开之境意义上的明亮的东西（das Lichte），无论是在语言上还是在事实上，都与形容词“licht”毫无共同之处，后者的意思是“光亮的”。就澄明与光的差异性而言，仍要注意这一点。但两者之间还是可能有某种事实的联系。光可以涌入澄明之中并且在澄明中让光亮与黑暗游戏运作。但绝不是光才创造了澄明。光倒是以澄明为前提的。然而，澄明，敞开之境，不仅是对光亮和黑暗来说是自由的，而且对回声和余响，对声音以及声音的减弱也是自由的。澄明乃是一切在场者和不在场者的敞开之境。

思想必然要对这里称为澄明的那个事情投以特别的关注。于此我们不是从空洞的词语（例如“澄明”那里抽取出空洞的观念，尽管在表面上太容易让人有这样的感觉。毋宁说，我们必须关注唯一的事情。我们合乎实情地以“澄明”的名称来命名这种事情。在我们现在所思的关联中，“澄明”这个词所命名的东西即自由的敞开之境，用歌德的话来说，它就是“原现象”（Urphänomen）。我们不妨说：一个“原事情”（Ur sache）。歌德写道（《箴言与沉思》第993）：“在现象背后一无所有：现象本身即是指南”。这就是说，现象本身——在眼下的情形中即澄明——把我们摆到这样一个任务面前：在追问着现象之际从现象中学习，也即让现象对我们有所道说。

因此，思想也许终有一天将无畏于这样一个问题：澄明即自由的敞开之境究竟是不是那种东西，在这种东西中，纯粹的空间和绽出的时间以及一切在时空中的在场者和不在场者才具有了聚集一切和庇护一切的位置。

与思辨辩证法的思维方式相同，原始直观及其自明性也依赖于已然起着支配作用的敞开性，即澄明。自明的东西乃是能直接直观的东西。“自明（Evidentia）一词是西塞罗对希腊文 ἐνάργεια 的翻译，也就是说，西塞罗把 ἐνάργεια 转换为罗马语了。这个词与 argentum（银辉）一词具有相同的词根，意指在自身中从自身而来闪亮和进入光明之中的东西。在希腊语中，人们谈论的不是看的行为，不是谈论目睹（videre），而是谈论闪亮和显现的东西。但是惟当敞开性已获得允诺时它才能显现。并不是光线才首先创造澄明，即敞开性。光线只不过是穿越澄明而已。惟这种敞开性才根本上允诺一种给予和接纳活动以自由之境，才允诺一种自明性以自由之境，于是乎，在这种自由之境中，给予、接纳和自明性才能够保持并且必须运动。

所有明确地或不明确地响应“面向事情本身”这个呼声的哲学思想，都已经——在其进程中并且借助于其方法——进入澄明的自由之境中了。但哲学对于澄明却一无所知。虽则哲学谈论理性之光，却并没有关注存在之澄明。唯有敞开之境才照亮 lumen naturale，即理性之光。理性之光虽然关涉于澄明，但却极少构成澄明，以至于我们不如说，它只是为了能够照耀在澄明中的在场者才需要这种澄明。这不光是哲学之**方法**的真实情形，而且也是——甚至首先是——哲学之**事情**（即在场者之在场性）的真实情形。至于在主体性中，subiectum，即根据（ὑποκείμενον），如何也总是被思考为在其在场状态中的在场者了，这个问题在这里不能详尽发挥了。读者可以参看我的《尼采》第二卷（1961年）第429页以下的内容。

我们现在另有关心。不论在场者是否被经验，被掌握或被表达，作为逗留入敞开之境中的在场性始终依赖于已然起着支配作用的澄明。即便不在场者，除非它在**澄明之自由之境**中在场着，否则也不能成其为不在场者。

一切形而上学（包括它的反对者实证主义）都说着柏拉图的语言。形而上学思想的基本词语，也即形而上学对存在者之存在的表达的基本词语，就是 εἶδos 即 ἰδέα（相）：是存在者作为这样一个存在者在其中显示自身的那个外观（Aussehen）。而外观乃是一种在场方式。没有光就没有外观——柏拉图早已认识了这一点。但是倘没有澄明，就没有光亮。就连黑暗也少不了这种澄明。否则我们如何能够进入黑暗之中并在黑暗中迷途徘徊呢？然而在哲学中，这种在存在或在场性中起着支配作用的澄明本身依然是未曾思的，尽管哲学在开端之际也谈论过澄明。这种谈论在何处出现呢？以何种名称？

答曰：在巴门尼德的哲理诗中。就我们所知，他的哲理诗最早专门思了存在者之存在；尽管难得被听到，它至今仍在由哲学解体而来的诸科学中回响。

巴门尼德倾听这样一种劝说：

“……而你要经验这一切：
无蔽之不动心脏，多么圆满丰沛
而凡人之意见，无能于信赖无蔽者”。
——《残篇》第一第28行以下

这里道出了'Αλήθεια，即无蔽。它被称为圆满丰沛的，因为它在纯粹的圆球形轨道上旋转，在这个圆球形轨道上，开端和终结是处处同一的。在这一旋转中绝无扭曲、阻隔和锁闭的可能性。凝神冥思的人要去经验那无蔽之不动心脏。“无蔽之不动心脏”这个短语是什么意思呢？它意指着在其最本己的东西中的无蔽本身，意指一个寂静之所，这个寂静之所把首先允诺无蔽的东西聚集在自身那里。首先允诺无蔽的东西乃是敞开之境的澄明。我们问：敞开性为何？我们已经对以下事实有所思索：思想的道路——思辨的和直观的思想的道路——需要可穿越的澄明。而在这种澄明中也才有可能的显现，也即在场性本身之可能的在场。

先于任何别的东西而首先允诺无蔽的，乃是这样一条道路，思想就在这条道路上追踪某个东西并且颖悟（vernehmen）这个东西：ὅπως ἔστιν……εἶναι，即在场如何现身在场着（Dass anwest Anwesen）。澄明首先允诺通往在场性的道路之可能性，允诺在场性本身的可能在场。我们必得把Αλήθεια即无蔽思为澄明，这种澄明才首先允诺存在和思想以及它们互为互与的在场。澄明的不动心脏乃是这样一个寂静之所，惟由之而来才有存在与思想也即在场性与颖悟的共属一体关系的可能性。

对思想的某种约束性的可能要求植根于上述这种亲密关系。倘没有对作为澄明的无蔽（'Αλήθεια）的先行经验，则一切关于有约束和无约束的思想的谈论都还是无根基的。柏拉图把在场性规定为相（ἰδέα），这种规定的约束性从何而来？亚里士多德把在场解释为现实（ἐνέργεια），就何而言这种解释是有约束力的呢？

只要我们还没有经验到巴门尼德所必定经验过的东西，即无蔽（'Αλήθεια），则我们甚至不可能去追问这些十分离奇地始终在哲学中被搁置起来的问题。通往无蔽的道路与凡人的意见游荡其上的街道马路大相径庭。无蔽（'Αλήθεια）不是什么终有一死的东西，恰如它不是死亡本身。

我固执地把 'Αλήθεια 这个名称译为无蔽，这样做却不是为了词源学的缘故，而是因为当我们合乎实情地思被命名为存在和思想的东西时我们必须考虑那个事情的缘故。无蔽犹如这样一个因素，在这个因素中才有存在和思想以及它们的共属一体性。虽则 'Αληθεια 在哲学开端之际就被命名了，但在后来的时代里哲学却没有专门思这个无蔽本身。因为自亚里士多德以降，作为形而上学的哲学的事情就是在存在论神学上（ontotheologisch）思存在者之为存在者。

如果情形果真如此，那么我们也就不可贸然下判断说，哲学无视某种东西，哲学把某种东西给耽搁了，并因此患有某个根本性的缺陷。我们指出在哲学中未曾思的东西，并不构成对哲学的一种批判。如若现在必需有一种批判，那么这种批判的目标毋宁说是那种自《存在与时间》以来变得愈来愈迫切的尝试，即追问在哲学终结之际思想的一种可能的任务的尝试。因为现在才提出以下问题是相当迟了：为什么我们不再用通常流行的名称即“真理”一词来翻译 'Αλήθεια？

答案必然是：就人们在传统的“自然的”意义上把真理理解为在存在者那里显示出来的知识与存在者的符合一致关系而言，而同样也就真理被解释为关于存在的知识的确定性而言，我们不能把 'Αλήθεια 即澄明意义上的无蔽与真理等同起来。相反，'Αληθεια，即被思为澄明的无蔽，才允诺了真理之可能性。因为真理本身就如同存在和思想，唯有在澄明的因素中才能成其所是。真理的自明性和任何程度上的确定性，真理的任何一种证实方式，都已经**随着**这种真理而在起支配作用的澄明的领域中运作了。

'Αληθεια，亦即被思为在场性之澄明的无蔽，还不是真理。那么 'Αλήθεια 更少于真理吗？或者，因为 'Αλήθεια 才允诺作为符合和确定性的真理，因为在澄明领域之外不可能有在场性和现身当前化，所以 'Αληθεια 就更多于真理吗？

我们把这个问题当作一项任务委诸于思想。思想必须考虑：当它哲学地也即在形而上学的严格意义中——这种形而上学仅仅从其在场性方面来究问在场者——思考时，它究竟是否也能提出这个问题。

无论如何，有一点也变得清晰了：追问 'Αλήθεια，即追问无蔽本身，并不是追问真理。因此把澄明意义上的 'Αλήθεια 命名为真理，这种做法是不恰当的，从而也是让人误入歧途的。[①] 关于“存在之真理”的谈论，在黑格尔的《逻辑学》中是有其合理的意义的，因为真理在那里就意味着绝对知识的确定性。但是与胡塞尔一样，与一切形而上学一样，黑格尔也没有追问存在之为存在（Sein als Sein），亦即没有追问如何可能有在场性本身这样一个问题。惟当澄明决定性地运作之际，才有在场性本身。此澄明被命名 'Αλήθεια，即无蔽，但本身尚未被思及。

关于真理的自然概念并不意指无蔽，就是在希腊哲学中情形亦然。人们常常正确地指出，ἀληθές 这个词早在荷马那里就总是仅仅被用在 verba dicendi，用在陈述句中，因而是在正确性和可靠性的意义上被使用的，而不是在无蔽意义上。但这一提示首先仅只意味着：无论是诗人还是日常语言使用，甚或哲学，都没有设想自己面对这样一个追问任务：追问真理即陈述的正确性如何只有在在场性之澄明的因素中才被允诺而出现。

在这一问题的视界内，我们必须承认，'Αλήθεια，即

① 思某个事情的尝试，有时可能偏离一种决定性的洞见已经揭示出来的东西，这种情形在《存在与时间》（1927 年）的一段话（第 219 页）中可得印证：“用‘真理’这个词来翻译 ἀλήθεια，尤其在理论上对这个词（真理）进行概念规定，就会遮蔽希腊人先于哲学而领会到的东西的意义，希腊人在使用 ἀλήθεια 这个术语时，是‘不言自明地’把那种东西作为基础的”。——原注

在场性之澄明意义上的无蔽，很快就仅只被人们当作ὀρθότης即表象和陈述的正确性而来经验了。但这样一来，认为有一种真理的本质转变即从无蔽到正确性的转变的断言，也是站不住脚的了。我们倒是应该说：'Αλήθεια，作为在思想和言说中的在场性和现身当前化的澄明，很快就达乎肖似（ὁμοίωσις）和符合（adaequatio）方面，也即达乎在表象和在场者的符合一致关系意义上的肖似方面。

但这一进程必然激起另一个问题：对于人的自然经验和言说来说，何以'Αλήθεια即无蔽**仅仅**显现为正确性和可靠性？是因为人在在场之敞开性中的绽出的逗留盘桓仅只朝向在场者和在场者之现成的当前化吗？但是这除了意味着在场本身和与之相随的允诺着在场性的那个澄明始终被忽视了这样一回事情之外，还意味着别的什么呢？人们经验和思考的只不过是作为澄明的'Αλήθεια所允诺的东西，'Αλήθεια本身之所是却未被经验也未被思。

这一点依然蔽而不显。这难道是偶然的吗？莫非它的发生只是人类思维的某种疏忽粗糙的结果吗？或者，它的发生是因为自身遮蔽和遮蔽状态，即Λήθη，本就属于无蔽（'Α-Λήθεια），并不是一个空洞的附加，也不是仿佛阴影属于光明，相反，遮蔽乃是作为无蔽（'Αλήθεια）的心脏而属于无蔽——是这样吗？而且，在在场性之澄明的这一自身遮蔽中，难道不是甚至还有一种庇护和保藏——由之而来，无蔽才能被允诺，从而在场着的在场者才能显现出来——在起着支配作用吗？

倘情形是这样，那么澄明就不会是在场性的单纯澄明，而是自身遮蔽着的在场性的澄明，是自身遮蔽着的庇护之澄明。

倘情形是这样，那么我们以此追问才踏上了一条通向哲学终结之际思之任务的道路。

但这难道不是全然虚幻的神秘玄想，甚或糟糕的神话吗？难道归根到底不是一种颓败的非理性主义，一种对理性的否定吗？

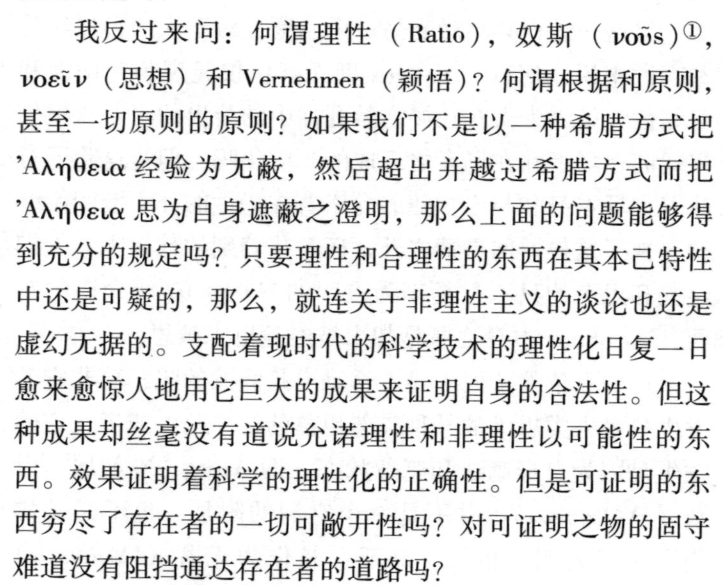

我反过来问：何谓理性（Ratio），奴斯（νοῦs）①，νοεῖν（思想）和 Vernehmen（颖悟）？何谓根据和原则，甚至一切原则的原则？如果我们不是以一种希腊方式把'Αλήθεια 经验为无蔽，然后超出并越过希腊方式而把'Αλήθεια 思为自身遮蔽之澄明，那么上面的问题能够得到充分的规定吗？只要理性和合理性的东西在其本己特性中还是可疑的，那么，就连关于非理性主义的谈论也还是虚幻无据的。支配着现时代的科学技术的理性化日复一日愈来愈惊人地用它巨大的成果来证明自身的合法性。但这种成果却丝毫没有道说允诺理性和非理性以可能性的东西。效果证明着科学的理性化的正确性。但是可证明的东西穷尽了存在者的一切可敞开性吗？对可证明之物的固守难道没有阻挡通达存在者的道路吗？

也许有一种思想，它比理性化过程之势不可挡的狂乱

① 这里的“奴斯”（νοῦs）是希腊哲学的基本词语，亦可意译为“理智”、“精神”、“心灵”等等。——译注

和控制论的摄人心魄的魔力要清醒些。也许恰恰这种摄人心魄的狂乱醉态倒是最极端的非理性呢！

也许有一种思想，它超出了理性与非理性的分别之外，它比科学技术更要清醒些，更清醒些因而也能作清醒的旁观，它没有什么效果，却依然有自身的必然性。当我们追问这种思想的任务时，首先要置疑的不仅是这种思想，而且还有对这种思想的追问。鉴于整个哲学传统，这就意味着——

我们所有的人都还需要在思想方面接受教育，并且在此之前首先还需要对何谓在思想中受过教育和未曾受过教育这回事情有所认识。在这方面，亚里士多德在《形而上学》第四章（1006a 以下）中给了我们一个暗示："……因为未曾受过教育就是不能分辨何处必需寻求证明，何处不需要寻求证明"。

这话大可细细品味。因为尚未确定的是，人们应以何种方式去经验那种不需要证明就能为思想所获得的东西。是以辩证法的中介方式呢，还是以原始给予的直观方式？或者两者都不是？唯有那种要求我们先于其他一切而允许其进入的东西的特性才能决定这一点。但是在我们还没有允许它进入之前，它又如何可能让我们作出决定呢？这里我们处于何种循环——而且是不可避免的循环——中了？

莫非它就是 εὐκύκλεον 'Αληθείη，即被思为澄明的那种圆满丰沛的无蔽本身吗？

那么，思想的任务的标题就不是"存在与时间"，而是澄明与在场性吗？

但澄明从何而来？如何有澄明？在这个“有”（Es gibt）中什么在说话？[①]

那么，思想的任务就应该是：放弃对以往关于思的事情的规定的思。

（孙周兴　译）

① 在《时间与存在》等文中，海德格尔对这里的“有”（Es gibt）作了许多讨论，显然是联系于具有“给出”（Geben）作用的“本有”（Ereignis，或译“大道”）来讨论的。参看《时间与存在》（载《面向思的事情》第1页以下，中译文见本《选集》第三编）。在海氏后期思想中，“无蔽”、“澄明”和“本有”等，是具有同等位值的词语，都是用来表示他所思的“思之事情”的。——译注

四、人，诗意地栖居

1. 诗人何为？[①]

“……在贫困时代里诗人何为？”荷尔德林在哀歌《面包和酒》中如是问。我们今天几乎不能领会这个问题了。我们又怎么会想到去把捉荷尔德林所给出的答案呢？

“……在贫困时代里诗人何为？”“时代”一词在此指的是我们自己还置身于其中的时代。对于荷尔德林的历史经验来说，随着基督的出现和殉道，神的日子就日薄西山了。夜晚到来。自从赫拉克勒斯（Herakles）、狄奥尼索斯（Dionysos）和耶稣基督（Christus）这个“三位一体”弃世而去，世界时代的夜晚便趋向于黑夜。世界黑夜弥漫着它的黑暗。上帝之离去，“上帝之缺席”，决定了世界时代。当然，为荷尔德林所经验到的上帝之缺席，并不否认在个人那里和在教会中还有基督教的上帝关系继续存

① 本文是海德格尔1946年为纪念诗人R. M. 里尔克逝世二十周年在一个极小的圈子里做的演讲。1950年收入《林中路》，由维多里奥·克劳斯特曼出版社出版。中译文据《林中路》1980年第六版译出。——编者。

在；荷氏甚至也没有轻蔑地看待这种上帝关系。上帝之缺席意味着，不再有上帝显明确实地把人和物聚集在它周围，并且由于这种聚集，把世界历史和人在其中的栖留嵌合为一体。但在上帝之缺席这回事情上还预示着更为恶劣的东西。不光诸神和上帝逃遁了，而且神性之光辉也已经在世界历史中黯然熄灭。世界黑夜的时代是贫困的时代，因为它一味地变得更加贫困。它已经变得如此贫困，以至于它不再能察觉到上帝之缺席本身了。

① 上帝的缺席

由于上帝之缺席，世界便失去了它赖以建立的基础。“深渊”（Abgrund）一词原本意指地基和基础，是某物顺势下降而落入其中的最深的基地。但在下文中，我们将把这个“Ab-”看作基础的完全缺失。[①] 基础乃是某种植根和站立的地基。丧失了基础的世界时代悬于深渊中。假定竟还有一种转变为这个贫困时代敞开着，那么这种转变也只有当世界从基础升起而发生转向之际才能到来——现在明确地说，也即只有当世界从深渊而来发生转向之际才能到来。在世界黑夜的时代里，人们必须经历并且承受世界之深渊。但为此就必需有入于深渊的人们。

世界时代之转变的发生，并非由于什么时候有某个新

① 德文中的“深渊”（Abgrund）一词由前缀 Ab-和名词 Grund（基础）构成。前缀 Ab-表示“除去、减少、取消”等。——译注

上帝杀将出来，或者，有一个老上帝重新自埋伏处冲出来。如若人没有事先为它准备好一个居留之所，上帝重降之际又该何所往呢？如若神性之光辉没有事先在万物中开始闪耀，上帝又如何能有一种合乎神之方式的居留呢？

“曾经在此”的诸神惟在“适当时代”里才“返回”；这就是说，惟当时代已经借助于人在正确的地点以正确的方式发生了转变，诸神才可能“返回”。因此，在哀歌《面包和酒》稍后写的未竟的赞美诗《回忆》（海林格拉特版本，第四卷，第225页）中，荷尔德林写道：

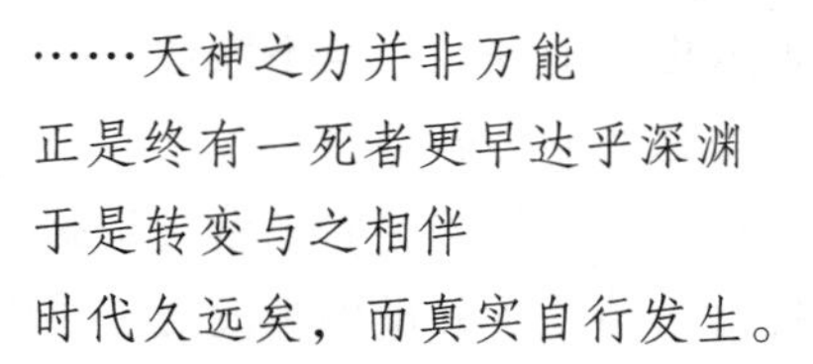
……天神之力并非万能
正是终有一死者更早达乎深渊
于是转变与之相伴
时代久远矣，而真实自行发生。

世界黑夜的贫困时代久矣。既已久长必会达到夜半。夜到夜半也即最大的时代贫困。于是，这贫困时代甚至连自身的贫困也体会不到。这种无能为力便是时代最彻底的贫困，贫困者的贫困由此沉入暗冥之中。贫困完全沉入了暗冥，因为，贫困只是一味地渴求把自身掩盖起来。然而，我们理当把世界黑夜看作一种在悲观主义和乐观主义这边发生的命运。也许世界黑夜现在正趋向其夜半。也许世界时代现在正成为完全的贫困时代。但也许并没有、尚未、总还尚未如此；尽管有不可度测的困境，尽管有一切煎熬痛苦，尽管有这种无名的痛苦，尽管有不断滋长的不安，尽管有持续扩张的种种混乱。这时代久而久之了，因为甚至那种被看作是转变之基础的惊恐，只要还没有伴随出现人的转向，它便无所作为。但是人的转向是在他们探入本己的本质之际才发生的。这一本质在于，终有一死的人比天神之物更早地达乎深渊。当我们思人的本质时，人依然更接近于不在场（Abwesen），因为他们被在场（Anwesen）所关涉。此处所谓在场，自古以来被称作存在（Sein）。然则在场同时也遮蔽自身，所以在场本身即不在场。荷尔德林在赞美诗《泰坦》（第四卷，第210页）中把“深渊”称为“体察一切的”。在终有一死的人中间，谁必得比其他人更早地并且完全不同地入乎深渊，谁就能经验到那深渊所注明的标志。对诗人而言，这就是远逝的诸神的踪迹。从荷尔德林的经验来看，是狄奥尼索斯这位酒神把这一踪迹带给处于其世界黑夜之黑暗中的失去了上帝的众生。因为酒神用葡萄及其果实同时保存了作为人和神的婚宴之所的大地和天空之间的本质性的共济并存。无论在哪里，都只有在这一婚宴之所的范围内，还可能为失去上帝的人留存着远逝的诸神的踪迹。

……在贫困时代里诗人何为？

荷尔德林不无惶惑地借他在哀歌中提到的诗友海因茨（Heinze）之口回答道：

但是你说，他们就像酒神的神圣祭司，

在神圣的黑夜里迁徙，浪迹四方。

② 远逝的诸神的踪迹

作为终有一死者，诗人庄严地吟唱着酒神，追踪着远逝的诸神的踪迹，盘桓在诸神的踪迹那里，从而为其终有一死的同类追寻那通达转向的道路。然而，诸神惟在天穹之中才是诸神，天穹（Äther）乃诸神之神性。这种天穹的要素是神圣（das Heilige），在其中才还有神性（die Gottheit）。[①] 对于远逝的诸神之到达而言，即对于神圣而言，天穹之要素乃是远逝的诸神之踪迹。但谁能追寻这种踪迹呢？踪迹往往隐而不显，往往是那几乎不可预料的指示之遗留。在贫困时代里作为诗人意味着：吟唱着去摸索远逝诸神之踪迹。因此诗人能在世界黑夜的时代里道说神圣。因此，用荷尔德林的话来说，世界黑夜就是神圣之夜。

在如此这般的世界时代里，真正的诗人的本质还在于，诗人总体和诗人之天职出于时代的贫困而首先成为诗人的诗意追问。因此之故，“贫困时代的诗人”必须特别地诗化（dichten）诗的本质。做到这一点，就可以说诗

① 后期海德格尔提出了“天、地、神、人”之“四重整体”的“世界游戏”（Weltspiel）说，这里的“天穹”（Äther）即指“四方”中的一方。又，海氏所思的“神圣”（das Heilige）是高于“神性”（Gottheit）的，是超出“诸神”（Götter，Göttliche）的，当然也是超出基督教的“上帝”（Gott）的。——译注

人总体顺应了世界时代的命运。我们旁的人必须学会倾听**这些**诗人的道说，假使我们并不想仅仅出于存在者，通过分割存在者来计算时代，从而在这个时代里蒙混过关的话——这个时代由于隐藏着存在而遮蔽着存在。

世界黑夜愈是趋近夜半，贫困就愈是隐匿其本质，愈是占据了更绝对的统治。不光是神圣作为通往神性的踪迹消失了，甚至那些导向这一消失了的踪迹的踪迹也几乎消失殆尽了。这些踪迹愈是消失殆尽，则个别的终有一死的人就愈加不能达乎深渊，去摸索那里的暗示和指引。那么，愈加严格的事情乃是，每个人只要走到他在指定给他的道路上所能达到的那么远，他便到达最远的地方了。提出“在贫困时代里诗人何为”这个问题的那首哀歌的第三节，道出了支配贫困时代的诗人的法则：

有一件事坚定不移：
无论是在正午还是夜到夜半，
永远有一个尺度适用众生。
而每个人也被各各指定，
我们每个人走向和到达
我们所能到达之所。

1802年12月2日，荷尔德林在给波林多夫（Boehlendorf）的信中写道：“萦绕在我的窗口的哲学之光，眼下就是我的欢乐，但愿我能够保持它，一如既往！”

诗人思入那由存在之澄明所决定的处所。作为自我完成的西方形而上学之领域，存在之澄明已达乎其印记。荷尔德林的运思之诗也一起给这一诗性的思之领域打上了烙印。荷尔德林的做诗活动如此亲密地居于这一处所之中，在他那个时代里任何别的诗人都不能与之一较轩轾。荷尔德林所到达的处所乃是存在的敞开状态（Offenheit des Seins）；这个敞开状态本身属于存在之命运，并且从存在之命运而来才为诗人所思。

然而，这一存在的敞开状态在业已完成了的形而上学范围内也许同时就是存在的最极端的被遗忘状态。但如果这种被遗忘状态竟是时代之贫困的贫困性的隐含本质，那又如何呢？那样的话，我们当然无暇审美地逃遁到荷尔德林的诗歌中去了。那样的话，我们当然无暇根据诗人的形象来制作一个人造的神话了。那样的话，我们也就无机可乘，把他的诗滥用为一种哲学的丰富源泉了。相反，冷静地运思，在他的诗所道说的东西中去经验那未曾说出的东西，这将是而且就是唯一的急迫之事。此乃存在之历史的轨道。如若我们达乎这一轨道，那么它就将把思带入一种与诗的对话之中。这是一种存在历史上的对话。文学史研究势必会认为这种对话对它所认定的事实作了非科学的歪曲。哲学会把这种对话看作一条堕入幻想的迷惘之中的邪路。然而命运无视于这一切，而伸展着它的轨道。

我们今天在这一轨道上遇到了一位现代诗人吗？我们遇到一位现在往往匆匆忙忙地被硬拉入思之近旁，却又被极其浅薄的哲学掩盖着的诗人了吗？还是让我们以恰当的严格性，更清晰地来追问这个问题吧。

里尔克（R·M·Rilke）是一位贫困时代的诗人吗？他的诗与这时代的贫困有着何种关系？他的诗达乎深渊有多深？假如这位诗人走向他能达到的地方，那么，他去往何处？

里尔克的那首有效诗歌浓缩在精心汇集的薄薄的两卷《杜依诺哀歌》和《致奥尔弗斯十四行诗》之中。[①] 走向这首诗歌的漫长道路本身乃是诗意地追问的道路。里尔克在途中渐渐清晰地体会到时代的贫困。时代之所以贫困不光是因为上帝之死，而是因为，终有一死的人甚至连他们本身的终有一死也不能认识和承受了。终有一死的人还没有居有他们的本质。死亡遁入谜团之中。痛苦的秘密被掩蔽起来了。人们还没有学会爱情。但终有一死的人存在着。只要语言在，他们就存在。歌声依然栖留在他们的贫困的大地之上。歌者的词语依然持有神圣的踪迹。《致奥尔弗斯十四行诗》中的一首歌（第一部，第19首）道说了这一切：

尽管世界急速变化
如同云形之飘忽
但完美万物
归本于原初

① 海德格尔认为每个伟大的诗人都只有一首“独一的诗歌”，故在此说里尔克的“那首有效的诗歌”。此说特别可参看海德格尔《走向语言之途》中的《诗歌中的语言》一文。——译注

歌声飘扬于变化之上
更遥远更自由
还有你的序曲歌唱不息
带着七弦琴的上帝

没有认清痛苦
也没有学会爱情
死亡的驱使
还不曾揭开帷幕
唯有大地上歌声如风
在颂扬，在欢呼

这当儿，甚至连神圣的踪迹也变得不能辨认了。未曾决断的事情依然是，我们是否还把神圣经验为导向诸神之神性的踪迹，或者，我们是否还只是遇到了那导向神圣的踪迹。尚未明了的事情依然是，导向踪迹的踪迹会是什么。至于这样一种踪迹如何向我们显示出来，也还是一个疑问。

时代之所以贫困乃由于它缺乏痛苦、死亡和爱情之本质的无蔽。这种贫困本身之贫困是由于痛苦、死亡和爱情所共属的那个本质领域自行隐匿了。只要它们所共属一体的领域是存在之深渊，那么就有遮蔽。但是歌唱依然。歌唱命名着大地。歌唱本身是什么呢？终有一死的人如何能够歌唱？歌唱从何而来？歌唱在何种程度上达乎深渊？

为了揣度里尔克是否和在何种意义上是一位贫困时代

的诗人，从而也为了洞晓诗人究竟何为，我们试图找出通往深渊的小径上的一些标志。我们把里尔克的主要诗作中的一些基本词语当作标志。这些基本词语只有在它们被说出的那个领域的语境中才能得到理解。此领域就是存在者之真理。自从尼采完成了西方形而上学以来，这个领域获得了展开。里尔克以他自己的方式，诗意地经验并承受了那种由形而上学之完成而形成的存在者之无蔽状态。我们要来看看，存在者之为存在者整体如何向里尔克显示自身。为了把这一领域收入眼帘，我们将留心考察里尔克的一首诗，这首诗比较晚出，但仍属于里尔克顶峰时期的诗篇。

我们不准备解释那些哀歌和十四行诗；因为它们由之得以言说的那个领域，在其形而上学的机制和统一性上，还没有充分地根据形而上学的本质而获得深思。作这种深思是困难的。原因有二：首先是因为里尔克的诗在存在历史之轨道中还没有达到荷尔德林的位置和起点。其二是因为我们对形而上学之本质几乎一无所知，并且我们也没有精通于存在之道说（Sagen des Seins）。

我们不但不准备解释那些哀歌和十四行诗，而且，我们也无权作这种解释，因为我们只能缓缓地揭示、通达和深思诗与思在其中进行对话的那个本质领域。今天谁能妄称他已经同诗与思的本质一并安居于家中，并且还有足够的力量把两者的本质带入最极端的争执之中，从而来建立它们的和谐呢？

③ 诗意的冥思

我们下面要阐释的这首诗是里尔克生前没有公开发表的。它刊载于1934年出版的《诗集》第118页和1935年出版的《后期诗》第90页上。这首诗没有标题，是里尔克在1924年6月写的。1924年8月15日，里尔克在慕佐写信给克拉拉·里尔克（Clara Rilke）夫人，信中写道：“但我尚未在**所有**方面变得如此拖沓和懒散；何其幸运，还是在我六月份离开**之前**，巴龙·卢修斯（Baron Lucius）就收到了精美的《马尔特札记》。他的感谢信早已准备寄给你了。我也给你附上即兴诗几行。这几行诗，是我为他写在精致的皮面精装本第一卷上的”。

据《慕佐书简》编辑者做的说明（第404页），里尔克这里所提到的即兴诗就是下面这首诗：

自然一任万物
听其阴沉之趣的冒险摆布
绝无特殊遮掩在土地和树枝中，
于是吾人存在的原始基础
也不再喜好吾人；它使吾人冒险
不过吾人，更甚于动植物
即**随**此冒险而行，意愿随行
有时喜好冒险，甚于生命本身
秉气勇毅（绝非出于贪营私利）……

此处，超越一切保护，
这为吾人创造安全——正是在此
在纯粹之力的重力的统辖之所；
最终，庇护吾人的乃吾人之无保护性
而且，当吾人看出它之逼近时，吾人将其改变
入于敞开者之中，从而在一最广之轨道中
吾人为法则所触动而将其肯定

里尔克称这首诗为“即兴诗。”但它的意外之旨却为我们开启了一个新视界，在那里我们得以更清晰地思里尔克的诗。我们必然是在这一世界瞬间（Weltaugenblick）中才学会，做诗无疑也是一件运思的事情。我们且把这首诗看作一番诗意的冥思。

诗的结构很简单。启承转合亦很清楚。它分成四个部分：第1—5行；第6—10行；第10—12行；第12—16行。第4行的“于是吾人……”对应于开头第一句的“自然……”。第6行的“不过”承接上面的那个“吾人”。这个“不过”有所限定，却是用对照方式来限定的。这种对照由第5—10行刻画出来。第10—12行道出这种对照的结果。第12—16行道出这种对照的真正旨趣。

通过开头的“自然……于是吾人”，人的存在便进入诗的主题。这一番比较把人的存在突出在芸芸众生中，也即把人的存在与动植物生命体区别开来了。在《杜依诺哀歌》第八首的开头也作了同样的比较，在那里，里尔克把芸芸众生称为“造物”。

所谓比较，就是用相同的东西来衡量不同的事物，从而揭示出差异。在这里，不同的事物，一方面是植物和动物，另一方面是人；就它们在同一（Selbe）中达到一致而言，它们是相同的（gleich）。这种同一就是它们作为存在者所具有的与它们的基础的关系。芸芸众生的基础乃是自然。人的基础与植物和动物的基础不光是相同的。这个基础在人那里和动植物那里是同一的。此乃自然，乃“完满的自然”（《致奥尔弗斯十四行诗》第二部，第八首）。

我们在这里必须在宽广的和根本的意义上来思自然，也即在莱布尼茨所使用的大写的 Natura 一词的意义上来思自然。它意味存在者之存在。存在作为原始作用力（vis primitiv activa）成其本质。这是一种开端性的、集万物于自身的力量，它在如此这般聚集之际使每一存在者归于本身而开放出来。存在者之存在乃是意志。这个意志是自行集中的使每一存在者（ens）成其本身的聚集。每一存在者作为存在者乃在意志之中。存在者是有意志的存在者。这意思是说，存在者并非首先和仅仅作为被意愿的东西存在，相反，就存在者存在而言，它本身便以意志之方式存在。只是作为有意志的东西，存在者才是在意志中具有自己的方式的意愿者。①

里尔克所谓的“自然”并不对立于历史。首先，它并不是指自然科学的对象领域。“自然”也并非对立于艺

① 在此注意“被意求的东西”（Gewilltes）、“意愿者”（Wollende）和“意志（Wille）的字面和意义联系。——译注

术。"自然"乃是历史、艺术和狭义的自然的基础。在这里所说的"自然"一词中，还回响着早期的希腊词语 Φύσις 的意义，也与我们译为生命的 ζωή 相当。但在早期思想中，生命的本质并不是在生物学上被表象的，而是作为 Φύσις 的涌现者（das Aufgehende）。里尔克这首诗的第9行也把"自然"称作"生命"。在这里，"自然"，也即生命，指的是存在者整体意义上的存在。在1885—1886年的一个笔记中，尼采曾写道（《强力意志》第582段）："存在——除'生命'而外，我们对之没有别的任何观念。某种死亡的东西又如何能'存在'呢?"

就自然是我们人本身这个存在者的基础而言，里尔克称自然为原始基础（Urgrund）。这表明，人比其他存在者更深地进入到存在者的基础中。自古以来，人们就把存在者的基础称为存在。无论在人那里，还是在植物和动物那里，建基的存在者与被建基的存在者的关系是相同的。原因在于，存在总是"一任"存在者"听冒险摆布"。存在让存在者放纵于冒险（das Wagnis）中。这一抛掷着的放纵乃是真正的大胆冒险。存在者之存在就是这种与存在者的抛掷关系。当下存在者都是所冒险者（das Gewagte）。[1] 存在是绝对冒险（Das Sein ist das Wagnis schlechthin）。存在冒我们人类之险。存在冒生物之险。[2] 存在者存在，因

---

① "所冒险者"（das Gewagte）或译为"被冒险者"、"所冒之险"。存在是"冒险"，而存在者是受存在这种"冒险"摆布的东西，也即"被（所）冒险者"，或可以说，是被存在拿来冒险的东西。——译注

② 或译"存在使我们人类冒险。存在使生物冒险"。——译注

为它是始终所冒险者。但是存在者总是被冒险而入于存在，也即入于一种大胆冒险。因此之故，存在者本身就是冒险着的，它一任自己听冒险摆布。存在者存在，因为它随自身放纵于其中的冒险而行。存在者之存在是冒险。这种冒险基于意志中；自莱布尼茨以降，意志日益清晰地表明自身是在形而上学中被揭示出来的存在者之存在。这里我们思考的意志，并不是对心理学上所谓的意愿（Wollen）的抽象概括。毋宁说，在形而上学上了解的人的意愿始终只是作为存在者之存在的意志（Wille）的被意求的对立面。里尔克把自然表象为冒险，就此而言，他是形而上学地根据意志的本质来思考自然的。这一意志的本质依然蔽而不显，无论是在求强力的意志中还是在作为冒险的意志中。意志是作为求意志的意志而成其本质的。

里尔克的这首诗根本没有直接道说存在者的基础，也即没有直接道说作为绝对冒险的存在。但如果作为冒险的存在乃是抛掷关系，并因此甚至把所冒险者扣留于抛掷中，那么，这首诗就是通过谈论所冒险者而间接地告诉我们有关冒险的东西。

自然使生物冒险，“绝无特殊遮掩”。同样，我们人类作为所冒险者“不再喜好”使我们冒险的那种冒险（das Wagnis）。这两者意味着：冒险包含着抛掷入于危险中这回事情。冒险（wagen）乃是投入游戏。[1] 赫拉克利

① 这里的“投入游戏”是德文 auf das Spiel setzen 的字面直译；在日常德语中，此短语意味“拿某事冒险，孤注一掷。”——译注

特把存在思为世界时间（Weltzeit），把世界时间思考为儿童的游戏（《残篇》第五十二）：Α ἰ ὼν παῖs ἐστι παίζων, πεσσεύων, παιδὸs ἡ βασιληίη（世界时间是儿童的游戏，是游戏的跳棋；王权乃儿童的游戏）。倘若那被抛掷者保持在危险之外，那么它就没有冒什么险。而如果存在者已经被保护，那它就在危险之外了。在德语中，"保护"（Schutz）、"射手"（Schütze）和动词"保护"（schützen）属于动词"发射"（schiessen）一类，犹如"弓形物"（Buck）、"弯腰"（bücken）属于动词"弯曲"（biegen）。"发射"意味着"推、插、伸"（schieben），如插上一个门闩，屋顶伸出墙外。在乡下，我们还说：农妇"把……推入"（schiesst ein），她把成形了的生面团推入炉灶中烘烤。保护（Schutz）乃是被推出来和被推到前面的东西。它阻止那种危险去伤害甚至攻击受威胁的东西。被保护者委身于保护者。我们的更古老、更丰富的语言曾用 verlaubt，verlobt 这样的词语，意即"喜好"（geliebt）。相反，未被保护者则是不再"喜好的"（lieb）。就它们根本上都是存在者即所冒险者而言，植物、动物和人有一致之处，即，它们都没有被特别保护。但是因为在它们的存在中它们是彼此相异的，所以在他们的无保护性方面也是有某种差异的。

然而，作为所冒险者，那些不被保护者却没有被抛弃。如若它们被抛弃了，那么它们就会像受到保护那样没有冒什么险。如若它们仅只被消灭了，那么它们就不再在天平中。在中世纪，"天平"（Wage）一词还差不多是

“危险”的意思。那是某物在其中能够这样或那样出现的位置。因此，那个以这样或那样倾斜的方式移动的仪器被称为“天平”。它游戏并渐趋平衡。在“危险”的含义上，并作为这种仪器的名称，Wage 一词源出于 wägen、wegen，后者的意思是“上路”，也即“行走”、“处于活动中”。所谓 Be-wägen，就是“使上路并因而带入活动中”，即：“摇摆”（wiegen）。某物摇摆，这可说是因为它能够使天平这样或那样地进入运动游戏。摇摆的东西具有重量。“衡量”（wagen）意味着：“带入游戏活动中，放到天平上去，放纵于危险之中”。由此看来，所冒险者当然是无保护的；但由于它置于天平上，所以被扣留在冒险之中。它是被支撑的。从其基础方面看，它始终隐蔽于基础中，作为存在者的所冒险者是一个被意求者（ein Gewilltes）；它被扣留于意志之中，本身始终在意志的方式中，并且自我冒险。所冒险者因此是无忧烦的，是无忧无虑的（sine cura，securum），也即是安全的。只是就所冒险者安全地居于冒险之中，它才能追随冒险，也即进入所冒险者的无保护之中。所冒险者的无保护性不仅没有排除在其基础中的安全存在，而是必然包括这种安全存在。所冒险者随此冒险而行。

把一切存在者保持在天平中的存在，因此总是将存在者引向自身，引向作为中心的自身。作为冒险的存在把作为所冒险者的一切存在者保持在这种牵引之中。但是，这一有所吸引的牵引的中心同时也从一切存在者那里退隐。以这种方式，这个中心一任存在者听冒险摆布，而存在者就是作为这种冒险而被冒险的。在这种有所聚集的放纵中，隐藏着形而上学的、根据存在来思考的意志的本质。存在者的吸引着的、对一切起中介作用的中心，即冒险，乃是一种能力，它赋予所冒险者一种重量，也即一种重力。冒险是重力。里尔克后期的一首诗的标题就叫《重力》。这首诗道说了重力（《后期诗》第156页）：

重　　力

中心，你怎样从万物中引出自身
甚至从飞翔之物中复得自己：
中心，万物之中最强大者！
站立的人们：如同酒水穿透了渴望
重力穿透了他。
但是从沉睡者那里，
如同从低垂的云那里，
降下丰厚的重量之雨。

这首诗中所说的重力乃是存在者整体的中心，与我们通常听说的物理学的重力是大相径庭的。因此，里尔克才把它称为“闻所未闻的中心”（《致奥尔弗斯十四行诗》第二部，第28首）。它是一个基础，作为“中介”（Mit），它保持存在者相互调节，并在冒险之游戏中聚集一切。这个闻所未闻的中心乃是在存在之世界游戏中的“永恒的游戏者”。把存在当作冒险来咏唱的同一首诗（第11，12行）也把起中介作用的牵引称为“纯粹之力的重力”。纯粹的重力、一切大胆冒险的闻所未闻的中心、存在之游戏中的永恒游戏者，就是冒险。

由于冒险抛掷所冒险者，它就同时把所冒险者置于天平中。冒险放纵所冒险者，而且实际上，它放纵被抛掷者，使之进入某种趋向中心的吸引（Zug zur Mitte）中，而非进入别处。所冒险者被授予这种趋向中心的吸引。在这种吸引中，冒险总是时时把所冒险者导入自身。从某处引出、获得某物，使某物出现——就是我们所谓：“牵引某物”。这是“牵引”（Bezug）一词的原始含义。我们还在谈论商品收购、薪水收入和电流配给，其中都有这个Bezug。[①] 作为冒险的吸引，引入并涉及一切存在者，并使它们保持于趋向自身的吸引中；此吸引乃是绝对牵引。“牵引”一词是里尔克主要诗作中的一个基本词语，而且往往以下面的组合出现，如：“纯粹的牵引”、“整体的牵引”、“现实的牵引”、“最清晰的牵引”、“其他的牵引”（也即，同一牵引的另一面）。

假如我们仅仅从“关系”（Beziehung）一词出发来把捉“牵引”（Bezug），并且在“联系”（Relation）的意义上来把握“关系”，那么，我们就只是半通不通地——在此情形中也即根本就没有——理解里尔克的牵引一词。假如我们把这种“关系”看作是自我与对象的“自身关涉”的话，我们就在误解中更掺入了另一些东西。“自身关涉

① 德文的Bezug日常含义是“得到、购进、联系、关系”等，海德格尔在此强调其“引得”之意，故我们权译之为“牵引”。——译注

于”（sich beziehen auf）这一含义在语言历史上是较晚出现的含义。里尔克的牵引一词虽然也在这一含义上使用，但它首先并不指这一含义，而只是在其原始含义的基础上使用的。如果我们把牵引看作单纯的联系，那么“整体的牵引”这个词是完全不可思议的。纯粹之力的重力、闻所未闻的中心、纯粹的牵引、整体牵引、完满的自然、生命、冒险——它们是同一的。

上面列举的所有名称都是命名存在者之为存在者整体的。形而上学的通常说法也称之为“存在”。里尔克的这首诗则把自然思为冒险。“冒险”一词在这里既指大胆冒险的基础，也指所冒险者整体。这种歧义既非偶然，也不足以让人对此大惊小怪。形而上学的语言明显是以这种歧义说话的。

任何一个所冒险者，作为如此这般的存在者，得以进入存在者整体之中，并居留于这个整体之基础中。当下如此这般的存在者，乃根据一种引力而**存在**，由此种引力，它才被保持于整体的牵引的吸引之中。在牵引范围内的引力的方式乃是那种与作为纯粹重力的中心的关系的方式。因此，当我们说，所冒险者总是以何种方式被引入趋向中心的吸引之中时，自然就得到了表达。根据那种方式，所冒险者就始终处于存在者整体之中。

④ 敞开者

里尔克喜欢用“敞开者”（das Offene）一词来命名

那种整体牵引，即，每一存在者作为所冒险者始终被交托于其中的那种整体牵引。“敞开者”一词是里尔克诗中的又一个基本词语。用里尔克的语言来说，“敞开”意指那个没有锁闭的东西。它没有锁闭，因为它没有设立界限。它没有设立界限，是因为它本身摆脱了所有界限。敞开者乃是那一切没有界限的东西的伟大整体。它让进入纯粹牵引中被冒险的芸芸众生作为被吸引者而吸引，以至于它们继续多样地相互吸引，而没有碰到任何界限。如此这般被吸引地吸引着之际，它们便融入无界限的东西之中，融入无限的东西之中。它们并非化为空洞的虚无，而是进入敞开者整体之中而兑现自己。

里尔克以“敞开者”这个词所指说的东西，绝对不是由存在者之无蔽状态意义上的敞开状态（Offenheit）来规定的；这种敞开状态让存在者作为这样一个存在者而在场。假若我们想在无蔽状态和无蔽领域的意义上来解释里尔克所说的敞开者，那么，就可以说：里尔克所经验的敞开者，恰恰就是被锁闭者，是未被照亮的东西，它在无界限的东西中继续吸引，以至于它不能遇到什么异乎寻常的东西，根本上也不能遇到任何东西。某物照面之处，即产生界限。哪里有限制，被限制者就在哪里退回到自身那里，从而专注于自身。这种限制扭曲、关闭了与敞开者的关系，并使这种关系本身成为一种扭曲的关系。在无界限的东西中的限制，是在人的表象中被建立起来的。对置的对立（das gegenstehende Gegenüber）并没有让人直接处于敞开者之中。它以某种方式把人从世界中消除，并把人置于世界面前——在这里，“世界”意指存在者整体。相反的，世界性的东西（das Weltische）乃是敞开者本身，是非对象性的东西的整体。但是，即便是“敞开者”这一名称，也如同“冒险”一词一样，作为形而上学的概念是有歧义的。它既指纯粹牵引的无界限的牵引之整体，也指那种在普遍地起支配作用的摆脱限制意义上的敞开性。

敞开者允许进入。但这种“允许进入”（Einlassen）却并非意味着，准许……进入和通达那被锁闭者，仿佛那遮蔽者能够自行解蔽而作为无蔽者显现出来似的。“允许进入”意味着：引入和嵌入到那纯粹牵引之吸引的未被照亮的整体中去。作为敞开者的存在的方式，“允许进入”具有那种以纯粹之力的重力的方式“把……包括吸引在内”（Einbeziehen）的特征。所冒险者愈少被阻止进入纯粹的牵引之中，它就越是属于敞开者的伟大整体中。因此之故，里尔克把直接进入这一伟大整体中被冒险、并在其中自行衡量的芸芸众生，命名为“伟大的寻常之物”（《后期诗》，第22页）。人不属于这里所说的芸芸众生。《杜伊诺哀歌》之八就是咏唱万物和人对于敞开者的这一不同关系的诗篇。这一不同在于意识的等级不同。按这个方面来区分存在者，这对从莱布尼茨以来的近代形而上学来讲，乃是司空见惯的事情。

里尔克以“敞开者”一词所思考的东西，可以从他在生命的最后一年里所写的一封信中找出证据；这封信是他1926年2月25日写给一位向他询问第八首哀歌的俄国读者的［参看M·贝茨（Betz）：《里尔克在法国。回忆录·书信·文稿》，1938年，第289页]。里尔克写道："对于我试图在哀歌中提出来的'敞开者'这个概念，你必须作如是理解，即，动物的意识程度把动物投入世界，但动物没有每时每刻把自身置于世界的对立位置（我们人却正是这样做的）。动物**在**世界**中**存在；我们人则站**在世界面前**，而这依靠的是我们的意识所作的特有的转折和强化"。里尔克继续写道："因此，我所说的'敞开者'，并不是指天空、空气和空间；对观察者和判断者而言，**它们**也还是'对象'，因此是'不透明的'（opaque）和关闭的。动物、花朵，也许就**是**这一切，无须为自己为辩解；它在自身之前和自身之上就具有那种不可描述的敞开的自由（offene Freiheit）——这在我们人这里也有等价的东西（极度短暂），但或许只是在爱情的最初瞬间，那时，人在他人身上，在所爱的人身上，在向上帝的提升中，看到了他自己的广度"。

植物和动物被允许进入敞开者之中。它们是"在世界之中"。这个"在……之中"意味着：未被照亮地被包括、吸引入纯粹牵引的牵连之中。与敞开者的关系——如果在这里竟还谈得上一种"与"的话——是一种无意识的关系，即那个仅仅争求着和吸引着的人于存在者整体中的支撑过程（Verstrebung）的无意识的关系。随着意识的提高，——意识的本质对于现代形而上学来说就是表象——，对象之站立和对立状态也提高了。意识越是提高，有意识的生命也就越是被排除出世界。因此之故，按里尔克信中的话来说，人是"在世界面前"。人没有被允许进入敞开者之中。人相对世界而立。人没有直接栖居于整体牵引的吸引和牵引之风中。上面这一段信可以帮助我们更好地领悟“敞开者”，尤其是因为，里尔克在信中明确地否认人们从天空和空间的被开启者的意义上去思考“敞开者”。不过，只有我们关于在本质上更原始的存在之澄明（Lichtung des Seins）意义上的敞开者的思想，才真正超出了里尔克的诗的范围；而里尔克的诗依然笼罩在尼采式的调和的形而上学的阴影中。

凡是直接归属到敞开者中去的东西，总是被敞开者接收入中心之吸引的牵引中去的。因此，在所有的所冒险者中，总是那种所冒险者最能归属到敞开者中去，这种所冒险者是按自己的本质而被收取的，因而它在这种被收取状态中绝不追求可能与它对立的任何东西。凡是如此这般成其本质的东西，就“在阴沉之趣中”。

“自然一任万物
听其阴沉之趣的冒险摆布……”

“阴沉”在此的意思是“镇静”：不要冲破那无界限的继续吸引的牵连；这种无界限的继续吸引是不会被扰攘不宁的来回吸引扰乱不宁的，而有意识的表象却正是作为此种扰攘不宁的来回吸引而忙乱着。“阴沉”的意思还有如阴沉的音调，是指其根甚深而有承担者的特性的东西。“阴沉”的意思并不是指阴郁沉闷的消极意义。里尔克并不是把阴沉之趣思为低贱的东西。阴沉之趣确证了自然之伟大的寻常之物归属于纯粹牵引之整体中。因此，里尔克能够在一首后期诗中说："花之存在于吾人乃伟大"（《后期诗》第89页；参看《十四行诗》，第二部，第十四首）。上面所引的信中那段话是从意识方面去看出人和生物对敞开者的关系之不同，并从此看法中去思人与生物；与此情形一样，这首诗也是着眼于人和万物对冒险的关系之不同（第5行以下）去写"万物"与"吾人"的。

"……不过吾人
更甚于动植物
即**随**此冒险而行，……"

人更甚于动植物即随此冒险而行——这首先可以意味着，人比那些万物还更无阻拦地被允许进入敞开者中。即使这个"随"（mit）字没有被加上着重号写出来，这个"甚"（mehr）也必然是这个意思。强调这个"随"字，并不意指无阻拦的随行提升了，而是指：随冒险而行是特别为人而设想的，而且是作为在人的高位中被提高的东西来设想的。冒险及其所冒险者，自然、存在者整体、世界，都是为人而摆出来的，都是从摆脱限制的牵引之镇静了的东西中摆出来的。但是，如此这般被摆置的东西摆置到哪里去，并且是通过什么来摆置的呢？自然通过人的表象（Vorstellen）而被带到人面前来。人把世界作为对象整体摆到自身面前并把自身摆到世界面前去；人把世界摆置到自己身上来并对自己制造自然。这种制造（Her-stellen），我们须得从其广大的和多样的本质上来思考。人在自然不足以应付人的表象之处，就订造（bestellen）自然。人在缺乏新事物之处，就制造新事物。人在事物搅乱他之处，就改造（umstellen）事物。人在事物使他偏离他的意图之处，就调整（verstellen）事物。人在要夸东西可供购买或利用之际，就把东西摆出来（ausstellen）。在要把自己的本事摆出来并为自己的行业作宣传之际，人就摆出来。在如此多样的制造中，世界便被带向站立并被带入站立位置中。敞开者变成对象，并因此转到人的本质上去了。人把世界当作对象，在世界的对面把自身摆出来，并把自身树立为有意来进行这一切制造的人。①

⑤意　愿

把某物带到自身面前来，而在带的时候，这种被带到面前来的东西作为事先被表象的东西在任何方面都规定着制造的一切方式；这样地把某物带到自身面前来，就是我们称为意愿（das Wollen）的这种行为的基本特征。这里所谓的意愿就是制造，而且是在有意贯彻对象化的意图的意义上的制造。植物和动物毫无意愿，因为他们被镇静在

① 注意在这段话中的“表象”（Vor-stellen）、“制造”（Her-stellen）、“订造”（bestellen）、“改造”（umstellen）、“调整”（verstellen）和“摆出来”（ausstellen）等动词，均以“摆（置）”（-stellen）为词根。——译注

情趣之中，绝不把敞开者作为对象摆到自身面前来。它们不能把冒险作为一种被表象的东西而随之而行。因为它们被允许进入敞开者中，所以，纯粹牵引也绝非它们本身之外的对象性的其他东西。反之，人“**随**”冒险而行，因为人是上述意义上的有意愿的东西。

“……不过吾人
更甚于动植物
即**随**此冒险而行，意愿随行……”

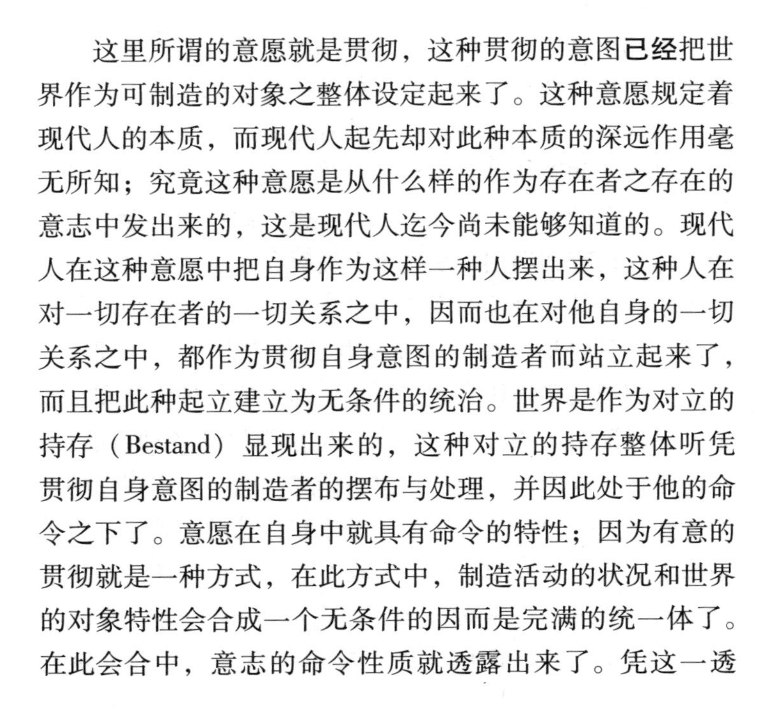

这里所谓的意愿就是贯彻，这种贯彻的意图**已经**把世界作为可制造的对象之整体设定起来了。这种意愿规定着现代人的本质，而现代人起先却对此种本质的深远作用毫无所知；究竟这种意愿是从什么样的作为存在者之存在的意志中发出来的，这是现代人迄今尚未能够知道的。现代人在这种意愿中把自身作为这样一种人摆出来，这种人在对一切存在者的一切关系之中，因而也在对他自身的一切关系之中，都作为贯彻自身意图的制造者而站立起来了，而且把此种起立建立为无条件的统治。世界是作为对立的持存（Bestand）显现出来的，这种对立的持存整体听凭贯彻自身意图的制造者的摆布与处理，并因此处于他的命令之下了。意愿在自身中就具有命令的特性；因为有意的贯彻就是一种方式，在此方式中，制造活动的状况和世界的对象特性会合成一个无条件的因而是完满的统一体了。在此会合中，意志的命令性质就透露出来了。凭这一透露，在现代形而上学的历程中，那作为存在者之存在的早就成其本质的意志的久久隐蔽着的本质就显露出来了。

与此相适应，人的意愿也只能是这样地以贯彻意图的方式，即，人的意愿事先就把一切（虽尚不能遍览一切）逼入它的领域之内。一切都自始且不可遏止地要变成这种意愿的贯彻意图的制造的材料。地球及其大气都变成原料。人变成被用于高级目的的人的材料。把世界有意地制造出来的这种无条件的贯彻意图的活动，被无条件地设置到人的命令的状态中去，这是从技术的隐蔽本质中出现的过程。这种情形只是到了现代才开始作为存在者整体之真理的命运展现出来，虽然存在者整体之真理的零星现象与尝试一向始终散见于文化和文明的广泛领域之内。

现代科学和极权国家都是技术之本质的必然结果，同时也是技术的随从。在为组织世界公众意见与人们的日常想法而准备的各种手段和形式中，也有同样的情形。不仅生命体在培育和利用中从技术上被对象化了，而且，原子物理学对各种生命体的现象的进攻也在大量进行中。归根到底，这是要把生命的本质交付给技术制造去处理。今天，人们极其严肃认真地在原子物理学的各种成就和状况中去寻找证明人的自由和建立新价值学说的各种可能性，这正是技术观念占了统治地位的标志。而在技术观念的统治展开来的时候，个体的个人看法和意见的领域早被弃之不顾了。甚至当人们在可以说较不重要的地区还试图凭借过去的价值观念来掌握技术，而在进行这种努力时已经运用了技术手段，而所运用的技术手段已非仅存外貌而已，甚至在这种时候，技术之本质的威力还是表现出来了。因为利用机器和机器生产都根本上并不就是技术本身，而只是把技术的本质在技术的原料对象中设置起来的过程中适合于技术的一种手段。甚至，人变成主体而世界变成客体这回事情也是自行设置着的技术之本质的结果，而不是倒过来的情形。

当里尔克体会到作为完满自然的非对象性的东西的敞开者的时候，有意愿的人的世界就必定与此相反的并且以相应的方式作为对象性的东西显露于里尔克面前。反过来，洞察那美妙的存在者整体的一瞥倒可从正在升起的技术现象那里获得一种暗示，指示出一些范围的内幕，从这些范围中也许可能出现一些更深远地形成起来的克服技术的办法。

技术生产的不伦不类的产物涌现于纯粹牵引的敞开者面前。旧日成长的事物迅速消逝。这些事物一经对象化之后就不再能够显示自身的特色了。里尔克在1925年11月13日的一封信中写道：

> “对我们祖父母而言，一所‘房子’，一口‘井’，一座他们熟悉的塔，甚至他们自己的衣服，他们的大衣，都还是无限宝贵，无限可亲的；几乎每一事物，都还是他们在其中发现人性的东西和加进人性的东西的容器。现在到处蜂拥而来的美国货，空乏而无味，是似是而非的东西，是**生命的冒牌货**……一座美国人所理解的房

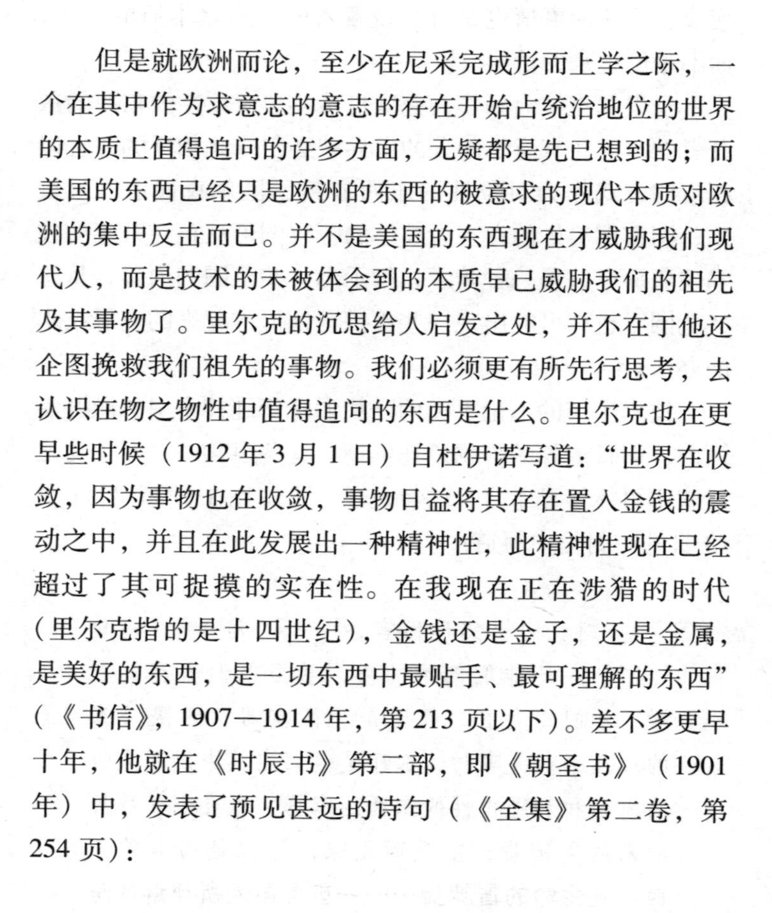

子，一个美国苹果或一棵美国葡萄树，都与我们祖先的希望和沉思所寄的房子、果实、葡萄毫无共同之处……”。

（《慕佐书简》，第 335 页以下）

但是就欧洲而论，至少在尼采完成形而上学之际，一个在其中作为求意志的意志的存在开始占统治地位的世界的本质上值得追问的许多方面，无疑都是先已想到的；而美国的东西已经只是欧洲的东西的被意求的现代本质对欧洲的集中反击而已。并不是美国的东西现在才威胁我们现代人，而是技术的未被体会到的本质早已威胁我们的祖先及其事物了。里尔克的沉思给人启发之处，并不在于他还企图挽救我们祖先的事物。我们必须更有所先行思考，去认识在物之物性中值得追问的东西是什么。里尔克也在更早些时候（1912 年 3 月 1 日）自杜伊诺写道：“世界在收敛，因为事物也在收敛，事物日益将其存在置入金钱的震动之中，并且在此发展出一种精神性，此精神性现在已经超过了其可捉摸的实在性。在我现在正在涉猎的时代（里尔克指的是十四世纪），金钱还是金子，还是金属，是美好的东西，是一切东西中最贴手、最可理解的东西”（《书信》，1907—1914 年，第 213 页以下）。差不多更早十年，他就在《时辰书》第二部，即《朝圣书》（1901 年）中，发表了预见甚远的诗句（《全集》第二卷，第 254 页）：

“世界诸王皆老矣，
将无人继位。
诸子早已夭折，
诸女已经憔悴，
破烂王冠委暴力。
众人捣之以易钱，
趋时世界主人
熔之以铸机器，
隆隆作响效命人欲
然机器并不送幸福。
金属有乡愁。曾蒙
钱币和齿轮教识渺渺生趣，
今欲离之而去。
欲离工厂和金库，
复返被开发之山脉，
山脉纳之将门封闭”。

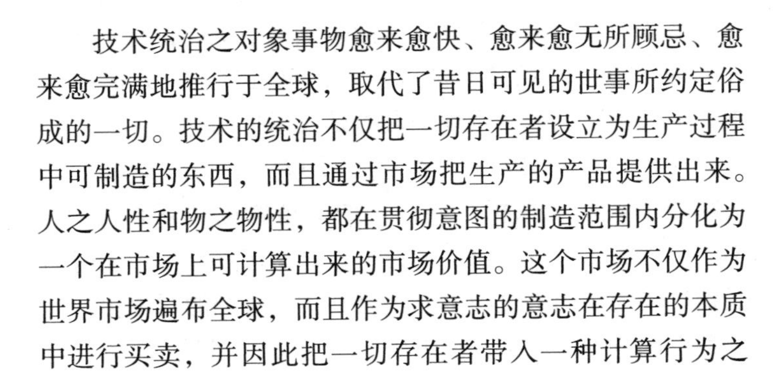

技术统治之对象事物愈来愈快、愈来愈无所顾忌、愈来愈完满地推行于全球，取代了昔日可见的世事所约定俗成的一切。技术的统治不仅把一切存在者设立为生产过程中可制造的东西，而且通过市场把生产的产品提供出来。人之人性和物之物性，都在贯彻意图的制造范围内分化为一个在市场上可计算出来的市场价值。这个市场不仅作为世界市场遍布全球，而且作为求意志的意志在存在的本质中进行买卖，并因此把一切存在者带入一种计算行为之中，这种计算行为在并不需要数字的地方，统治得最为顽强。

里尔克的诗把人思为一种已冒险而深入一种意愿中的东西，把人思为一种在求意志的意志中为意志所寄但并不自知这一点的东西。人如此这般地意愿着，就能随冒险而行，此时他就把自己作为贯彻意图者置于其一切所作所为之前。因此，人比植物和动物更加冒险。与此相应，人处于危险中的情形也与动植物不同。

在万物（动植物）中，也无任何物被特别保护，虽然它们被允许进入敞开者中且安然于敞开者中。反之，人作为自身意愿者，不仅不受存在者整体特别保护，而且人是无保护的（第 13 行）。人作为表象者和制造者处于被伪装过的敞开者面前。因此，人本身及其事物都面临着一种日益增长的危险，就是要变成单纯的材料以及变成对象化的功能。贯彻意图的规划又更扩大了危险的范围，人有在无条件的制造这回事情上失掉他自己的危险。落在人的本质上的威胁是从这种本质本身中增长起来的。然而人的本质基于存在对人的关联。因此，人由于他的自身意愿而在一种本质性的意义上被威胁着，也就是说，人需要保护，但又由于同一个本性而同时是无保护的。

这种“吾人之无保护性”（第 12—13 行）始终与动植物的不被特别保护不同，正如动植物的“阴沉之趣”不同于人的以自身为意愿的情形。这种区别乃一种无限的区别，因为从阴沉之趣不能过渡到贯彻意图的对象化。但这种贯彻意图活动不仅把人置于“保护之外”，而且，世界对象化的贯彻还日益坚决地甚至把保护的可能性都消灭了。当人把世界作为对象，用技术加以建设之际，人就把自己通向敞开者的本来已经封闭的道路，蓄意地而且完完全全地堵塞了。贯彻意图的人，不管他作为个别的人是否知道和愿意知道这一点，总之就是技术的活动家。这种人不仅处于敞开者之外而在敞开者面前，而且由于把世界对象化之故，他更加远离了“纯粹牵引”。人与纯粹牵引告别了。技术时代的人在这种告别中对立于敞开者。这种告别不是“向……告别”，而是一种“反对……告别”。①

存在者的闻所未闻的中心作为纯粹牵引把一切纯粹之力集中于自身，在一切对象性中总是要远离这种纯粹牵引的，而技术就是以远离此种纯粹牵引为前提的一种无条件的设置，一种在人的贯彻意图过程中无条件的无保护存在之无条件的设置。技术的生产就是这种告别的组织。在刚才所概述的意义上的“告别”（Abschied）一词，乃是里尔克主要诗作中的另一个基本词语。

人们大谈特谈的具有特别杀伤威力的原子弹，并不是致命的东西。早已用死而且是用人的本质之死来威胁着人的，乃是在有意在一切中贯彻意图之意义上的单纯意愿的无条件的东西。在人的本质中威胁着人的，是认为依靠对自然能源的和平解放、改造、储藏和控制，就能使人人都

① “向……告别”（Abschied von…）或可译“从……而来告别”，是非对象性的态度；“反（对）……告别”（Abschied gegen…）则标识人的对象性态度。——译注

觉得做人是可以忍受的而且是完全幸福的这种出自意志的意见。但这种和平事业中的和平，只不过是那种有意只放在自身上的贯彻意图之天翻地覆的忙乱毫不被搅乱地继续扰攘不休而已。在人的本质中威胁着人的，是这样一种观念：贯彻制造的工作可以没有危险地冒险进行，只要此外还有别的兴趣，也许是一种信仰的兴趣仍然起作用的话。仿佛还可以在一座偏旁建筑中，为人受技术意愿摆布而与存在者整体发生的那种本质关系安设一个特别的居留之所似的，仿佛这个居留之所可能比时常逃向自欺的出路有更多的办法似的，而逃向希腊诸神也就属于这种自欺的范围之内。在人的本质中威胁着人的，是这种意见：技术的制造使世界井然有序，其实恰恰是这种井然有序把任何秩序（ordo）都拉平为制造的千篇一律，从而自始就把一个可能出现秩序和可能从存在而来的承认的领域破坏了。

并非意愿的总体性才是危险，而是在只准许作为意志的世界范围之内以贯彻意图的形态出现的意愿本身才是危险。这种从此种意志中而来被意求的意愿已经决定执行无条件的命令了。这种意愿一经这样决定就已经听凭总体的组织摆布了。但首先是技术本身阻碍了对技术之本质的任何体会。因为当技术充分展开的时候，技术就在诸门科学中发展出一种知识（Wissen），这种知识始终无法达到技术的本质领域，更不消说追溯技术的本质来源了。

技术之本质只是缓慢地进入白昼。这个白昼就是变成了单纯技术的白昼的世界黑夜。这个白昼是最短的白昼。一个唯一的无尽头的冬天就用这个白昼来进行威胁。现在不仅人失却了保护，而且整个存在者的未受伤害的东西也仍在黑暗之中。美妙事情隐匿自己。世界变得不美妙了。这样一来，不仅神圣作为通向神性的踪迹仍遮蔽着，而且甚至连通向神圣（das Heilige）的踪迹，即美妙事情（das Heile），也似乎灭绝了。[①] 除非还有一些终有一死的人能够看到不妙事情（das Heillose）作为不妙事情正在进行威胁。他们极须看清何种危险正落到人身上。这个危险就在于这样一种威胁，它在人对存在本身的关系中威胁着人的本质，而不是在偶然的危难中威胁着人的本质。这种危险才确实是危险。这种危险对一切存在者都是危险而隐藏在深渊之中。必须是较早达乎深渊的终有一死的人，才能看见并且指出这种危险。

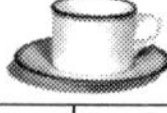

“但哪里有危险，
哪里也有救”。
（Wo aber die Gefahr ist，wächst Das Rettende auch.）
（荷尔德林：《全集》第四卷，第190页）

也许任何不是从危险**所在之处**而来的其他的拯救都还无救。用无论多么好的补救方法来进行的任何拯救，对于本质上遭受危害的人，从其命运的长远处看来，都是一种不耐久的假象。拯救必须从终有一死的人的本质攸关之处

① 注意这里的“神圣”（das Heilige）与“美妙事情”（das Heile）之间的字面和意义联系。——译注

而来。是那些较早达乎贫困的深渊的终有一死者么？那么，终有一死的人中的这些佼佼者就会是最大胆冒险者。人的本质已比动植物冒险更甚，而这些佼佼者就会比这些贯彻意图的人的本质冒险更甚。

里尔克的诗第6行以下说：

> 不过吾人，更甚于动植物，
> 即**随**此冒险而行，意愿随行……

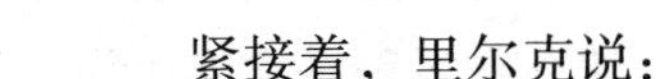

紧接着，里尔克说：

> 有时喜好冒险，甚于生命本身
> 秉气勇毅（绝非出于贪营私利）……

⑥ 生命的冒险

人不仅是在本质上比动植物冒险更甚。人甚至有时大胆冒险更甚于“生命本身”。“生命”在此意味着：在其存在中的存在者，即自然。人有时比冒险更大胆冒险，比存在者的存在更具存在特性。但是，存在乃是存在者的基础。凡比基础更加冒险者，就冒险入于一切基础破碎之处，即进入深渊。但如果人是意愿随行而随冒险而行的冒险者，那么，有时冒险更甚的人们也必须是意愿更甚。然而，有对这种意愿的超出有意的贯彻意图活动的无条件东西之外的提高吗？没有。那么，那些有时冒险更甚的人们，惟当他们的意愿在本质上不同时，才能意愿更甚。那样的话，意愿与意愿就不会马上同一。那出于意愿之本质而意愿更甚者，遵从意志更甚于遵从存在者之存在。他们更快地回应着那显示为意志的存在，他们意愿更甚，在于他们更具有意志。谁是那冒险更甚的更具有意志者呢？里尔克的诗看来没有对此问题以明确的回答。

诚然，第8—11行诗否定地并且约略谈到了那冒险更甚者。那冒险更甚者并非出于私利和为个体本己之故而冒险。他既非试图获得好处，也非沉溺于自私自利。尽管他们冒险更甚，但他们也不夸张任何显著功绩。因为他们冒险更甚只是凭这么一点点，即他们“……秉气勇毅……”。他们在冒险方面的“更”就有如游丝般难察的气息那样微少。从这种揭示中不难得出谁是冒险更甚者。

然而，诗的第10—12行道出了这种敢于超出存在者之存在的大胆冒险所带来的东西：

> “……超越一切保护，
> 这为吾人创造安全——正是在此
> 在纯粹之力的重力统辖之所……”

如同一切万物，我们也只是在存在之冒险中被冒险的存在者。但由于我们作为有意愿的东西随冒险而行，我们就更加冒险，从而更早地面临危险。当人自身固执于有意的贯彻意图活动，并且通过无条件的对象化把自身置于反敞开者的告别中之际，他本身就助长了自己的无保护性。

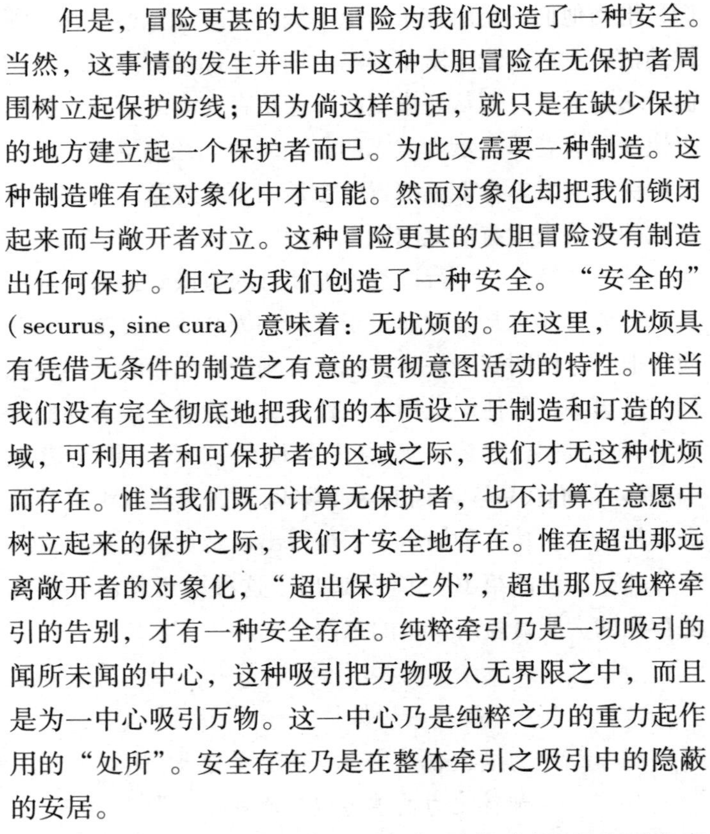

但是，冒险更甚的大胆冒险为我们创造了一种安全。当然，这事情的发生并非由于这种大胆冒险在无保护者周围树立起保护防线；因为倘这样的话，就只是在缺少保护的地方建立起一个保护者而已。为此又需要一种制造。这种制造唯有在对象化中才可能。然而对象化却把我们锁闭起来而与敞开者对立。这种冒险更甚的大胆冒险没有制造出任何保护。但它为我们创造了一种安全。“安全的”（securus，sine cura）意味着：无忧烦的。在这里，忧烦具有凭借无条件的制造之有意的贯彻意图活动的特性。惟当我们没有完全彻底地把我们的本质设立于制造和订造的区域，可利用者和可保护者的区域之际，我们才无这种忧烦而存在。惟当我们既不计算无保护者，也不计算在意愿中树立起来的保护之际，我们才安全地存在。惟在超出那远离敞开者的对象化，“超出保护之外”，超出那反纯粹牵引的告别，才有一种安全存在。纯粹牵引乃是一切吸引的闻所未闻的中心，这种吸引把万物吸入无界限之中，而且是为一中心吸引万物。这一中心乃是纯粹之力的重力起作用的“处所”。安全存在乃是在整体牵引之吸引中的隐蔽的安居。

冒险更甚的大胆冒险，比任何贯彻意图活动更有意愿，因为它是有意志的，为我们“创造”了在敞开者中的安全存在。“创造”意味着：汲取（schöpfen）。“从源泉中汲取”意思就是：接受喷涌出来的东西并把所接受的东西带出来。有意志之意愿的冒险更甚的大胆冒险并不制作任何东西。它接受并给出所接受者。它通过展开所接受者的全部丰富性而把所接受者带出来。冒险更甚的大胆冒险完成着，但它并不制造。只有一种冒险更甚的大胆冒险——就其是有意志的而言——才能在接受中完成。

第12—16行诗界定了那冒险更甚的大胆冒险之所在，这种冒险更甚的大胆冒险大胆进入对保护的超出，并在那里把我们带入安全存在。这种安全存在绝不消除无保护性，后者乃是凭借于有意的贯彻意图活动而被设立起来的。当人的本质完全献身于对存在者的对象化之际，人在存在者中间就是无保护的。如此这般地不受保护，人依然总是以缺乏的方式相关于保护，并因此处于保护之内。相反，安全存在超出任何与保护的关系之外，即“超出保护”之外。

相应地，看来仿佛是安全存在和我们对安全存在的获得这回事情要求一种大胆冒险，一种放弃任何与保护和无保护性的关系的大胆冒险。但也只是仿佛如此而已。实际上，如果我们从整体牵引的被锁闭的东西方面来思考，那么，我们最终就体会到，是什么最后——这也即：事先——把我们从无保护的贯彻意图的忧烦中解放出来（第12行以下）：

“……最终，庇护吾人的
乃吾人之无保护性……”

如若只有敞开者才提供庇护状态，而无保护性却处于持续不断的反敞开者的告别之中，那么，无保护性将如何庇护我们呢？唯有当那种反敞开者的告别被颠倒过来，从而使无保护性转向敞开者并进入敞开者中，无保护性才能庇护我们。因此，无保护性颠倒过来，就是庇护者。“庇护”（bergen）在此一方面意味着：对那种告别的颠倒实行着庇护；另一方面，无保护性本身以某种方式允许一种安全。那庇护我们的，

> “乃吾人之无保护性，
> 而且，当吾人看出它之逼近时，吾人将其改变
> 人于敞开者之中……

这里的“而且”过渡到一种说明，它告诉我们，这个异乎寻常的事情，即，我们的无保护性超出保护之外允诺我们一种安全存在这个事情，以何种方式是可能的。当然，无保护性从来都不是由于我们总是在它逼近我们时改变它而来庇护我们的。无保护性之庇护我们，只是因为我们已经改变了它。里尔克说：“吾人将其改变入于敞开者之中”。在已经改变这回事中，含着改变的一种特别方式。在我们已经把它改变之际，无保护性自始就作为整体在其本质上被改变了。这种改变的特别之处在于，我们已经看到了向我们逼近的无保护性。惟这种已经看到才看到危险。它看到，无保护性本身拿丧失对敞开者的归属性这回事来威胁我们。在这种已经看到中必定有已经改变这回事的根据。于是无保护性被改变而“入于敞开者之中”。由于已经看到了本质的危险，我们必定已经完成了对那种

反敞开者的告别的颠倒。这是因为：敞开者本身必定已经以那种我们得以把它转向无保护性的方式转向我们了。

"从而在一最宽广之轨道中
吾人为法则所触动而将其肯定"。

⑦ 最宽广的轨道

什么是最宽广之轨道？或许里尔克想的是敞开者，而且是根据一个特定方面来思考的。最宽广之轨道包括着全部存在者。环行（das Umkreisen）把所有存在者围成一体，而且是这样，即，在具有统一作用的一之中，环行就是存在者之存在。但何谓"存在着"（seiend）？诚然，诗人以"自然"、"生命"、"敞开者"、"整体牵引"等名称来命名存在者整体，甚至按形而上学的语言习惯把这一圆满的存在者整体命名为"存在"（das Sein）。但我们却经验不到存在的本质是什么。可是，当里尔克把存在命名为敢冒一切之险的冒险时，他难道于存在之本质无所道说么？确然！据此，我们也曾试图回过头去思考这种被命名的东西如何进入到存在者之存在的现代本质中，进入到求意志的意志之中。不过现在，当我们试图把这样被命名的东西思考为整体存在者，把环行思考为存在者之存在时，关于最宽广之轨道的谈论却根本没有告诉我们任何明确的东西。

作为思想者，我们理当记得，最早人们就是着眼于环行来思考存在者之存在的。但如果我们不是已经追问和经验到存在者之存在原初是如何发生的，那么我们对存在的这种球形特性的思考难免太草率马虎，始终只是表面化的。存在者整体（ἐόντα）的存在（ἐόν）被称为῞Εν，即具统一作用的一（das einende Eine）。但是，这个作为存在的基本特征的环行的一是什么呢？何谓存在？ἐόν，即存在着（seiend），意味着：在场着（anwesend），而且是在无蔽领域中在场着。但在在场中遮蔽着对那种让在场者作为这样一个在场者成其本质的无蔽状态的显示。而真正在场着的只是在场本身；在场本身处处作为自身处于它本己的中心之中，并且作为这个中心，在场就是球体。球形特性并不在于无所不包的循环，而在于那个照亮着庇护在场者的解蔽着的中心。一的球形特性和这个一本身具有解蔽着的照亮之特征，在此照亮范围内，在场者才能在场。因此之故，巴门尼德（残篇第八，第42行）把ἐόν，在场者之在场，命名为圆满的球体（εὔ κυκλοsσφαίρη）。这个圆满的球体被看作是在解蔽着和照亮着的一的意义上的存在者之存在。这个普遍地如此这般起作用的统一者促使我们把它称为照亮着的球壳；它作为解蔽着的球壳恰恰没有无所不包，而是本身照亮着释放到在场之中。对这一存在之球体及其球形特性，我们绝不可以对象性地加以表象。那么，它是非对象性的么？非也。这样说无非是遁入空话而已。我们必须根据在解蔽着的在场意义上的原初存在之本质来思考这一球形特性。

里尔克关于最宽广之轨道的话语指的是存在的这一球形特性吗？我们不仅毫无依据对之作肯定的回答，而且，把存在者之存在标画为冒险（意志），这完全对之作了一个否定的回答。但是里尔克本人有一次也谈到“存在之球体”，而且是在直接关涉到对“最宽广之轨道”这个说法的解释的语境中来谈论的。里尔克在1923年三王来朝节（1月6号）的一封信［参看《孤岛文学年鉴》（Inselalmanach），1938年第109页］中写道：“如同月亮一样，生活确实有不断规避我们的一面，但这并**不是**生活的对立面，而是对它的完满性和丰富性的充实，是对现实的美妙而圆满的空间和**存在**之球体的充实”。尽管我们不应强行把这种比喻关系套到对象性地加以描述的天体上去，但依然明显的是，里尔克在此并非从照亮着和统一着的在场意义上的存在方面来思考球体，而是根据全面丰富性意义上的存在者来思考的。这里所谓的“存在之球体”，也即存在者整体的球体，乃是敞开者，是无限制地相互充溢并因此相互作用的纯粹之力的被锁闭者。最宽广之轨道乃是吸引的整体牵引之整体性。这个最宽广的圆周相当于最强大的中心，纯粹之力的“闻所未闻的中心。”

把无保护性改变而入于敞开者之中，这说的是在最宽广之轨道中“肯定”无保护性。只有在轨道整体在各个方面不仅是完满的而且是均等的，并且本身已摆在我们面前，因而就是实在（Positum）——惟在这种地方，上述这种肯定才是可能的。唯有一种肯定而绝非一种否定才能适应它。即便是生命的规避我们的诸方面，只要它们存在，就必须肯定地予以看待。在上文已提及的1925年11月13日的信中，里尔克有这样的话：“死亡乃**生命的一**

面，它规避我们，被我们所遮蔽”（《慕佐书简》，第332页）。死亡和死者的领域是存在者整体的另一面。这一领域是“另一种牵引”，也即敞开者之整体牵引的另一面。在存在者之球体的最宽广轨道中存在着这样一些领域和位置，它们作为离开我们的东西看起来是某种否定的东西，但如果我们深入思考，看到一切都在存在者之最宽广的轨道之内的话，那么它们就不是某种否定的东西了。

从敞开者方面来看，无保护性作为反纯粹牵引的告别，似乎也是某种否定的东西。对象化的告别性的贯彻意图活动所到之处都意愿所制造的对象的持续因素，并且仅仅把这种持续因素当作存在者和肯定的东西。技术对象化的贯彻意图活动是对死亡的持久否定。通过这种否定，死亡本身成为某种否定的东西，成为绝对非持续的东西和虚无的东西。但是，当我们改变无保护性而入于敞开者之中时，我们便把它改变而入于存在者之最宽广轨道中——在此轨道范围内我们只能肯定无保护性。转变入于敞开者之中，这乃是放弃对存在者的否定性读解。但与死亡相比，还有什么更具存在者特性的呢？——按现代的说法，还有什么更确定的呢？在上面引用过的1923年1月6日的信中，里尔克说，关键是“不带否定意味地来读解‘死亡’这个词语”。

当我们把无保护性本身改变而入于敞开者之中，我们就在其本质上（即作为反整体牵引的告别）把它朝向最宽广的轨道。这里留给我们的只是肯定如此这般颠倒过来的东西。但这种肯定并不是把一种否定颠倒为一种肯定，而是把肯定的东西认作已经摆在眼前的东西和在场的东西。这样做，是由于我们使在最宽广之轨道中颠倒过来的无保护性归属到“法则触及吾人之处”。里尔克没有说“一个法则”。他也并非意指一个规则。他想的是“触及吾人”的东西。吾人是谁人？吾人是那意愿者，是以有意的贯彻意图的方式把世界设立为对象的意愿者。当我们从最宽广之轨道那里被触及时，此触及关涉到我们的本质。“触及”意味着：带入运动中。我们的本质被带入运动中。在触及中，意愿受到动摇，以至于只有意愿的本质才显现出来并且进入运动之中。于是乎，意愿才是一种有意志的意愿。

然而，那从最宽广之轨道而来触及我们的是什么呢？在我们自己对世界进行对象化的日常意愿中，什么东西把我们锁闭起来并禁止我们呢？那是另一种牵引——死亡。死亡乃是触及终有一死的人的本质的东西；死亡因而把终有一死的人投入通往生命之另一面的途中，从而把他们设入纯粹牵引的整体之中。死亡由此把终有一死者聚集入于已经被设定的东西的整体之中，入于整体牵引之实在（Positum）中。作为这种设定（Setzen）的聚集，死亡就是法则（Ge-setz），正如山脉乃是使群山进入它们的形态之整体的聚集一样。[①] 法则触及我们之处，乃是最宽广之

① “山脉”（Gebirg）把“群山”（Berge）聚集起来，类似地，死亡这种“法则”（Gesetz）把“设定”（Setzen）活动聚集起来。海氏在此从字面上强调了前缀“Ge-”的“聚集”之义。——译注

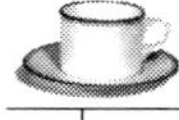

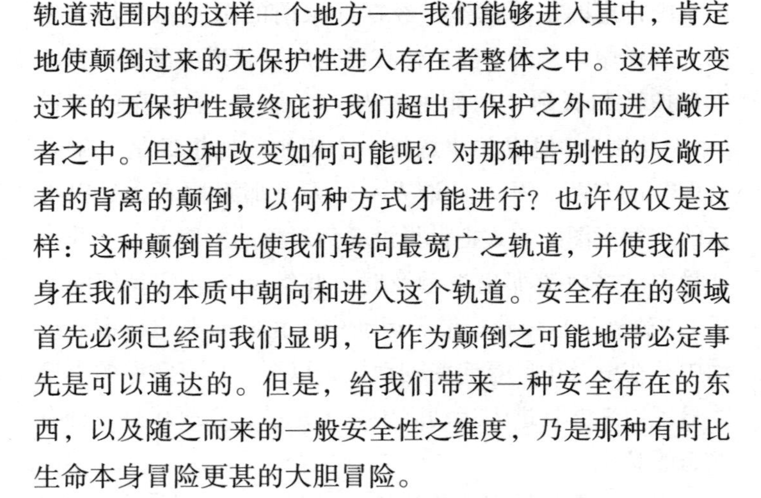

轨道范围内的这样一个地方——我们能够进入其中，肯定地使颠倒过来的无保护性进入存在者整体之中。这样改变过来的无保护性最终庇护我们超出于保护之外而进入敞开者之中。但这种改变如何可能呢？对那种告别性的反敞开者的背离的颠倒，以何种方式才能进行？也许仅仅是这样：这种颠倒首先使我们转向最宽广之轨道，并使我们本身在我们的本质中朝向和进入这个轨道。安全存在的领域首先必须已经向我们显明，它作为颠倒之可能地带必定事先是可以通达的。但是，给我们带来一种安全存在的东西，以及随之而来的一般安全性之维度，乃是那种有时比生命本身冒险更甚的大胆冒险。

不过，这种冒险更甚的大胆冒险并不是间或对我们的无保护性忙碌一番。它并非试图改变对世界的对象化的这种或那种方式。毋宁说，它转变无保护性本身。冒险更甚的大胆冒险根本上是把无保护性带入它自己的领域中。

如果无保护性在于以有意的贯彻意图活动为基础的对象化之中，那么无保护性的本质又是什么呢？世界的对象领域在表象着的制造中变成**持续的**。这种表象有所呈现(präsentieren)。但呈现出来在场的东西（das Präsente）是在一种具有计算方式的表象中呈现在场的。这种表象不知道任何直观的东西。物之外观的可直观因素消失了，即，提供给直接的感性直观的形象消失了。技术的计算性制造是一种“无形象的活动”（《杜伊诺哀歌》，第九首）。有意的贯彻意图活动在其筹划中，把对一味被计算的产物的计划置于直观形象之前。当世界进入由思想杜撰出来的产物的对象领域时，世界就被摆置到非感性的东西和不可见的东西中去了。这种持续的东西的在场归功于一种摆置（Stellen），这种摆置的活动属于思维体（res cogitans），也即意识。对象之对象性领域处于意识之中。对象领域中的不可见的东西归属于意识内在性的内在领域之中。

但是，如果无保护性是反敞开者的告别，而告别乃是植根于对象化的，此对象化归属于计算性意识的不可见东西和内在东西之中，那么，无保护性的本质范围就是意识的不可见东西和内在东西了。

不过，既然无保护性之被颠倒而入于敞开者之中的过程自始关涉到无保护性的本质，则这种对无保护性的颠倒就是一种对意识的颠倒，而且是**在**意识范围**之内**的颠倒。不可见东西和内在东西的范围规定了无保护性的本质，但也规定了把无保护性改变而入于最宽广的轨道的方式。因此，那本质上内在的东西和不可见的东西，必须转向那样一种东西去寻获它本身，这种东西自身只能是不可见东西中最不可见的东西和内在东西中最内在的东西。在现代形而上学中，不可见的内在东西的范围被规定为计算对象的在场（Präsenz）领域。笛卡尔把这一内在范围称为我思（ego cogito）的意识。

几乎与笛卡尔同时，帕斯卡尔发现了相对于计算理性之逻辑的心灵之逻辑。心灵世界的内在东西和不可见东西，不仅比计算理性的内在东西更内在，因而也更不可见，而且，它也比仅仅可制造的对象的领域伸展得更为深广。在心灵的不可见的最内在深处，人才切近于为他所爱者：祖先、死者、儿童、后人。这一切都属于最宽广之轨道，这个轨道现在显示自身为整个美妙的牵引的在场范围。虽然这种在场与那种计算性制造的习惯意识一样，也是一种内在性的在场，但是，非习惯意识的内在东西保持着一个内心世界，在此内心世界中，万物对我们来说超出了计算的数字性，并且能挣脱这种束缚而充溢地流入敞开者的无界限的整体之中。这种超出计数的流溢，就其在场方面说，乃源出于心灵的内在东西和不可见东西。《杜伊诺哀歌》吟唱人如何归属于敞开者，其第九首最后一句话就说："实存超出数字，源于吾人内心"。

存在者之最宽广轨道在心灵的内在空间中在场。世界整体在这里以其全部的吸引而进入同样本质性的在场中。对此，里尔克用形而上学的语言"实存"（Dasein）来表达。世界的整体在场乃是这个最广义的"世界实存"（weltisches Dasein）。这是表示敞开者的一个不同的名称，其不同是由于不同的命名方式，这种命名现在是就那种表象着和制造着的反敞开者的告别已经从计算意识的内在性倒转为心灵之内在空间而言，来思考敞开者。因此，适合于世界实存的心灵的内在空间也被叫做"世界的内在领域"（Weltinnenraum）。"世界的"意指存在者整体。

里尔克在1924年8月11日寄自慕佐的一封信中写道：

> “不管‘外部世界’多么广大，所有恒星间的距离也无法与**我们内心之深层维度**相比拟，这种深不可测甚至连宇宙的广袤性也难以与之相匹敌。因此，如果死者和后人都必需有一个居留之所，那么，还有**何种**庇护之所比这想像的空间更合适、更宜人呢？在我看来，似乎我们的习惯意识越来越局促于一座金字塔的顶尖上，而这金字塔的基础却在我们心中（并且以某种方式在我们底下）如此充分地扩展着，以至于我们越是深远地看到我们自己有能力进入这个基础，我们就越是普遍地显得进入了那些东西中，它们独立于时空，它们是尘世的，在最广义的理解上，就是**世界**实存的东西”。

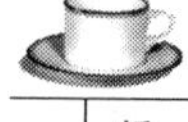

相反的，世界之对象领域仍然在表象中被计算，这种表象把时间和空间当作计算的量，并对时间的本质和对空间的本质同样一无所知。即便是里尔克，也没有对世界内在空间的空间性作更深的思考，甚至也没有追问，给予世界之在场以居留之所的世界内在空间究竟是否随着这种在场而建基于一种时间性；这种时间性的本质性的时间与本质性的空间一起构成了那种时－空的原始统一体，而存在本身就是作为这种时－空成其本质的。

然而，里尔克试图在现代形而上学的球形特性的范围内，也即在作为内在的和不可见的在场领域的主体性领域的范围内，去理解由人的自身贯彻意图的本质建立起来的无保护性，认为这种无保护性本身作为颠倒了无保护性，庇护着我们进入最宽广之世界内在空间的最内在和最不可见的东西之中。无保护性本身有所庇护。因为，作为内在和不可见的东西，它给予其本质以一个暗示，即关于反敞开者的告别的一种颠倒的暗示。这种颠倒指向内在东西之更内在的东西。对意识的颠倒因而就是一种内在回忆，即，使表象之对象的内在性进入心灵空间内的在场之中的内在回忆（Er-innerung）。[①]

⑧ 世界的内部

只要人一味地献身于有意的贯彻意图活动，那么，就不光人本身是无保护的，而且物也是无保护的，因为物已成了对象。虽然这里也有一种使物入于内在的东西和不可见的东西之中的转换，但是这种转换是用被计算的对象的在思想上杜撰出来的产物来取代物的衰弱。这些对象为了使用的目的而被制造出来。对象愈是快速地被使用，就愈是有必要更急速和更轻便地去取代它们。那在对象性的物的在场中持存的东西（das Bleibende），并非物在它们自身特有的世界之中的自持（das Insichberuhen）。作为单纯的利用的对象，被制造的物中的持续的东西乃是替代品（Ersatz）。

① 以字面直译，“内在回忆”（Er-innerung）可作“使内在化”。——译注。

正如在对象性居有优势地位的情况下，我们熟悉的物的消失归因于我们的无保护性，同样地，我们的本质的安全存在也要求把物从单纯的对象性中拯救出来。这种拯救乃在于：让物能够在整体牵引的最宽广之轨道范围内居于自身之中，也即能够无限制地居于相互之中。也许连对我们的无保护的改变也必须开始进入处于世界内在空间之内的世界实存（Dasein）之中，这样做所凭借的是，我们把对象性的物的易逝的、因而短暂的因素，从一味制造着的意识的内在领域和不可见领域，转变而入于心灵空间的真正内在领域中，并使它在那里不可见地产生出来。因此，里尔克在1925年11月13日的信（《慕佐书简》第335页）中写道：

> "……我们的任务是使这一短暂易逝的大地如此深刻、如此痛苦和如此热情地依存于我们自身，从而使它的本质重新在我们身上'不可见地'产生。**我们是不可见者的蜜蜂**。Nous butinons eperdument le miel du visible, pour l' accumuler dans la grande ruche d' or de l' Invisible"。（我们不息地采集可见者的蜂蜜，将它储入不可见者的一只巨大的金色蜂箱之中。）

内在回忆把我们的唯求贯彻意图的本质及其对象转变入心灵空间之最内在的不可见领域中。在这里，一切都是内向的：不仅一切都始终转向了意识的这种真正内在领域，而且在这种内在领域内，每一物都毫无限制地转向我们而进入另一物之中。世界内在空间的内向性（das Inwendige）为我们清除了对敞开者的限制。唯有我们如此这般内向地（inwendig）——即从心里（par coeur）——持有的东西，才是我们真正外向地（auswendig）知道的。[①] 在这一内向领域中，我们才是自由的，才超出了与那些仅仅在表面上具有保护作用的、在我们周围被摆置的对象的关系之外。在世界内在空间的内向领域中，有一种超出保护之外的安全存在。

可是，我们总是要问：那种使意识的业已内在的对象进入心灵的最内在领域中的内在回忆是如何可能发生的？内在回忆关涉到内在的东西和不可见的东西。因为无论是被回忆者，还是被回忆者之所向，都具有这种本质。内在回忆乃是颠倒那种告别而达于敞开者的最宽广之轨道中。而在终有一死的人中间，谁能够作这种颠倒着的回忆呢？

诚然，里尔克在诗中说，我们的本质的安全存在之所以被带向我们，是由于人“有时喜好冒险……，甚于生命本身，秉气勇毅……”。

但这些冒险更甚者所冒何险？看来，诗没有给出答案。因此，我们试图在运思之际直面这首诗；同时，我们要另外引用一些诗作，从中求得援助。

---

① 这里取直译。在日常德语中，etwas inwendig und auswendig wissen 有“清楚地知道某事”之意。注意“内向的”、“外向的”与动词 wenden（转向、转变）的字面联系。——译注

我们要问：那比生命本身即比冒险本身或存在者之存在本身冒险更甚的冒险者，还能冒何种险？无论在何种情形下，无论在哪一方面，所冒险者必以这样一种方式存在，即，就它是一个存在者而言，它关涉到每一个存在者。具有这种方式的乃是存在（das Sein），而且，这个存在不是其他方式中的任何一种特殊方式，而是存在者之为存在者的方式。

如果存在是存在者的无与伦比的东西，那么，存在还能被什么超过呢？只能被它自身，只能被它本己的东西，而且是以它特别地进入其本己之中的方式。那么，存在就是绝对超出自身的无与伦比的东西了，即，绝对超越者（transcendens schlechthin）。但是这种超越并非越过去和转向另一东西，而是回归到它本身，并且归入其真理的本质之中。存在本身穿越这一回归，并且存在本身就是这一回归的维度。

当我们思这一点之际，我们便在存在本身中体会到：在存在中有一个为存在所固有的“更甚”（mehr），因而有这样一种可能性，即，在存在被思为冒险之处，那冒险更甚者也能比存在本身冒险更甚——只要我们惯常是从存在者方面来表象存在的。存在作为存在本身穿越它自己的区域，此区域之被标划（τέμνειν，tempus），乃由于存在是在词语中成其本质的。语言是存在之区域——存在之圣殿（templum）；[①] 也即说，语言是存在之家（Haus des

① 拉丁文 templum 一词有“界限、划界、场所、圣殿”等义。——译注

Seins)。语言的本质既非意味所能穷尽，语言也绝不是某种符号和密码。因为语言是存在之家，所以我们是通过不断地穿行于这个家中而通达存在者的。当我们走向一口井，当我们穿行于森林中，我们总是已经穿过"井"这个词语，穿过"森林"这个词语，哪怕我们并没有说出这些词语，并没有想到语言方面的因素。从存在之圣殿（Tempel）方面来思考，我们能够猜断，那些有时冒险更甚于存在者之存在的冒险者所冒何险。他们冒存在之区域的险。他们冒语言之险。一切存在者，无论是意识的对象还是心灵的物，无论是自身贯彻意图的人还是冒险更甚的人，或所有的生物，都以各自的方式作为存在者存在于语言之区域中。因此之故，无论何处，**唯有在这一区域中**，从对象及其表象的领域到心灵空间之最内在领域的回归才是可完成的。

就里尔克的诗而言，存在者之存在是在形而上学上被规定为世界性的在场的，这种在场始终关涉于意识中的表现（Repräsentation），不论此种意识是具有计算着的表象的内在性特性，还是具有那种进入心灵可通达的敞开者之中的内在转向的特性。

整个在场范围是在道说（Sagen）中现身的。制造活动的对象事物处于理性的计算性命题和原理的陈述之中。此理性从命题到命题不断延续。自身贯彻意图的无保护性领域被理性统治着。理性不仅为其道说，为作为说明性谓词的逻各斯（λóγos），建立了一个独特的规则系统，而且理性的逻辑本身就是对在对象领域中进行的有意的贯彻意图活动的统治的组织化。在对对象性表象的颠倒中，心灵的逻辑吻合于内在回忆之道说。这两个领域都被形而上学所规定，其中都是由逻辑起着支配作用。因为内在回忆大抵是要出于无保护性本身并且超出保护之外而创造一种安全存在。这种庇护关涉人，关涉人这种具有语言的生物。人具有语言。在被形而上学烙印了的存在范围内，人以这样一种方式拥有语言，即，人自始而且一味地只把语言当作一种所有物，从而把它当作人的表象和行为的依据。正因此，作为推理工具的道说，逻各斯（λόγος）就需要逻辑来加以组织。惟在形而上学中才有逻辑。

但是，当人在创造一种安全之际被整个世界内在空间所触及时，人本身就在其本质上被触及了，这是因为，作为自我意愿者的人已经是道说者了。然而，就一种安全存在的创造出于那冒险更甚者而言，那冒险更甚者必定是带着语言而冒创造之险的。冒险更甚者冒道说之险。但是，如果这一冒险的区域，即语言，以无与伦比的方式属于存在，超出存在和在存在之外不可能有其他方式，那么，那道说者必须道说的东西应该向何处被道说呢？这些道说者的道说关涉到对意识的回忆着的颠倒，此种颠倒改变我们的无保护性入于世界内在空间的不可见领域。他们的道说因为关涉着颠倒，所以不光是出于两个领域来说，而且出于这两个领域的统一性来说——就此两者的统一性已经作为救渡的一体化（die rettende Einigung）发生出来而言。因此，在存在者之整体被思为纯粹牵引的敞开者之际，那回忆着的颠倒必定是一种道说；这种道说向一个生灵道说它要道说的，那个生灵已经在存在者之整体中安全地存在，因为他已经完成了对被表象的可见物向心灵中不可见领域的转换。这个生灵被吸入存在之球的这一面和另一面的纯粹牵引之中。对这个生灵来说，几乎不再有牵引之间的界限和差异；这个生灵掌握了最宽广之轨道的闻所未闻的中心，并且让这一中心显现出来。在里尔克的《杜伊诺哀歌》中，这个生灵乃是天使。“天使”这个名字是里尔克诗中的又一基本词语。这个名字与“敞开者”、“牵引”、“告别”、“自然”一样，也是一个基本词语，因为在这个名字中所说出的东西，乃是从存在方面来思考的存在者整体。在1925年11月13日的一封信中，里尔克写道：

> “《哀歌》中的天使乃是这样一种造物，在他身上，我们所做的把可见领域转化入不可见领域的工作看来已经完成了……《哀歌》中的天使是这样一种生灵，它保证我们在不可见领域中去认识现实的更高秩序。”
>
> （《慕佐书简》，第337页）

唯有根据一种对主体性之本质的更原始的阐明，我们才能表明：在现代形而上学之完成过程中，与这样一种生灵的关系如何属于存在者之存在，以及里尔克的天使和尼采的查拉图斯特拉形象，如何在内容上尽管有诸多差异，但**在形而上学上**却是**同一个东西**。

里尔克的这首诗把存在者之存在，亦即自然，思为冒险。任何存在者皆进入一种冒险而有所冒险。作为所冒险者，任何存在者都处于天平之上（auf der Wage）。这一天平乃是存在时时衡量存在者的方式，也即存在把存在者保持在衡度（Wagen）的运动中的方式。任何所冒险者都处于危险中。存在者的领域，可以按它们对天平的关系的种类来加以区分。着眼于天平方面，天使的本质也必定可得到明确的说明——假如它在整个领域中乃是高级的存在者的话。

动植物在“其阴沉之趋的冒险”中被无忧烦地保持到敞开者之中。动植物的形体并没有使它们迷惘混乱。这些生物为它们的本能所衡度而进入敞开者之中。虽然它们也始终遭受到危险，但并非在它们的本质上遭受到危险。动植物如此这般处于天平之上，以至于这个天平始终处于一种安全存在的宁静之中。动植物冒险入于其中的天平，还没有到达那个本质性的、因而持久的非镇静领域（das Ungestillten）。即使是天使在其中冒险的天平，也仍然外在于那个非镇静领域；但这并非因为天使尚未属于非镇静领域，而是因为天使不再属于非镇静领域。根据天使之无形体的本质，可能的迷乱就由于可见的感性因素而转化为不可见的东西。由于在世界内在空间范围内的那两个领域得到平衡的统一体的已镇静的宁静，天使才成其本质。

⑨ 有意的贯彻意图者

与之相反，人作为有意的贯彻意图者，已冒险而进入无保护性之中。在如此这般冒险的人的手中，危险的天平本质上是非镇静的。以自身为意愿的人处处把物和人当作对象事物来计算。被计算的东西成了商品。万物不断地被改换入新的秩序中。反纯粹牵引的告别在不断衡量着的天平的非镇静中建立自身。在对世界的对象化中，告别违背自身的意图而推动了那种反复无常的事情。如此这般进入无保护者而冒险，人就活动于“商业”和“交换”的媒介中。贯彻意图的人靠投入他的意愿这种赌注为生。人根本上是在金钱和通用价值的变化中拿他的本质冒险。作为这种持久的交易者和中介者，人就是“商人”。他不断地衡量和度量，却不知道物的真正重量。他也从不知道他本身的真正重量和优势。里尔克《后期诗》中的一首诗（第21页以下）这样说道：

“呵，有谁知道他自身中的优势！
是温存？是畏惧？
是目光？是声音？还是书本？”

但同时，由于人把无保护性本身转变入于敞开者之中，并把它转换入不可见者的心灵空间中，所以人能外在于保护，创造“一种安全存在”。这种情况一旦发生，则无保护性的非镇静的东西就转向那种地方，在那里，有一个生灵在世界内在空间的平衡了的统一性中显现出来；这个生灵使那个统一体的统一方式显露出来，并因此把存在表现出来。于是，危险的天平就出于计算性意愿的领域而转向天使。在里尔克晚年，有四句诗显然是为着手筹划一首较长的诗而写的。眼下我们无需对这四句诗说更多的话。这四句诗是这样的（《全集》，第三卷，第438页）：

“当天平挣脱商人之手
移交给那个天使
天使便用空间的均衡
给它抚慰，给它安全……”

均衡的空间乃是世界内在空间，因为它给予世界性的敞开者整体以空间。因此，它就允诺此一牵引和彼一牵引，使它们的具有统一作用的统一体显现出来。这个统一体作为存在的美好球体，包围了存在者的一切纯粹之力，因为它绕遍一切生灵，无限地解放它们。当天平移交时，这种事情就出现了。天平何时移交呢？谁使天平从商人那里移交给天使呢？倘这样一种移交根本上实现了，那么，它就是在天平的区域中发生的。天平的要素乃是冒险，是存在者之存在。我们曾专门将存在之区域思为语言。

当代人的习惯生活，乃是交换者在无保护的市场上进行贯彻意图活动的寻常生活。相反，把天平移交给天使的过程却非同寻常。它甚至是在这样一种意义上非同寻常，即，它不光是任何规则的例外，而且它着眼于人的本质，把人置于保护和无保护的规则之外。正因为如此，这种移交只是“有时”发生而已。“有时”一词在此绝不意味着偶然和任意。“有时”的意思倒是：罕见地，在一正确时间、在唯一的场合以唯一的方式。天平从商人那里转向天使，也即对告别的颠倒，是作为进入世界内在空间的内在回忆来发生的，在那时，那些“有时冒险更甚者……，秉气勇毅……”。

因为这些冒险更甚者随存在本身大胆冒险，并因而自身大胆冒险进入存在之区域，即语言之中，所以他们便是道说者。不过，难道不正是人才按其本质具有语言，而且不断地随语言大胆冒险吗？确然？那么，甚至在惯常方式中的意愿者也已经在计算着的制造中冒道说之险了。当然罗！但这样一来，冒险更甚者却不可能仅只是道说者而已。冒险更甚者的道说（das Sagen）必须特别地冒道说（die Sage）之险。① 只有当他们是道说更甚者之际，冒险更甚者才成其所是。

如果我们在表象着和制造着的对存在者的关系中同时采取陈述的态度，那么，这样一种道说就不是所意愿的东西。陈述始终是途径和手段。与此相区别，有一种道说（Sagen）真正进入道说（Sage）之中，但却没有对语言进行反思——这种反思甚至也要把语言当作一个对象。进入道说（Sage）之中，乃是一种道说（Sagen）的标志，这种道说跟随那有待道说的东西，目的只是为了去道说此种东西。如此看来，那有待道说的东西理当是那种本质上属于语言之区域的东西。在形而上学上看来，这种东西乃是

① 前一“道说”（das Sagen）为动名词，后一“道说”（die Sage）为名词。——译注

存在者整体。存在者整体的整体性乃是纯粹牵引的完好无损，乃是敞开者的美妙，因为它为人设置空间。这事情发生在世界内在空间中。当人在颠倒着的内在回忆中转向心灵空间时，这个世界内在空间便触及于人。冒险更甚者把无保护性的不妙的东西转变入世界实存的美妙之中。美妙的世界实存就是有待道说的东西。在道说中，这种有待道说的东西自身朝向了人。冒险更甚者乃是那些具有歌者之方式的道说更甚者。他们的吟唱（Singen）背离了一切有意的贯彻意图活动。这不是什么欲望意义上的意愿。他们的歌唱（Gesang）不谋求任何被制造的东西。在歌唱中，世界内在空间为自己设置空间。这些歌者的歌唱既非任何招徕张扬，亦非任何手艺行业。

那些冒险更甚者的道说更甚的道说乃是歌唱。但是——

“歌唱即实存”。

（Gesang ist Dasein）

《致奥尔弗斯十四行诗》第三首的第一部分如是说。这里，“实存”（Dasein）一词是在“在场”（Anwesen）这一传统意义上作为“存在”（Sein）的同义词来使用的。吟唱，真正去道说世界实存，是从整体的纯粹牵引的美妙方面去道说，而且只是道说这种美妙。吟唱意味着：归属到存在者本身的区域中去。这一区域作为语言之本质乃是存在本身。唱歌（den Gesang singen）意味着：在在

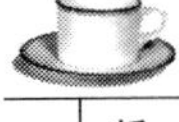

场者本身中在场——歌唱即实存。

但是，道说更甚的道说也只是有时发生，因为只有冒险更甚者才能作这般道说。因为这种道说始终是艰难的。其艰难在于：去完成实存。其艰难不仅在于难以构成语言作品，而且也在于，难以从对事物的一味贪婪的观看的言说作品，从视觉作品，转向“心灵的作品”。歌唱是艰难的，因为吟唱不再可以是招徕张扬，而必须是实存。对于无限地栖留于敞开者中的奥尔弗斯神来说，歌唱唾手可得，但对于我们人来说却并非轻巧之事。因此之故，上面所说的那首十四行的第二节问道：

“但我们何时**存在**？”

这诗句的重音放在“存在”上，而没有放在“我们”上。我们无疑也是一个存在者，而且就此而言，我们在场着，这是不成问题的。但是依然值得追问的是：何时我们如此这般存在，以至我们的存在就是歌唱，而且此种歌之吟唱并非四处轰响，而倒真正地是一种吟唱，它的实现并不等于最终收获，而是在唱出之际已经毁灭自身，从而唯有那被吟唱者本身才成其本质。当人是比存在者本身冒险更甚的冒险者时，人才是如此这般的道说更甚者。据里尔克的诗，这些冒险更甚者乃是“秉气勇毅……”。我们引用的那首十四行诗的结尾写道：

“在真理中吟唱，乃另一种气息。

此气息无所为。它是神灵，是风”。

赫尔德尔在《人类历史哲学之观念》一书中写道：“我们口中的一种气息变成世界的图画，变成我们思想的类型和进入另一个灵魂的情感的类型。在一丝流动的空气中，寄托着人性的一切，那在大地上的人所曾思考过和意欲过的一切，做过和将做的一切；因为，要不是这种神圣的气息已经在我们周围吹拂，要不是它已经像魔音一般回旋于我们的唇际，我们所有的人恐怕还在森林中游荡”。（《全集》，苏弗安编，第十三卷，第140页以下）

那冒险更甚者所凭籍的气息，并非仅仅而且并非首先意指一种因为稍纵即逝而几乎不能觉察的区别尺度，而倒是直接意味着词语和语言之本质。那些秉一气息而大胆冒险者，是随语言而大胆冒险。他们是道说更甚的道说者。因为那些冒险更甚者所秉的这一气息，不仅仅是一般道说，不如说，这一种气息是与其他的人类道说完全不同的另一种气息，另一种道说。这另一种气息，不再追求这种或那种对象事物，它是一种无所求的气息。歌者之道说道说着世界实存的美妙整体，此世界实存在心灵的世界内在空间中无形地为自己设置空间。这歌唱甚至并不首先追随那有待道说的东西。歌唱乃是入于纯粹牵引之整体的归属（Gehören）。吟唱是由完满自然之闻所未闻的中心的风的吸引来引发的。歌唱本身乃是——“风”！

因此，里尔克的这首诗毕竟诗意地道明了，谁是那种冒险更甚于生命本身的冒险者。他们是“秉气勇毅……”

的人。在诗中，“秉气勇毅”这句诗后面加了六个点。这六个点道出默然不表的东西。

冒险更甚者是诗人，而诗人的歌唱把我们的无保护性转变入敞开者之中。因为他们颠倒了反敞开者的告别，并且把它的不妙东西回忆入美妙整体之中，所以，他们在不妙（das Unheile）中吟唱着美妙（das Heile）。回忆着的颠倒已经超过了反敞开者的告别。这种回忆着的颠倒乃在“一切告别之前”，并且在心灵的世界内在空间中战胜了一切对象事物。颠倒着的内在回忆乃是大胆冒险，它出于人的本质而自行冒险，因为人具有语言而且是道说者。

但是，现代人却被称为意愿者。冒险更甚者意愿更甚，因为他们是以一种与世界对象化的有意的贯彻意图活动不同的方式意愿着。他们的意愿绝不意愿后一种方式。倘意愿依然只是贯彻意图，他们就无所意愿。在此意义上，他们无所意愿，因为他们更有意志。他们更快地响应于意志；而意志作为冒险本身，把一切纯粹之力吸引到自身那里——作为敞开者的纯粹整体牵引的自身那里。冒险更甚者的意愿乃是道说更甚者的意志（das Willige）；道说更甚者是决断的，不再在反意志——作为存在而意愿着存在者的意志——的告别中锁闭起来。[①] 冒险更甚者的有意志的本质道说更甚地去道说（用《杜伊诺哀歌》第九首的话讲）：

① “决断的”（entschlossen）或可译为“展开的”；注意它与“锁闭的”（verschlossen）的词根联系。——译注

大地，你所意愿的难道不是——
不可见地在我们心中苏醒？
你的梦想，难道不是想有朝一日成为不可见的？
大地！不可见的！
要不是这种再生，
你急切的召唤又是什么？
大地，亲爱的大地！我要！

在世界内在空间的不可见的东西中，作为其世界性统一体的天使显现出来了；在这里，世界性存在者的美妙成为可见的。唯有在美妙事情的最宽广之轨道中，神圣才能显现出来。作为冒险更甚者，诗人在走向神圣之踪迹的途中，因为他们能体会不妙之为不妙。他们在大地之上歌唱着神圣。他们的歌唱赞美着存在之球的完好无损。

不妙之为不妙引我们追踪美妙事情。美妙事情召唤着招呼神圣。神圣联结着神性。神性将神引近。[①]。

冒险更甚者在不妙事情中体会着无保护性。他们为终有一死的人带来消逝的诸神的踪迹，即，消逝在世界黑夜之黑暗中的诸神的踪迹。作为美妙事情的歌者，冒险更甚者乃是“贫困时代的诗人”。

---

① 中译未能显明“不妙（事情）”（Unheil）、“美妙（事情）”（Heile）与“神圣”（das Heilige）诸词语之间的联系；在此并可注意“神圣”（das Heilige）、“神性”（das Göttliche）和“神”（der Gott）之间的“秩序”关系。——译注

这种诗人的标志在于：诗的本质对他们来说是大可追问的，因为他们诗意地追踪着他们必须道说的东西。在对美妙事情的追踪中，里尔克得以达到诗人的问题：何时才有本质性的歌唱？这个问题并不在诗人道路的开端处，而是在里尔克的道说达到诗人总体的诗人天职之际——这个诗人总体应合着后继的世界时代。这个世界时代既非一种沉沦，亦非一种没落。作为命运（Geschick），这个世界时代基于存在中，并且要求着人类。

荷尔德林是贫困时代的诗人的先行者。因此之故，这个世界时代的任何诗人都超不过荷尔德林。但先行者并没有消失于未来；不如说，他出于未来而到达，而且，唯有在他的词语之到达中，未来才现身在场。到达（die Ankunft）越是纯粹地发生，持存（das Bleiben）便越是本质性地现身。到来者越是在先行道说（die Vorsage）中隐藏自己，到达就越是纯粹。因此，那种看法——即认为，惟当有朝一日“全世界”都听到他的诗歌时，荷尔德林的时代才会到来——恐怕是错误的。在这种畸形的看法中，荷尔德林的时代是永远不会到来的；因为，正是世界时代自身的贫困给世界时代提供了力量，凭这种力量，它——不知其所为地——阻碍荷尔德林的诗成为合乎时代的诗。

先行者是不可超越的，同样地，他也不会消逝；因为他的诗作始终保持为一个曾在的东西（ein Ge-wesenes）。到达的本质因素把自身聚集起来，返回到命运之中。以此方式永不陷入消逝过程中的东西，自始就克服了任何消逝性。那一味地消逝的东西甚至在它消逝之前就是无命运的东西。相反的，曾在的东西则是有命运的。在被认为是永恒的东西中，无非是隐匿着一个被悬置起来的消逝者，它被悬置在一种停滞的现在的虚空之中。

如果里尔克是“贫困时代的诗人”，那么，也只有他的诗才能回答这样的问题：诗人何为？诗人的歌唱正在走向何方？在世界黑夜的命运中，诗人何所皈依？世界黑夜的命运决定着：在里尔克的诗中，什么东西保持为命运性的。

（孙周兴　译）

2. 荷尔德林和诗的本质

【纪念阵亡于1916年12月14日的诺伯特·封·海林格拉特】①

五个中心诗句

（1）做诗乃是最清白无邪的事情。（Ⅲ，377）

① 本文系作者1936年4月2日在罗马的演说，同年刊于《内在王国》杂志；1937年在慕尼黑出单行本；1951年收入作者《荷尔德林诗的阐释》一书，由维多里奥·克劳斯特曼出版社（美茵法兰克福）出版。中译文据该书1981年第五版（增补版）。《荷尔德林诗的阐释》现被辑为海德格尔《全集》第四卷。——编者

（2）因此人之秉有词言，
乃最危险的财富……
人借语言见证其本质……（Ⅳ，246）

（3）人之体验也多。
自吾人是一种对话，
且能彼此倾听，
天神多得命名。（Ⅳ，343）

（4）而诗人创建持存。（Ⅳ，63）

（5）充满劳绩，然而人诗意地，
栖居在这片大地上。（Ⅶ，25）

为了揭示诗的本质，我们为什么要选择**荷尔德林**的作品？为什么不选荷马或索福克勒斯，不选维吉尔或但丁，不选莎士比亚或歌德呢？按说，在这些诗人的作品中，同样也体现出诗的本质，甚至比在荷尔德林的过早地蓦然中断了的创作活动中更为丰富地体现出来了。

也许是这样。但我们只选荷尔德林。然而在唯一的一个诗人的作品那里我们竟能读解出诗的普遍的本质吗？普遍意味着有广泛的适合性。但我们唯有在一种比较考察中才能获得这种普遍。为此目的，就需要罗列出诗和诗的种类的最大可能的多样丰富性。而荷尔德林的诗无非是这许多诗和诗的种类中的一种而已。这样的话，荷尔德林的诗就绝对不足以单独地充当规定诗之本质的尺规。因此我们的计划一开始就出了差错。的确如此——只要我们把“诗的本质”理解为纠集于某个普遍概念中的东西，然后认为这个普遍概念乃是千篇一律地适合于所有诗歌的，那么情形就会是这样。不过，这个普遍，这个如此这般毫无二致的适合于一切特殊的普遍，始终是那种无关紧要的东西，是那种“本质”，它绝不可能成为本质性的因素。但我们恰恰是在求索本质的这一本质性因素，它迫使我们去作出决断：从今以后，我们是否和如何严肃地对待诗，我们是否和如何具有了前提条件而得以置身于诗的权力范围中。

我们之所以选择了荷尔德林，并不是因为他的作品作为林林总总的诗歌作品中的一种，体现了诗的普遍的本质，而仅只是因为荷尔德林的诗蕴含着诗意的规定性而特别地诗化（dichten）了诗的本质。在我们看来，荷尔德林在一种别具一格的意义上乃是**诗人的诗人**（der Dichter des Dichters）。所以，我们把他置于决断的关口上。

但是——作关于诗人的诗（über Dichter dichten），这难道不是标志着一种误入歧途的自我反映同时承认了在世界之丰富性方面的匮乏吗？作关于诗人的诗，这难道不是一种束手无策的虚张声势，某种事后的东西，一个终结吗？

下面的内容将给出答案。无疑，我们借以赢获答案的道路乃是一条权宜之路。或许必须在一个统一的进程中来解释荷尔德林的具体诗作；但我们在此不可能如此作为。我们仅只来思考诗人关于诗的五个中心诗句。这五个中心诗句的确定次序及其内在联系将会把诗的本质性的本质端到我们眼前。

① 最清白无邪的事情

在1799年1月致诗人母亲的一封信中，荷尔德林提到做诗乃是“最清白无邪的事情”（Ⅲ，377）。何以做诗（Dichten）是“最清白无邪的”呢？做诗显现于**游戏**的朴素形态之中。做诗自由地创造它的形象世界，并且沉湎于被构想之物的领域之中。从而这种游戏逸离于决断的严肃性；而在任何时候，决断总是这样或那样地是有罪的。所以做诗是完全无害的。同时做诗也是无作用的；因为它不过是一种道说和谈话而已。做诗压根儿不是那种径直参与现实并改变现实的活动。诗宛若一个梦，而不是任何现实，是一种词语游戏（Spiel in Worten），而不是什么严肃行为。诗是无害的、无作用的。还有什么比单纯的语言更无危险的呢？诚然，我们通过把诗理解为“最清白无邪的事情”，还没有把握到诗的本质。但或许借此获得了一个暗示，指示我们必须到何处去求索诗的本质。诗在语言的领域中并且出于语言的“质料”来创造它的作品。荷尔德林关于语言说了些什么呢？我们且来听听诗人的第二个诗句。

② 最危险的财富

在与上面所引的那封信同一个时期（1800年）写的一个残篇草稿中，荷尔德林如是说：

> 而人居于蓬屋茅舍，粗布裹体，自惭形秽，但是更真挚地，也更细心地，人保藏着精神，一如女巫保持神圣的火焰；此乃人的理智。因此之故，人肆意地命令，完成更高的权能，以抵御类似诸神之物；因此之故，人之秉有语言，乃最危险的财富。人借语言而创造、毁灭、沉沦以及向永生之物返还，向主宰和母亲返还，人借此见证其本质，受惠于语言，领教于语言，语言之最神圣的东西，守护一切的爱（Ⅳ，246）。

语言既是“最清白无邪的事情”的领域，又是“最危险的财富”。这两者如何合在一起了？我们先压下这个问题，而来沉思以下三个先行的问题：一、语言是谁的财富？二、何以语言乃最危险的财富？三、在何种意义上语言竟是一种财富。

我们首先要注意这句关于语言的诗句的出处：是在一首诗的草稿中，这首诗要道说与自然界的别的生灵相区别的人是谁；所指出的别的生灵有玫瑰、天鹅、林中小鹿（Ⅳ，300和385）。所以在把植物与动物作了比较之后，上面这个残篇就以“而人居于蓬屋茅舍”开始了。

人是谁呢？是必须见证他之所**是**的那个东西。见证一方面意味着一种证明；但同时也意味着：为证明过程中的被证明者担保。人之成为他之所是，恰恰在于他对本己的此在的见证。这种见证在此的意思并不是一种事后追加的无关痛痒的对人之存在的表达，它本就参与构成人之此在。但人见证什么呢？见证人与大地的归属关系。这种归属关系也在于：人是万物中的继承者和学习者。但这两者处于冲突之中。使冲突中的事物保持分离而同时又把它们结合起来的东西，荷尔德林称之为“亲密性”（Innigkeit）。由于创造一个世界和世界的升起，同样由于毁灭一个世界和世界的没落，对这种亲密性的归属关系就得到了见证。人之存在的见证以及人之存在的本真的实行，乃是由于决断的自由。决断抓获了必然性，自身进入一个最高要求的约束性中。入于存在者整体的归属关系的见证存在（Zeugesein）发生为历史。但为了历史成为可能，语言就被赋予给人。语言乃人的一个财富。

然而，何以语言是“最危险的财富”呢？语言是一切危险的危险，因为语言才创造了一种危险的可能性。危险乃存在者对存在的威胁。而人唯凭借语言才根本上遭受到一个可敞开之物（Offenbaren），它作为存在者驱迫和激励着在其此在中的人，作为非存在者迷惑着在其此在中的人，并使人感到失望。惟语言才创造了存在之被威胁和存在之迷误的可敞开的处所，从而才创造了存在之遗失（Seinsverlust）的可能性，这就是——危险，但语言不光是危险之危险，在语言自身中也必然为其本身隐藏着一个持续的危险。语言的使命是在作品中揭示和保存存在者之为存在者。在语言中，最纯洁的东西和最晦蔽的东西，以及混乱的和粗俗平庸的东西，都同样达乎词语。的确，为了便于得到理解而成为所有的人的共同的财富，甚至本质性的词语也不得不成为平凡粗俗的。有鉴于此，荷尔德林在另一个残篇中写道：“你向神圣诉说，但你们全都忘了，初生儿往往不是隶属于诸神的终有一死的人。惟当胎儿变得更平凡粗俗些，更习以为常些，它才真正成为终有一死的人”（Ⅳ，238）。

纯洁的也罢，粗俗的也罢，一概是被道说出来的东西。因此词语之为词语绝不直接地为它是否是一个本质性的词语抑或一个幻觉提供保证。相反，一个本质性的词语所具有的质朴性看起来无异于一个非本质性的词语。而且从另一方面来看，以其盛装给出本质性因素的假象的东西，无非是一种悬空阔谈，人云亦云。这样，语言必然不断地进入一种为它自身所见证的假象中，从而危及它的最本真的东西，即真正的道说（Sagen）。

但这种最危险的财富在何种意义上是人的一种“财富”呢？语言乃人的所有物。人支配语言，用以传达经验、决定和情绪。语言被用作理解的工具。作为适用于理解的工具，语言乃是一种“财富”。只不过，语言之本质并不只是在于成为理解的工具。凭这一规定性全然没有触着语言的真正本质，这一规定无非是语言之本质所导出的一个结果而已。语言不只是人所拥有的许多工具中的一种工具；惟语言才提供出一种置身于存在者之敞开状态中间的可能性。唯有语言之处，才有世界。这话说的是：唯有语言之处，才有永远变化的关于决断和劳作、关于活动和责任的领域，也才有关于专断和喧嚣、沉沦和混乱的领域。唯有世界处，才有历史。语言在一更其原始的意义上来说是一财富。语言担保了人作为历史性的人而存在的可能性。语言不是一个可支配的工具，而是那种拥有人之存在的最高可能性的居有事件（Ereignis）。为了理解诗的活动领域从而真正理解诗本身，我们必须首先已经确信于这种语言的本质。那么语言是如何发生的？要为这个问题寻获答案，我们就要来思考荷尔德林的第三个诗句。

③ 一种对话

我们在一首未完成的诗的一个长而且乱的草稿中碰到了这个诗句，这首诗开头是："你永不相信的和解者……"（Ⅳ，162ff 和 339ff）：

> 人之体验也多。
> 自吾人是一种对话，
> 且能彼此倾听
> 天神多得命名。（Ⅳ，343）

我们先从这几个诗行中挑出直接相关于我们上面讨论的内容的一句："自吾人是一种对话……"。我们——人——是一种对话。人之存在建基于语言；而语言根本上惟发生于**对话**中。可是，对话不仅仅是语言如何实行的方式，毋宁说，只有作为对话，语言才是本质性的。我们通常所谓的"语言"，即词汇和词语结合规则的总体，无非是语言的一个表层而已。那么什么叫"对话"？显然是彼此谈论某物。这时，说（Sprechen）乃是彼此通达的中介。不过，荷尔德林却说：“自吾人是一种对话，且能彼此倾听”。能听不光是彼此谈论的一个结果，相反倒是彼此谈论的前提。然而即使是能听，在自身中就又已经以语词的可能性为皈依了，能听需要词语的可能性。能说和能听同样地原始。我们是一种对话，这同时始终意味着：我们是**一种**对话。但一种对话的单一性并不在于：在本质性的词语中，一和同一总是可敞开的，我们对此获得了一致，我们据此而成为统一的，因而根本上是我们本身。我们的此在承荷着对话及其统一性。

但是荷尔德林并没有径直说：我们是一种对话，而是说：“自吾人是一种对话……”。这诗句的意思。自从诸神把吾人带入对话，自从时间成其为它所是的时间，吾人此在的根据就是一种对话。据此，认为语言乃人类此在的最高事件这个命题就获得了解释和论证。

但很快就出现这样一个疑问：我们所是的这种对话是如何开始的呢？谁来实行那种对诸神的命名？谁在有所撕扯的时间中把捉到一个持存者并使之在词语中达乎呈现？荷尔德林以诗人的可靠的单朴性告诉我们这个问题的答案。让我们来听听第四个诗句。

④ 一种创建

这个诗句构成《追忆》一诗的结尾：“而诗人创建持存”（Ⅳ，63）。凭籍这个诗句，就有一道光线进入我们关于诗之本质的问题之中了。诗乃一种创建，这种创建通过词语并在词语中实现。如此这般被创建者为何？持存者也。但持存者竟能被创建么？难道它不是总是已经现存的东西吗？绝非如此。恰恰是这个持存者必须反抗撕扯而达乎恒久；单朴之物必须从混乱中争得，尺度必须对无度之物先行设置起来。包涵着和统摄着存在者整体的东西必须进入敞开之境。存在必须被开启出来，以便存在者得到显现。但恰恰这个持存者是短暂易逝的。“一切神圣飞快消逝，但并非徒劳”（Ⅳ，163）。而保持神圣之物，“乃是诗人的忧心和天职”（Ⅳ，145）。诗人命名诸神，命名一切在其所是中的事物。这种命名并不在于，仅仅给一个事先已经熟知的东西装配上一个名字，而是由于诗人说本质性的词语，存在者才由于这种命名而被指说为它所是的东西。存在者因之作为存在者而被知晓。诗乃存在之词语性创建（worthafte Stiftung）。持存之物因此绝非过去之物所能涵盖。单朴之物绝不能从混乱物中抓取出来。尺度并不在无度之物中。我们绝非在深渊（Abgrund）中寻找基础（Grund）。存在从来不是某个存在者。但由于存在和物之本质绝不能被计算出来和从现存事物那里推演出来，所以物之存在和本质必须自由地被创造、设立和捐赠出来。这种自由的捐赠就是创建。

然而，由于诸神原始地被命名，物之本质达乎词语，而物借此才得闪亮起来，所以人的此在才被带入一种固定的关联之中，才被置设到一个基础那里。诗人的道说不光是在自由的捐赠意义上的创建，而同时也是人类此在向其基础的牢固的建基意义上的创设。如果我们理解了这一诗的本质，即理解到诗乃是存在之词语性创建，那么我们就多少能够猜度到荷尔德林那个诗句的真理；而诗人说这个诗句的时候，早已被卷入了精神错乱之黑夜的威胁中了。

⑤ 诗意的栖居

我们在一首长而非凡的诗中看到这**第五个诗句**。这诗的开头是：

> 教堂的金属尖顶，
> 在可爱的蓝色中闪烁。(Ⅳ，24ff)。

在这首诗里，荷尔德林写下了第五个中心诗句（Ⅴ，32f)：

> 充满劳绩，然而人诗意地，
> 栖居在这片大地上。

人的所作所为，是人自己的劳神费力的成果和报偿。“然而”——荷尔德林以坚定的对立语调说道——所有这些并没有触着人在这片大地上栖居的本质，所有这些都没有探入人类此在的根据。人类此在在其根基处就是“诗意的”。但现在我们所理解的诗乃是对诸神和物之本质的有所创建的命名。“诗意地栖居”意味：置身于诸神的当

前之中，受到物之本质切近的震颤。此在在其根基上诗意地存在——这同时表示：此在作为被创建（被建基）的此在，绝不是劳绩，而是一种捐赠。

诗不只是此在的一种附带装饰，不只是一种短时的热情甚或一种激情和消遣。诗是历史的孕育基础，因而也不只是一种文化现象，更不是一个“文化灵魂”的单纯“表达”。

我们的此在根本上乃是诗意的，这话终究也不可能意味着，此在根本上仅只是一种无害的游戏。但荷尔德林不是在我们最初所引的诗句中把诗称为“最清白无邪的事情”吗？这又如何与我们现在所发的诗之本质相合拍呢？于是我们返回到了我们起初对之置之不理的问题那里。我们现在要来回答这个问题，试图借此也概略地把诗和诗人的本质带到了我们心灵的眼睛面前。

首先我们已经得出：诗的活动领域是语言。因此诗的本质必得从语言之本质那里获得理解。然而我们清晰地看到：诗乃是对存在和万物之本质的创建性命名——绝不是任意的道说，而是那种让万物进入敞开的道说，我们进而就在日常语言中谈论和处理所有这些事物。所以诗从来不是把语言当作一种现成的材料来接受，相反，诗本身才使语言成为可能。诗乃是一个历史性民族的原语言（Ursprache）。这样就不得不反过来要从诗的本质那里来理解语言的本质。

人类此在的根据乃是作为语言之本真发生的对话。但原语言乃是作为存在之创建的诗。而语言却是“最危险的财富”。这样，诗就是最危险的活动——同时是“最清白无邪的事情”。

实际上——惟当我们把这两个规定合为一体来思考之际，我们才理解了诗的全部本质。

但诗是最危险的活动吗？在启程做最后一次法国漫游前不久致一位友人的信中，荷尔德林写道：“噢，朋友！世界展现在我眼前，其明亮和庄严胜于往常！无论它怎样发生我都乐意，哪怕我在夏日，古老的神圣天父用镇静的手从红云中撼动赐福的雷霆。因为在我从上帝那里看到的一切中，这个名称最合我意。从前我能欢呼关于我们的周身遭际的一个新的真理、一个好的观点；现在我担心，我最终力不能胜任，就像古老的坦泰鲁斯（Tantalus），他从诸神那里获得的远远超过他能消化的”（Ⅴ，321）。

诗人遭受到神的闪现。那首我们视之为诗之本质中最纯粹的诗的诗歌道说了这一点，这首诗歌的开头是：

> 如当节日的时候，一个行走的农夫
> 望着早晨的田野……（Ⅳ，151ff）

诗的最后一节写道：

> 而我们诗人！当以裸赤的头颅，
> 迎承神的狂暴雷霆，
> 用自己的手去抓住天父的光芒，
> 抓住天父本身，把民众庇护

在歌中，让他们享获天国的赠礼。

而在一年后，当荷尔德林因患神经病而回到母亲家里时，他写信给同一个朋友，回忆他在法国逗留期间的情景：

“强大的元素，天国的火和人类的宁静，人类在自然中的生命以及他们的局限和自足，始终占领了我的心灵；而且，就像人们喜欢跟从英雄，也许我可以说，阿波罗征服了我……”（V，327）。

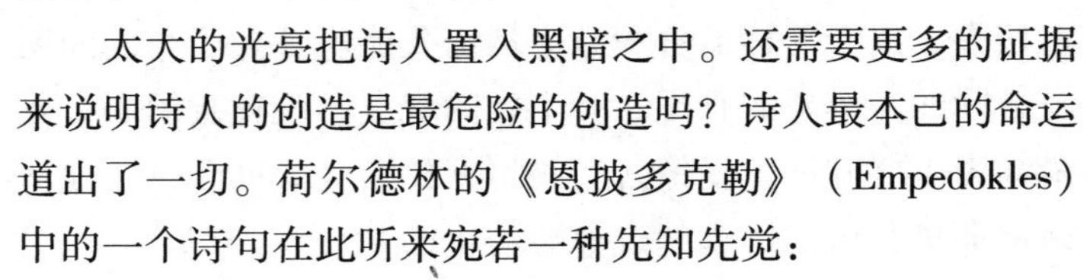

太大的光亮把诗人置入黑暗之中。还需要更多的证据来说明诗人的创造是最危险的创造吗？诗人最本己的命运道出了一切。荷尔德林的《恩披多克勒》（Empedokles）中的一个诗句在此听来宛若一种先知先觉：

……诸多时代消逝
必然有谁谈论灵魂（Ⅲ，154）

然而：诗是“最清白无邪的事情”。荷尔德林在他的一封信中这样写道，不光是为了顾惜母亲，而是因为他知道，这一无害的外观属于诗的本质，就像山谷属于山脉；因为，如果诗人不是“被抛出”（《恩披多克勒》Ⅲ，191）日常习惯并且用其事业的无危害性的外表来预防这种日常习惯的话，诗人又如何去从事和保持这一最危险的活动呢？

诗看起来就像一种游戏而实则不然。游戏虽然把人们带到一起，但在其中每个人恰恰都把自身忘记了。相反的，在诗中，人被聚集到他的此在的根据之上。人在其中达乎安静；当然不是达乎无所作为、空无心思的假宁静，而是达乎那种无限的宁静，在这种宁静中一切力量和关联都是活跃的（参见荷尔德林 1799 年 1 月 1 日致兄长的信，Ⅲ，368f）。

诗给人非现实和梦幻的假象，似乎诗与我们在其中十分亲切熟稔的触手可及的喧嚣现实是相对立的。实则不然。相反的，诗人所道说的和采纳的，乃是现实的东西。《恩披多克勒》中的潘多亚（Panthea）由于对其女友的明晰认识而招认了这一点（Ⅲ，78）：

……成为他本身，这就是生活
我们别的，都只是对生活的梦幻。

所以诗的本质貌似浮动于其外观的固有假象上而实则凿凿可定。而确定地，诗本身本质上就是创建——创建意味着：牢固的建基。

虽然任何创建都脱不了是一种自由的赠礼，而且荷尔德林听说："成为自由，诗人就像燕子"（Ⅳ，168）。但这种自由并不是毫无约束的肆意妄为和玩固执拗的一己愿望，而是最高的必然性。

诗之为存在之创建，有双重的约束。惟通过观照这一最内在的法则，我们才能完全把捉到诗之本质。

做诗乃是对诸神的原始命名。然而惟当诸神本身为我们带来语言之际，诗意的词语才具有它的命名力量。那么，诸神怎样说话？

……自古以来
诸神之语言乃暗示（Ⅳ，135）

诗人之道说是对这种暗示的截获，以便把这些暗示进一步暗示给诗人的民众。这种对暗示的截获是一种接受但同时也是一种新的给予：因为诗人在“最初的名称”中也已经看到被完成者，并且把这一他所观看到的东西勇敢地置入他的词语中，以便把尚未实现的东西（noch-nicht-Erfüllte）先行道说出来。所以

……大胆的灵魂，宛若鹰隼
穿越狂风暴雨
向他的后来者
预言诸神的消息（Ⅳ，135）

存在之创建维系于诸神的暗示。而同时，诗意的词语只是对“民族之音”的解释。于是荷尔德林命名了道说（die Sagen），在道说中一个民族记挂着他与存在者整体的归属关系。但是这种声音常常沉寂下来，常常在自身中变得虚弱不堪。这种声音竟也不能自发地道说本真（Eigentliche），相反，它需要那种它所解释的东西，荷氏的一首题为《民族之音》的诗歌有两个版本流传于世。

主要是最后一节诗有所不同，但不同的两个版本的末节是相互补充的。在第一个版本中最后一节诗是这样的：

> 此乃由于它的虔诚，民族之声太可爱
> 我才关注天国的宁静的声音
> 但为了诸神和人类之故
> 这种声音并非始终安于宁静！（Ⅳ，141）

第二个版本中相应的末段如下：

> ……而且或许道说为妙
> 因为道说之于至高无上者
> 乃一种回忆
> 但也需要一种道说
> 去解释神圣（Ⅳ，144）

这样，诗的本质就被嵌入到诸神之暗示和民族之音的相互追求的法则中了。诗人本身处于诸神与民族之间。诗人是被抛出在外者——出于那个“**之间**”（Zwischen），即诸神和人类之间。但唯有并首先在这个“之间”中才能决定，人是谁和人在何处定居其此在。“人诗意地栖居在这片大地上”。

不断地并且愈来愈确实地，出于飞扬涌现的丰富形象并且愈来愈质朴地，荷尔德林把他的诗意词语奉献给这一中间领域。这促使我们认为，荷尔德林乃是诗人的诗人。

现在我们还能认为，荷尔德林是由于缺乏世界丰富性而卷入一种空洞的过分张扬的自我吹嘘中了吗？抑或我们认识到，荷氏这位诗人出于一种过度的涌迫而诗意地思入存在之根基和中心处？荷尔德林在那首后期诗歌《在可爱的蓝色中闪烁……》关于俄狄浦斯（Oedipus）说的诗句，正适切于荷氏本人：

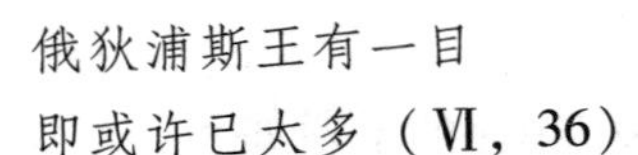

俄狄浦斯王有一目
即或许已太多（Ⅵ，36）

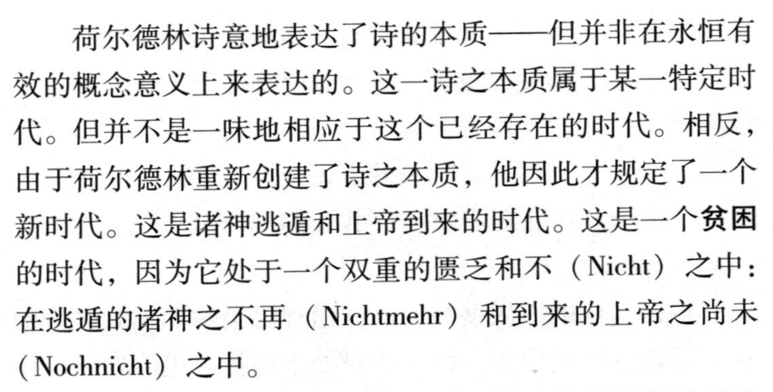

荷尔德林诗意地表达了诗的本质——但并非在永恒有效的概念意义上来表达的。这一诗之本质属于某一特定时代。但并不是一味地相应于这个已经存在的时代。相反，由于荷尔德林重新创建了诗之本质，他因此才规定了一个新时代。这是诸神逃遁和上帝到来的时代。这是一个**贫困**的时代，因为它处于一个双重的匮乏和不（Nicht）之中：在逃遁的诸神之不再（Nichtmehr）和到来的上帝之尚未（Nochnicht）之中。

历史地看来，荷尔德林所创建的诗之本质在最高尺度之中，因为它先行占有了一个历史性的时代。而作为历史性的本质，它乃是唯一本质性的本质。

这个时代是贫困的时代，因此这个时代的诗人是过于丰富了——是如此的丰富，以至于诗人往往倦于对曾在者之思想和对到来者之期侯，只是想沉睡于这种似是而非的空虚之中。然而诗人坚持在这黑夜的虚无之中。由于诗人

如此这般地在对他的规定性的最高具体化中保持于他自身，所以诗人具有代表性地因而真正地为他的民族谋求真理。那首题为《面包和酒》的哀歌的第七节昭示出这一点（Ⅳ，123f）。在这节诗中，诗人诗意地道说了我们在此只能对之做思想上的剖析的东西。

可是朋友！吾人来得太迟。虽然诸神尚存，
却超拔于顶端云霄而在另一世界中。
诸神无休无止地在那里运作，似乎很少关注
吾人生存与否。天国多么垂顾吾人。
因为一个脆弱的容器并非总能把它们装盛，
只是偶尔，人承受全部神性。
于是对诸神的梦幻即是生活。但是迷乱
犹如假寐，困顿和黑夜多么强大，
直至英雄在铁制的摇篮里茁壮成长，
迷乱赋予心灵之力，就像往常它之赋予天国。
诸神隆隆达乎天界。这期间我常常觉得
沉睡更佳，就像这样没有同伴的沉睡，
这样去期侯，我又能做什么说什么
我全然不知，而在贫困时代里诗人何为？
但是你说，他们就像酒神的神圣祭司，
在神圣的黑夜里迁徙，浪迹四方。

（孙周兴　译）

3. 人，诗意地栖居

此诗句引自荷尔德林后期一首以独特方式流传下来的诗歌。诗的开头曰："教堂的金属尖顶，在可爱的蓝色中闪烁……"（斯图加特第二版，第一卷，第372页以下；海林格拉特版，第六卷，第24页以下）。倘我们要得体地倾听"……人诗意地栖居……"这个诗句，我们就必须审慎地将它回复到这首诗歌中。因此，我们要思量此诗句。我们要澄清此诗句即刻就会唤起的种种疑虑。因为否则的话，我们就不会有开放的期备姿态，去追踪此诗句从而应答此诗句。

① 生存与思[①]

"……人诗意地栖居……"。说诗人偶尔诗意地栖居，似还勉强可听。但这里说的是"人"，即每个人都总是诗意地栖居，这是怎么回事呢？难道一切栖居不是与诗意格格不入的吗？我们的栖居为住房短缺所困扰。即便不是这样，我们今天的栖居也由于劳作而备受折磨，由于趋功逐

① 本文系海德格尔1951年所做的演讲，首次发表于1954年。同年收入《演讲与论文集》，由纳斯克（弗林根）出版社出版（后被辑为海氏《全集》第七卷）。中译文据《演讲与论文集》，1978年第四版译出。——编者

利而不得安宁，由于娱乐和消遣活动而迷迷惑惑。而如果说在今天的栖居中，人们也还为诗意留下了空间，省下了一些时间的话，那么，顶多也就是从事某种文艺性的活动，或是书面文艺，或是音视文艺。诗歌或者被当作玩物丧志的矫情和不着边际的空想而遭否弃，被当作遁世的梦幻而遭否定；或者，人们就把诗看作文学的一部分。文学的功效是按当下的现实性之尺度而被估价的。现实本身由形成公共文明意见的组织所制作和控制。这个组织的工作人员之一，既是推动者又是被推动者，乃是文学行业。这样，诗就只能表现为文学。甚至当人们在教育上和科学上考察诗的时候，它也还是文学史的对象。西方的诗被冠以"欧洲文学"这样一个总名称。

但是，如若诗的唯一的存在方式自始就在文学中，那么，又如何能说人之栖居是以诗意为基础的呢？"人诗意地栖居"这个诗句毕竟也只是出于某个诗人之口，而且正如我们所知的，这还是一个应付不了生活的诗人。[①] 诗人的特性就是对现实熟视无睹。诗人们无所作为，而只是梦想而已。他们所做的就是耽于想像。仅有想像被制作出来。"制作"在希腊文中叫 ποίησις。人之栖居可以被认为是诗歌（Poesie）和诗歌的（poetisch）吗？确实，此点却只能假定：谁远离于现实而不愿看到，今天的历史性的和社会性的人——社会学家称之为集体——的生活处于何种状况中。

---

① 这里显然是指荷尔德林后期的精神错乱。——译注

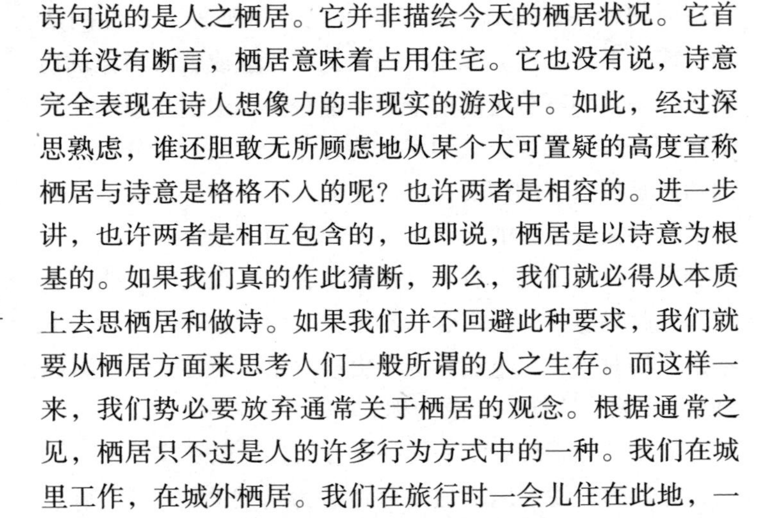

然而，在我们如此粗略地宣布栖居与做诗（Dichten）的不相容之前，最好还是冷静地关注一下诗人的诗句。此诗句说的是人之栖居。它并非描绘今天的栖居状况。它首先并没有断言，栖居意味着占用住宅。它也没有说，诗意完全表现在诗人想像力的非现实的游戏中。如此，经过深思熟虑，谁还胆敢无所顾虑地从某个大可置疑的高度宣称栖居与诗意是格格不入的呢？也许两者是相容的。进一步讲，也许两者是相互包含的，也即说，栖居是以诗意为根基的。如果我们真的作此猜断，那么，我们就必得从本质上去思栖居和做诗。如果我们并不回避此种要求，我们就要从栖居方面来思考人们一般所谓的人之生存。而这样一来，我们势必要放弃通常关于栖居的观念。根据通常之见，栖居只不过是人的许多行为方式中的一种。我们在城里工作，在城外栖居。我们在旅行时一会儿住在此地，一会儿住在彼地。这样来看的栖居始终只是住所的占用而已。

当荷尔德林谈到栖居时，他看到的是人类此在（Dasein）的基本特征。而他却从与这种在本质上得到理解的栖居的关系中看到了“诗意”。

当然，这并不意味着：诗意只是栖居的装饰品和附加物。栖居的诗意也不仅意味着：诗意以某种方式出现在所有的栖居中。此诗句倒是说：“……人诗意地栖居……”，也即说，做诗才首先让一种栖居成为栖居。做诗是本真的让栖居（Wohnenlassen）。但我们何以达到一种栖居呢？通过筑造（Bauen）。做诗，作为让栖居，乃是一种筑造。

于是，我们面临着一个双重的要求：一方面，我们要根据栖居之本质来思人们所谓的人之生存；另一方面，我们又要把做诗的本质思为让栖居，一种筑造，甚至也许是**这种**突出的筑造。如果我们按这里所指出的角度来寻求诗的本质，我们便可达到栖居之本质。

但我们人从何处获得关于栖居和做诗之本质的消息呢？一般而言，人从何处取得要求，得以进入某个事情的本质中？人只能在他由以接受此要求之处取得此要求。人从语言之劝说（Zuspruch）中接受此要求。无疑，只有当并且只要人已然关注着语言的特有本质，此事才会发生。但围绕着整个地球，却喧嚣着一种放纵无羁而又油腔滑调的关于言语成果的说、写、播。人的所作所为俨然是语言的构成者和主宰，而实际上，语言才是人的主人。一旦这种支配关系颠倒过来，人便想出一些奇怪的诡计。语言成为表达的工具。作为表达，语言得以降落为单纯的印刷工具。甚至在这样一种对语言的利用中人们也还坚持说的谨慎。这固然是好事。但仅只这样，绝不能帮助我们摆脱那种对语言与人之间的真实的支配关系的颠倒。因为真正地讲来，是语言说。人只是在他倾听语言之劝说从而应合于语言之际才说。在我们人可以从自身而来一道付诸言说的所有劝说中，语言乃是最高的、处处都是第一位的劝说。语言首先并且最终地把我们唤向某个事情的本质。但这不是说，语言，在任何一种任意地被把捉的词义上的语言，已经直接而确定地向我们提供了事情的透明本质，犹如为我们提供一个方便可用的对象事物一样。而人得以本真地

倾听语言之劝说的那种应合，乃是在做诗之要素中说话的道说（Sagen）。一位诗人愈是诗意，他的道说便愈是自由，也即对于未被猜度的东西愈是开放、愈是有所期备，他便愈纯粹地任其所说听凭于不断进取的倾听，其所说便愈是疏远于单纯的陈述——对于这种陈述，人们只是着眼于其正确性或不正确性来加以讨论的。

“……人诗意地栖居……”

诗人如是说。如果我们把荷尔德林的这个诗句置回到它所属的那首诗中，我们便可更清晰地倾听此诗句。首先，我们来倾听两行诗；我们已经把上面这个诗句从这两行诗中分离开来。这两行如下：

“充满劳绩，但人诗意地，
栖居在这片大地上。”

诗行的基调回响于“诗意的”一词上。此诗在两个方面得到了强调，即：它前面的词句和它后面的词句。

它前面的词句是：“充满劳绩，然而……”。听来就仿佛是，接着的“诗意的”一词给人的充满劳绩的栖居带来一种限制。但事情恰好相反。限制是由“充满劳绩”这个短语道出的；对此，我们必须加上一个“虽然”来加以思考。人虽然在其栖居时作出多样劳绩。因为人培育大地上的生长物，保护在他周围成长的东西。培育和保护

（colere，cultura）乃是一种筑造。但是，人不仅培养自发地展开生长的事物，而且也在建造（aedificare）意义上筑造，因为他建立那种不能通过生长而形成和持存的东西。这种意义上的筑造之物不仅是建筑物，而且包括手工的和由人的劳作而得的一切作品。然而，这种多样筑造的劳绩决没有充满栖居之本质。相反，一旦种种劳绩仅只为自身之故而被追逐和赢获，它们甚至禁阻着栖居的本质。这也就是说，劳绩正是由其丰富性而处处把栖居逼入所谓的筑造的限制中。筑造遵循着栖居需要的实现。农民培育生长物，建筑物和作品的建造，以及工具的制造——这种意义上的筑造，已经是栖居的一个本质结果，但不是栖居的原因甚或基础。栖居之基础必定出现在另一种筑造中。诚然，人们通常而且往往唯一地从事的、因而只是熟悉的筑造，把丰富的劳绩带入栖居之中。但是，只有当人已经以另一种方式筑造了，并且正在筑造和有意去筑造时，人才能够栖居。

“（虽然）充满劳绩，然而人诗意地栖居……”。下文接着说：“在这片大地上”。人们会认为这个补充是多余的；因为栖居说到底就是：人在大地上逗留，在“这片大地上”逗留，而每个终有一死的人都知道自己委身于大地。

但当荷尔德林自己胆敢说终有一死的人的栖居是诗意的栖居时，立即就唤起一种假象，仿佛“诗意的”栖居把人从大地那里拉了出来。因为“诗意”如果被看做诗歌方面的东西，其实是属于幻想领域的。诗意的栖居幻想

般地飞翔于现实上空。诗人专门说，诗意的栖居乃是栖居“在这片大地上”，以此来对付上面这种担忧。于是，荷尔德林不仅使“诗意”免受一种浅显的误解，而且，通过加上“在这片大地上”，他特别地指示出做诗的本质。做诗并不飞越和超出大地，以便离弃大地、悬浮于大地之上。毋宁说，做诗首先把人带向大地，使人归属于大地，从而使人进入栖居之中。

“充满劳绩，然而人诗意地，
栖居在这片大地上。”

现在我们知道人如何诗意地栖居了吗？我们还不知道。我们甚至落入了一种危险，大有可能从我们出发把某种外来的东西强加给荷尔德林的诗意词语。因为，荷尔德林虽然道出了人的栖居和人的劳绩，但他并没有像我们前面所做的那样，把栖居与筑造联系起来。他并没有说筑造，既没有在保护、培育和建造意义上说到筑造，也没有完全把做诗看作一种特有的筑造方式。因此，荷尔德林并没有像我们的思想那样来言说诗意的栖居。但尽管如此，我们是在思荷尔德林所诗的那同一个东西。[1]

无疑，这里要紧的是关注本质性的东西。这就需要做一个简短的插话。只有当诗与思明确地保持在它们的本质

---

① 此句中的“思”与“诗”都是动词。中文的“诗”一般不作动词用，在此也无妨尝试一个语文改造。——译注

的区分之中，诗与思才相遇而同一。同一（das selbe）绝不等于相同（das gleiche），也不等于纯粹同一性的空洞一体。相同总是转向无区别，致使一切都在其中达到一致。相反的，同一则是从区分的聚集而来，是有区别的东西的共属一体。惟当我们思考区分之际，我们才能说同一。在区分的实现（Austrag）中，同一的聚集着的本质才显露出来。同一驱除每一种始终仅仅想把有区别的东西调和为相同的热情。同一把区分聚集为一种原始统一性。相反，相同则使之消散于千篇一律的单调统一体中。在一首题为《万恶之源》的箴言诗中，荷尔德林诗云：

“一体地存在乃是神性和善良；在人中间
究竟何来这种渴望：但求唯一存在。
（斯图加特第一版，第一卷，第305页）

当我们沉思荷尔德林关于人的诗意栖居所做的诗意创作之际，我们猜度到一条道路；在此道路上，我们通过不同的思想成果而得以接近诗人所诗的同一者（das Selbe）。

但荷尔德林就人的诗意栖居道说了什么呢？对此问题，我们可通过倾听上述那首诗的第24—38行来寻求答案。因为，我们开始时解说过的那两行诗就是从中引来的。荷尔德林诗云：

“如果生活纯属劳累，
人还能举目仰望说：

我也甘于存在？是的！
只要善良，这种纯真，尚与人心同在，
人就不无欣喜
以神性度量自身。
神莫测而不可知？
神如苍天昭然显明？
我宁愿信奉后者。
神本是人之尺度。
充满劳绩，然而人诗意地，
栖居在这片大地上。我要说
星光璀璨的夜之阴影
也难与人的纯洁相匹。
人乃神性之形象。
大地上可有尺度？
绝无。”

从这些诗句中，我们仅作几点思考，而且，我们的唯一目的是要更清晰地倾听荷尔德林在把人之栖居称为“诗意的”栖居时所表达的意思。上面朗读过的开头几行诗（第24—26行）即给我们一个暗示。它们采用了完全确信地予以肯定回答的提问形式。这一提问婉转表达出我们已经解说过的诗句的直接意蕴：“充满劳绩，然而人诗意地，栖居在这片大地上。”荷尔德林问道：

“如果生活纯属劳累，

人还能举目仰望说：
我也甘于存在？是的！”

② 诗人的尺度

惟在一味劳累的区域内，人才力求“劳绩”。人在那里为自己争取到丰富的“劳绩”。但同时，人也得以在此区域内，从此区域而来，通过此区域，去仰望天空。这种仰望向上直抵天空，而根基还留在大地上。这种仰望贯通天空与大地之间。这一“之间”（das Zwischen）被分配给人，构成人的栖居之所。我们现在把这种被分配的贯通——天空与大地的“之间”由此贯通而敞开——称为维度（die Dimension）。此维度之出现并非由于天空与大地的相互转向。毋宁说，转向本身居于维度之中。维度亦非通常所见的空间的延展；因为一切空间因素作为被设置的空间的东西，本身就需要维度，也即需要它得以进入其中的那个东西。

维度之本质乃是那个“之间”——即直抵天空的向上与归于大地的向下——的被照亮的、从而可贯通的分配。我们且任维度之本质保持无名。据荷尔德林的诗句，人以天空度量自身而得以贯通此尺度。人并非偶尔进行这种贯通，而是在这样一种贯通中人才根本上成为人。因此之故，人虽然能够阻碍、缩短和歪曲这种贯通，但他不能逃避这种贯通。人之为人，总是已经以某种天空之物来度量自身。就连魔鬼也来自天空。所以，接着的诗行（第

28—29行）说："人……以神性度量自身。"神性乃是人借以度量他在大地之上、天空之下的栖居的"尺度"。惟当人以此方式测度他的栖居，他才能够按其本质而存在。人之栖居基于对天空与大地所共属的那个维度的仰望着的测度。

测度（Vermessung）不只测度大地（γῆ），因而绝不是简单的几何学。测度也并非测度自为的天空（οὐρανός）。测度并非科学。测度测定那个"之间"，即把天空与大地两者相互带来的那个"之间"。这种测度有其自身的尺度（μέτρον），因此有其自身的格律。

人就他所归属的那个维度来测度他的本质。这种测度把栖居带入其轮廓中。对维度的测度乃是人的栖居赖以持续的保证要素。测度乃是栖居之诗意因素。做诗即是度量（Messen）。但何谓度量？如果我们把做诗思为测度，我们显然就不可把这种做诗安置于一个关于度量和尺度的任意观念中。

也许做诗是一种别具一格的度量。更有甚者，也许我们必须以另一种声调把"做诗是**度量**"这句话说成"**做诗**是度量"。在其本质之基础中的一切度量皆在做诗中发生。因此之故，我们要注意度量的基本行为。度量的基本行为就在于：人一般地首先采取他当下借以进行度量活动的尺度。在做诗中发生着尺度之采取。做诗乃是"采取尺度"（Mass-Nahme）——从这个词的严格意义上来加以理解；通过"采取尺度"，人才为他的本质之幅度接受尺度。人作为终有一死者成其本质。人之所以被称为终有一死者，是因为人能够赴死。能够赴死意味着：能够承担作为死亡的死亡。唯有人赴死——而且只要人在这片地上逗留，只要人栖居，他就不断地赴死。但人之栖居基于诗意。荷尔德林在人之本质的测度借以实现的“采取尺度”中看到了“诗意”的本质。

然而，我们将怎样证明荷尔德林是把做诗的本质思为“采取尺度”了？我们在此毋须证明什么。一切证明都不外乎是依据前提的事后追加的做法。根据被设定的前提，一切均可得证明。但我们只能注意少数几点。我们只要关心诗人自己的诗句便足矣。因为在接着的诗行中，荷尔德林首先真正追问的只是尺度。此尺度乃是人借以度量自身的神性。第29行开始做这种追问：“神莫测而不可知?”显然不是的。因为，倘神是不可知的，那么它作为不可知的东西如何能成为尺度呢？但是，这里要聆听和牢记的是，神之为神对荷尔德林来说是不可知的，而且**作为这种不可知的东西**，神恰恰是诗人的尺度。因此，使荷尔德林大感震惊的还有这样一个激烈的问题：那在本质上保持不可知的东西如何能成为尺度呢？因为人借以度量自身的这种东西无论如何必须公布出自己，必须显现出来。而如果它显现出来了，那它就是可知的。可是，神是不可知的，却又是尺度。不仅如此，而且保持不可知的神也必须通过显示**自身**为它所是的神而作为始终不可知的东西显现出来。不光神本身是神秘的，神之**显明**（Offenbarkeit）也是神秘的，因此之故，诗人随即提出下一个问题：“神如苍天昭然显明?”荷尔德林答曰：“我宁愿信奉后者”。

于是，**我们**现在要问，诗人为何愿做此猜断？接着的诗句给出了答案。诗句简明扼要："神本是人之尺度。"人之度量的尺度是什么？是神？不是！是天空？不是！是天空的显明？也不是！此尺度在于保持不可知的神**作为**神如何通过天空而显明的方式。神通过天空的显现乃在于一种揭露，它让我们看到自行遮蔽的东西；但这并不是由于它力求把遮蔽者从其遮蔽状态中撕扯出来，而只是由于它守护着在其自行遮蔽中的遮蔽者。所以，不可知的神作为不可知的东西通过天空之显明而显现出来。这种显现（Erscheinen）乃是人借以度量自身的尺度。

对于终有一死的人的通常观念来说，这似乎是一个令人困惑的奇怪的尺度；对于无所不晓的陈腐的日常意见来说，它看来是格格不入的。因为日常的观念和意见往往声称自己就是一切思想和反思的准则。

这个对通常的观念来说——特别地也对一切纯粹科学的观念来说——奇怪的尺度绝不是一根凿凿在握的尺棍；但只要我们不是用双手去抓握，而是受那种与这里所采取的尺度相应的姿态的引导，这个奇怪的尺度实际上比尺棍更容易掌握。这是在一种采取（Nehmen）中发生的；这种采取绝不是夺取自在的尺度，而是在保持倾听的专心觉知（Vernehmen）中取得尺度。

然而，为什么这种在我们今人看来如此怪异的尺度被允诺给人并且通过做诗的"采取尺度"而向人公布出来了？这是因为唯有这种尺度测定着人之本质。因为人是通过贯通"在大地上"与"在天空下"而栖居的。这一

"在……上"与"在……下"是共属一体的。它们的交合乃是贯通；只要人作为尘世的人而存在，他就时时穿行于这种贯通。在一个残篇中（斯图加特第二版，第一卷，第334页），荷尔德林说：

"亲爱的！永远地，
大地运行，天空保持。"

因为人在经受维度之际存在，所以人之本质始终必须得到测度。为此就需要一个尺度，它同时一体地关涉整个维度。洞察这一尺度，把它当作尺度来加以测定并且把它当作尺度来加以采取，这对诗人来说就意味着：做诗。做诗就是这种"采取尺度"，而且是为人之栖居而"采取尺度"。所以，紧接着"神本是人的尺度"一句，在诗中有了这样几行："充满劳绩，然而人诗意地，栖居在这片大地上。"

现在我们知道荷尔德林所说的"诗意"了吗？既知道又不知道。说知道，是因为我们接受了一个指示，知道要在何种角度上去思考做诗，也即要把做诗当作一种别具一格的度量来思考。说不知道，是因为作为对那个奇怪的尺度的测定，做诗变得愈加神秘兮兮了。所以，要是我们准备在诗的本质领域中逗留一番，做诗就势必还是神秘兮兮的。

但当荷尔德林把做诗思考为一种度量时，还是令人诧异的。只要我们仅仅在**我们**常见的意义上来看度量，那么此种诧异就是有理由的。在我们常见的意义上，借助于已知的东西（即标尺和尺码），某个未知之物被检测而成为可知的，并从而被限定在一个随时一目了然的数目和秩序之中。这种度量可以随所用仪器的种类发生变化。但谁能担保这种常见的度量方式已经切中度量的本质呢？难道就因为它是常见的吗？当我们听到尺度一词，我们立即就会想到数字，并把尺度和数字两者看作某种数量上的东西。可是，尺度之本质与数字的本质一样，并不是一种量。诚然，我们能用数字计算，但并非用数字的本质来计算。如果说荷尔德林洞察到作为一种度量的做诗，并且首要地把做诗本身当作“采取尺度”来贯彻，那么，为了对做诗进行思考，我们就必须一再来思索在做诗中被采取的尺度；我们就必须关注这种采取的方式，这种采取并不依赖某种抓取，根本就不在于某种把捉，而在于让那种已被分配的东西（das Zu-Gemessene）到来。做诗的尺度是什么呢？是神性；也就是神吗？谁是神呢？也许对人来说，这个问题太难了，也过于突兀了。因此，让我们先问问关于神可说些什么。让我们首先只问：什么是神？

好在有几行荷尔德林的诗句保存了下来。这几行诗对我们大有助益。在事实上和时间上看，这几行诗属于《在可爱的蓝色中闪烁……》一诗的范围。这几行诗如下（斯图加特第二版，第一卷，第210页）：

“什么是神？不知道，
但他的丰富特性

就是他的天空的面貌。
因为闪电是神的愤怒。
某物愈是不可见，
就愈是归于疏异者……

对神来说疏异的东西，即天空的景象，却是人所熟悉的东西。这种东西是什么呢？就是天空间的一切，因而也就是在天空下、大地上的万物；这一切闪烁和开放、鸣响和喷香、上升和到来，但也消逝和没落、也哀鸣和沉默、也苍白和黯淡。那不可知者归于这一切为人所熟悉而为神所疏异的东西，才得以在其中作为不可知者而受到保护。但是，诗人召唤着天空景象的所有光辉及其运行轨道和气流的一切声响，把这一切召唤入歌唱词语之中，并使所召唤的东西在其中闪光和鸣响。不过，诗人之为诗人，并不是去描写天空和大地的单纯显现。诗人在天空景象中召唤那种东西，后者在自行揭露中恰恰让自行遮蔽着的东西显现出来，而且是让它**作为**自行遮蔽着的东西显现出来。在种种熟悉的现象中，诗人召唤那种疏异的东西——不可见者为了保持其不可知而归于这种疏异的东西。

惟当诗人采取尺度之际，他才做诗。盖由于诗人如此这般道说着天空之景象，即，诗人顺应作为疏异者的天空之现象，也即不可知的神“归于”其中的那个疏异者。我们所常见的表示某物之景象和外观的名称是“形象”(Bild)。“形象”的本质乃是：让人看某物。相反，映象和模像已然是真正的形象的变种。真正的形象作为景象让人看不可见者，并因而使不可见者进入某个它所疏异的东西之中而构形。因为做诗采取那种神秘的尺度，也即以天空之面貌为尺度，所以它便以“形象”说话。因此之故，诗意的形象乃是一种别具一格的想像，不是单纯的幻想和幻觉，而是构成形象（Ein-Bildungen），[①] 即在熟悉者的面貌中的疏异的东西的可见的内涵。形象的诗意道说把天空现象的光辉和声响与疏异者的幽暗和沉默聚集于一体。通过这种景象，神令人惊异。在此惊异中，神昭示其不断的邻近。因此，荷尔德林在“充满荣绩，但人诗意地，栖居在这片大地上”，这几行诗后接着写道：

“……我要说
星光璀璨的夜之阴影
也难与人的纯洁相匹。
人乃神性之形象。”

“……夜之阴影”——夜本身就是阴影，是那种绝不会漆黑一团的幽暗，因为这种幽暗作为阴影始终与光明相亲切，为光明所投射。做诗所采取的尺度作为疏异者——那不可见者就在其中保护着它的本质——归于天空景象中熟悉的东西。因此，此尺度具有天空的本质特性。但天空并非纯然是光明。高空的光芒本身就是其庇护万物的浩瀚

① 海德格尔以 Ein-Bildung 表示诗的“想像”（Einbildung）乃是“形象”（Bild）之构成。——译注

的幽暗。天空的可爱蓝色乃是幽深的色彩。天空的光芒乃是庇护一切可昭示者的日出日落的朦胧。此天空乃是尺度。因此，诗人必得问：

"大地上可有尺度？"

而且诗人必得答曰："绝无。"为何？因为当我们说"在大地上"时，我们所命名的东西只是就人栖居于大地并且在栖居中让大地成为大地而言才存在。

但是，只有当做诗实现而成其本质，而且其实现方式的本质是我们所猜度的，就是作为一切度量的"采取尺度"，这时候，栖居才会发生。这种"采取尺度"本身乃是本真的测度，而不是用那种为制作图纸而准备的标尺所做的单纯测量。做诗因此也不是建筑物的建立意义上的建筑。但作为对栖居之维度的本真测定，做诗乃是原初性的筑造。做诗首先让人之栖居进入其本质之中。做诗乃是原始的让栖居（das ursprüngliche Wohnenlassen）。

人栖居，是因为人筑造——这话现在获得了其本真的意义。人栖居并非由于，人作为筑造者仅仅通过培育生长物同时建立建筑物而确立了他在大地上天空下的逗留。只有当人已然在做诗的"采取尺度"意义上进行筑造，人才能够从事上面这种筑造。本真的筑造之发生，乃是由于做诗者存在，即那些为建筑设计、为栖居的建筑结构采取尺度的做诗者存在。

荷尔德林在1804年3月12日从尼尔廷根写信给他的

朋友塞肯多夫（Leo v. Seckendorf），信中写道：“我现在特别关心寓言、诗歌上的历史观和天堂的建筑设计，尤其是与希腊民族不同的我们民族的东西。”（海林格拉特版，第五卷，第333页）

“……人诗意地栖居……”

做诗建造着栖居之本质。做诗与栖居非但并不相互排斥。毋宁说，做诗与栖居相互要求着共属一体。“人诗意地栖居”。是**我们**诗意地栖居吗？也许我们完全非诗意地栖居着。如果是这样，岂不是表明诗人的这个诗句是谎言，是不真实的吗？不。诗人的这个诗句的真理性以极为不可名状的方式得到了证明。因为，一种栖居之所以能够是非诗意的，只是由于栖居本质上是诗意的。人必须本质上是一个明眼人，他才可能是盲者。一块木头是绝不会失明的。而如果人成了盲者，那么总还有这样一个问题：他的失明是否起于某种缺陷和损失，或者是由于某种富余和过度。在沉思一切度量的尺度的那首诗中，荷尔德林说（第75—76行）：“俄狄浦斯王有一目或已太多”。所以，情形也许是，我们的非诗意的栖居，我们的栖居无能于采取尺度，乃起于狂热度量和计算的一种奇怪的过度。

无论在何种情形下，只有当我们知道了诗意，我们才能经验到我们的非诗意栖居，以及我们何以非诗意地栖居。只有当我们保持着对诗意的关注，我们方可期待，非诗意栖居的一个转折是否和何时在我们这里出现。只有当我们严肃地对待诗意，我们才向自己证明，我们的所作所为如何和在何种程度上能够对这一转折作出贡献。

做诗乃是人之栖居的基本能力。但人之能够做诗，始终只是按照这样一个尺度，即，人的本质如何归本于那种本身喜好人、因而需要人之本质的东西。依照这种归本（Vereignung）的尺度，做诗或是本真的或是非本真的。

因此之故，本真的做诗也并非随时都能发生的。本真的做诗何时存在，能存在多久？在上面所引的诗行（第26—29行）中，荷尔德林对此有所道说。我们蓄意地一直对这几行诗未做解说。这几行诗是：

"……只要善良，这种纯真，尚与人心同在，
人就不无欣喜
以神性度量自身……。"

"善良"——什么是"善良"呢？一个无关紧要的词语，而荷尔德林却以大写的形容词"纯真"来加以命名。"善良"——如果我们取其词面含义，这个词就是荷尔德林对希腊文的 χάριs 一词的精彩翻译。索福克勒斯在《爱亚斯》（Aias）（第522行）中说到这个 χάριs：

χάριs χάριν γάρ ἐατιν ἡ τίκτουά ἀει
"此乃善良，总是唤起善良。"

"只要善良，这种纯真，尚与人心同在……"。荷尔

德林在此用他喜欢用的说法“与人心同在” (am Herzen)，而不说“在心灵中”(im Herzen)。“与人心同在”，也即：达到人之栖居本质那里，作为尺度之要求达到心灵那里，从而使得心灵转向尺度。

只要这种善良之到达持续着，人就不无欣喜，以神性度量自身。这种度量一旦发生，人便根据诗意之本质而做诗。这种诗意一旦发生，人便人性地栖居在这片大地上，“人的生活”——恰如荷尔德林在其最后的诗歌中所说的那样——就是一种“栖居生活”。(斯图加特第二版，第一卷，第312页)

远　景

当人的栖居生活通向远方，
在那里，在那遥远的地方，葡萄季节闪闪发光，
那也是夏日空旷的田野，
森林显现，带着幽深的形象。
自然充满着时光的形象，
自然栖留，而时光飞速滑行，
这一切都来自完美；于是，高空的光芒
照耀人类，如同树旁花朵锦绣。

(孙周兴　译)

五、林中路

1. 世界图像的时代[①]

形而上学沉思存在者之本质并决定真理之本质。形而上学建立了一个时代，因为形而上学通过某种存在者阐释和某种真理观点赋予这个时代以其本质形态的基础。这个基础完全支配着构成这个时代的特色的所有现象。反过来，一种对这些现象的充分的沉思，可以在这些现象中认识形而上学的基础。沉思乃一种勇气，它敢于使自己的前提的真理性和自己的目标的领域成为最大的疑问。（参阅本文附录一）

① 科学是现代的根本现象

科学乃是现代的根本现象之一。按地位而论，同样重

① 本文系海德格尔1938年在弗莱堡做的演讲，演讲的标题为《形而上学对现代世界图像的奠基》。1950年收入《林中路》，由维多里奥·克劳斯特曼出版社（美茵法兰克福）出版。中译文据《林中路》1980年第六版译出。——编者

要的现象是机械技术。但我们不能把机械技术曲解为现代数学自然科学的纯粹的实践应用。机械技术本身就是一种独立的实践变换，惟这种变换才要求应用数学自然科学。机械技术始终是现代技术之本质的迄今为止最为显眼的后代余孽，而现代技术之本质是与现代形而上学之本质相同一的。

现代的第三个同样根本性的现象在于这样一个过程：艺术进入了美学的视界内。这就是说，艺术成了体验（Erleben）的对象，艺术因此被视为人类生命的表达。

第四个现代现象在于：人类活动被当作文化来理解和贯彻。而文化就是通过维护人类的至高财富来实现最高价值。文化本质上必然作为这种维护来照料自身，并因此成为文化政治。

现代的第五个现象乃是弃神。[①] 这个表述的意思并不是彻底地把神消除，并不是粗暴的无神论。弃神乃是一个双重的过程。一方面，世界图像基督教化了，因为世界根据被设定为无限、无条件、绝对的东西；另一方面，基督教把它的教义重新解释为一种世界观（基督教的世界观），从而使之符合于现代。弃神乃是对于上帝和诸神的无决断状态。基督教对这种无决断状态的引发起了最大的作用。但弃神并没有消除宗教虔信。毋宁说，惟通过弃

① “弃神”（Entgötterung）或可译“失神”；英文译本作“loss of the gods”。参看海德格尔：《技术之追问以及其他论文》英文版，威廉姆·洛维特（William Lovitt）译，纽约 1977 年，第 116 页。——译注

神，与诸神的关系才转化为宗教的体验。一旦达到了这个地步，则诸神也就逃遁了。由此而产生的空虚被历史学的和心理学的神话研究所填补了。

何种关于存在者的理解和何种关于真理的阐释为上面这些现象奠立了基础？

我们把问题限制在第一个现象即科学上。

现代科学的本质在哪里呢？

何种关于存在者和真理的观点为现代科学的本质建立了基础？如若我们成功地探得了为现代科学建基的形而上学基础，那么就必然完全可以从这个形而上学基础出发来认识现代的本质。

我们今天使用科学一词，其意思与中世纪的学说（doctrina）和科学（scientia）是有区别的，但也是与古希腊的知识（ἐπιστήμη）大相径庭的。希腊科学从来不是精确的，而且是因为，按其本质而言它不可能是精确的，也不需要是精确的。所以，那种认为现代科学比古代科学更精确的看法，根本就是无意义的看法。如此，我们也不能说，伽利略的自由落体理论是正确的，而亚里士多德关于轻的物体力求向上运动的学说是错误的；因为，古希腊人关于物体、位置以及两者关系的本质的观点，乃基于另一种关于存在者的解释，因而是以一种与此相应的不同的对自然过程的观看和究问方式为条件的。没有人会断言，莎士比亚的诗比埃斯库罗斯的诗进步。更不可能说，现代关于存在者的观点比古希腊的更正确。所以，如果我们要理解现代科学之本质，我们就必须首先抛弃一种习惯，这种习惯按照进步的观点，仅仅在程度上把较新的科学与较老的科学区别开来。

我们今天称之为科学的东西的本质乃是研究（Forschung）而研究的本质又何在呢?

研究的本质在于：认识把自身建立为在某个存在者领域（自然或历史）中的程式（Vorgehen）。“程式”在这里不单单指方法和程序；因为任何程式事先都需要一个它借以活动的敞开区域。而对这样一个区域的开启，恰恰就是研究的基本过程。由于在某个存在者领域中，譬如在自然中，自然事件的某种基本轮廓（Grundriss）被筹划出来了，研究的基本过程也就完成了。筹划（Entwurf）预先描画出，认识的程式必须以何种方式维系于被开启的区域。这种维系（Bindung）乃是研究的严格性（Strenge）。凭籍对基本轮廓的筹划和对严格性的规定，程式就在存在领域内为自己确保了对象区域。通过一番对最早的同时也是决定性的现代科学（亦即数学的物理学）的考察，可以把这里的意思搞清楚。就现代原子物理学也还是物理学而言，我们在这里唯一地关心的本质因素也是适合于原子物理学的。

现代物理学被叫做数学的物理学，因为，在一种优先的意义上，它应用一种完全确定的数学。但是，它之所以能以这种方式数学地运行，只是因为，在一种更深层的意义上，它本身就是数学的。Tὰ μαθὴματα 对希腊人来说意味着那种人们在观察存在者和与事物打交道时预先知道的东西：物体的物体因素，植物的植物因素，动物的动物性和人类的人类特性。除了这里所指出的，数字也属于那种已经知道的东西，亦即数学因素（das Mathematische）。当我们在桌子上发现三个苹果，我们认识到这些苹果是三个。但数字三，三这种性质（Dreiheit），是我们早已知道了的。这就是说：数字是某种数学因素。只是因为数字是似乎最为纠缠不清的总是已经知道的东西，从而是数学中最为熟悉的东西，所以数学因素很快就被保留下来，作为数字因素的名称。但绝不是说，数学因素的本质是由数字因素来规定的。一般而言，物理学乃是关于自然的知识；特殊而论，物理学乃是关于运动中的物体的知识；因为物体直接地和普遍地——即使是以各各不同的方式——显示在所有自然因素中。如果说现在物理学明确地构成为一种数学的物理学，那么这意味着：通过物理学并且为了物理学，以一种强调的方式，预先就构成了某种已经知道的东西。这种构成并非无足轻重，而是对某种东西的筹划，这种东西后来必定成为对所寻求的自然知识而言的自然，即：具有时空关系的质点的自成一体的运动联系。在这种被假定为确定无疑的自然之基本轮廓中，还包含着下述规定性：运动即位置变化。没有一种运动和运动方向优先于其他运动和运动方向。任何位置都是相同的。没有一个时间点优先于其他一个时间点。每一种力都取决于——或者说：仅仅是——它在运动中，也即在时间单元内的位置变化量中产生的东西。在这一关于自然的基本轮廓中，任何事件都必然被看透了。唯有在这种基本轮廓的视界内、自然事件才作为自然事件而变得显明可见。这种自然之筹划

包含着它的可靠性，而这是由于，物理学的研究就它的每一个追问步骤而言，事先维系于这种筹划了。这种维系，即研究的严格性，总是合乎筹划而具有它自己的特性。数学的自然科学的严格性乃是精确性（Exaktheit）。一切事件必须在这里——如果它们根本上作为自然事件能够进入表象的话——预先被规定为时间—空间上的运动量。这种规定是在借助于数字和计算的度量中进行的。但是数学的自然研究之所以精确，并不是因为它准确地计算，而是因为它必须这样计算，原因在于，它对它的对象区域的维系具有精确性的特性。与之相反，一切精神科学，甚至一切关于生命的科学，恰恰为了保持严格性才必然成为非精确的科学。虽然我们也能把生命理解为一种空间—时间上的运动量，但是这样一来，我们就不再是在把握生命了。历史学精神科学的非精确性并不是缺憾，而纯粹是对一种对于这种研究方式来说本质性的要求的实行。毫无疑问，甚至对历史学科学的对象区域的筹划和保证，也不仅仅具有另一种方式，而是在实施对比贯彻精确科学的严格性要困难得多。

通过筹划，通过对这种在程式之严格性中的筹划的保证，科学成了研究。但筹划和严格性惟在方法中才展开为它们所是的东西。[①] 这种方法标志着对研究来说本质性的第二个特性。如果被筹划的区域将成为对象性的，那就需

① 这里的“方法”是德文 Verfahren 一词的翻译，英文译本作“methodology”。——译注

要我们在其纵横交织的整个多样性中去遭遇它，与之照面。因此，程式必须为照面者的多变性备下自由的眼光。唯有在变化过程的始终不同性的视界内，才能显示出特殊性亦即事实的全部丰富性。但事实必须成为对象性的（gegenständlich）。故程式必须在其变化中把变化之物表象出来，展示出来，同时依然让运动成其为一种运动。事实的恒定因素以及事实之变化本身的持续性就是“法则”（Regel）。在其过程之必然性中的变化的持续因素就是“规律”（Gesetz）。惟在法则和规律的视界内，事实才作为它们本身所是的事实而成为清晰的。自然领域中的事实研究本身乃是对法则和规律的建立和证明。借以把一个对象区域表象出来的方法，具有基于清晰之物的澄清的特性，亦即说明（Erklärung）的特性。这种说明始终是两方面的。它通过一个已知之物建立一个未知之物，同时通过未知之物来证明已知之物。说明在探究（Untersuchung）中实行。这种探究在自然科学中按各各不同的探究领域和探究目的，通过实验来进行。但自然科学并非通过实验才成为研究，而是相反的，唯有在自然知识已经转换为研究的地方，实验才是可能的。因为现代物理学本质上是数学的物理学，所以唯有它才可能是实验的。但是，由于中世纪的学说（doctrina）和古希腊的知识（ἐπιστήμη）都不是研究意义上的科学，所以在那里就没有出现实验。诚然，亚里士多德最早就理解了，ἐμπειρία 即经验（experientia）意味着：在不同的条件下观察事物本身、事物的特性及其变化，因而是关于事物在

法则中的表现方式的知识。但以这种知识为目标的观察，即实验（experimentum），始终与作为研究的科学的内涵，与研究实验，有着本质的差异，即使古代和中世纪的观察是用数字和尺度来工作的，情形也是这样，即使这种观察是借助于某些装置和器具的，情形也还是这样。因为在那时普遍地缺失实验的决定性因素。实验始于对规律的奠基。进行一项实验意味着：表象出一种条件，据此条件，在其过程之必然性中的某种运动关系才能成为可追踪的，亦即通过计算事先可以控制的。但规律的确立却是根据对象区域的基本轮廓来进行的。这种基本轮廓给出尺度，并且制约着对条件的先行表象。这种表象——实验即始于这种表象并借助于这种表象——绝不是任意的虚构。因此，牛顿说：奠基工作并不是任意杜撰的（hypotheses non fingo）。奠基工作乃根据自然之基本轮廓来展开并从中得以勾勒。实验是那种方法，这种方法在其实验装置和实施过程中受已经获得奠基的规律的支持和指导，从而得出证实规律或者拒绝证实规律的事实。自然之基本轮廓越是精确地被筹划出来，实验之可能性就变得越精确。因此，才学卓著的中世纪经院哲学家罗吉尔·培根绝不可能成为现代实验科学的先驱，他始终只不过是亚里士多德的继承者。因为在那时，基督教把真理的真正地盘投入信仰中了，投入对典籍话语和教会学说的确信中了。最高的知识和学说乃是神学，是对神性的启示话语的阐释，而这种启示话语被记录在典籍中并由教会宣布出来，认识在这里并非研究，而是对权威性话语和宣布这种话语的权威的正确理解。因此，在中世纪的知识习得中，对不同权威的话语和学说意见的探讨具有优先地位。文字与言语的比较（componere scripta et sermones），根据词语的判断（argumentum ex verbo），是决定性的；这同时也是当时所采纳的柏拉图和亚里士多德哲学必然成为经院哲学的辩证法的原因所在。如果说罗吉尔·培根要求实验，——而且他确实也要求实验——，那么，他所指的并不是作为研究的科学的实验，而是要求用根据事物的判断（argumentum ex re）来代替根据词语的判断（argumentum ex verbo），要求用对事物本身的悉心观察，即亚里士多德的经验（ἐμπειρία），来代替对学说的探讨。

但是，现代的研究实验不光是一种在程度上和规模上更为准确的观察，而是在一种精确的自然筹划范围和职能内本质上完全不同的规律证明的方法。在历史学精神科学中与自然研究中的实验相当的是史料批判。“史料批判”这个名称在这里标志着整个史料发掘、清理、证实、评价、保存和阐释等工作。尽管以史料批判为根据的历史学说明并没有把事实归结为规律和法则。但它也没有局限于一种对事实的单纯报道。在历史学科学中同在自然科学中一样，方法的目标乃是把持存因素表象出来，使历史成为对象。但历史只有当它已经过去时才可能是对象性的。过去之物中的持存因素，即历史学说明据以清算历史的唯一性和多样性的那个东西，乃是总是已经一度在那里的东西（das Immer-schon-einmal-Dagewesene），是可比较的东西。

在对所有一切东西的不断比较过程中，人们清算出明白易解的东西，并把它当作历史的基本轮廓证实和固定下来。历史学说明只能达到这一步，这乃是历史学研究所能触及的区域。独一无二的东西、离奇的东西、单纯的东西，质言之，历史中伟大的东西，从来都不是不言自明的，因而始终是不可说明的。历史学研究并没有否认历史中的伟大之物，而是把它说明为例外。在这种说明中，伟大之物是以惯常和平均之物为衡量尺度的。只要说明（Erklärung）意味着：回溯到明白易解的东西，并且只要历史学始终是研究，亦即一种说明，那么，就不存在另一种历史学说明。[①] 因为作为研究的历史学是在一种可说明和可忽略的效果联系意义上来筹划过去，并且使之对象化，所以历史学要求史料批判作为它的对象化的工具。按照历史学本身接近于新闻学的程度，这种史料批判的尺度也相应地变化。

任何一门科学作为研究都以对一种限定的对象区域的筹划为根据，因而必然是具体科学。但任何一门具体科学都必然在筹划之展开过程中通过它们的方法而专门化为特定的探究领域。不过，这种专门化却绝非仅仅是研究结果的日益增长的不可忽视状态的令人难堪的伴生现象。它不是一种必然的弊端，而是作为研究的科学的本质必然性。

① “说明”（Erklärung）是作为科学的历史学的方法，而与解释学意义上的“理解”（Verstehen）或“阐释”（Interpretation）相区别。狄尔泰的名言曰：自然要说明，生命则要理解。——译注

专门化并非结果，而是一切研究的进步的基础。研究并不在其方法那里分崩离析而成为任意的探究，从而在探究中销声匿迹，因为现代科学被第三个基本过程即企业活动（Betrieb）所规定。（参阅本文附录二）①

② 科学的“企业活动”

人们首先会把“企业活动”理解为那种现象：一门科学，无论这是一门自然科学还是一门精神科学，只是当它今天已成为能进行学院研究的科学，它才获得了一门科学的真正外貌。但是，研究不是企业活动，因为研究工作是在研究所里进行的；不如说，研究所是必然的，因为科学本身作为研究具有企业活动的特点。人们借以占有具体对象领域的方法并不是简单地累积结果。毋宁说，借助于它的结果，方法总是使自身适应于一种新的程式。全部以往的物理学都隐藏在机械装置中，为了进行原子裂变，这种机械装置对物理学来说是必需的。相应地，在历史学研究中，只有当史料本身根据历史学的说明而得到了保证，史料组分对说明来说才是可利用的。在这些过程中，科学方法被它的结果所包围。方法越来越适应于由它自己所开启出来的程式之可能性。这种对它自己的结果的必然适应

① 这里的Betrieb殊为难译，其日常含义为“企业、工厂、生产、运行、忙碌”等。英译本作“ongoing activity”。我们权译之为“企业活动”。——译注

(Sicheinrichtenmüssen) 作为不断进步的方法的道路和手段，乃是研究的企业活动特点的本质。但研究的企业活动特点乃是研究的研究所特点的必然性的内在根据。

在企业活动中，对对象区域的筹划首先被设置入存在者中。各种方法相互促进对结果的检验和传达，并且调节着劳动力的交换。使一种对各种方法的有计划的联合变得容易的所有设置——作为措施——绝不仅仅是研究工作扩展和分叉的外在结果。毋宁说，研究工作成了一个远远而来的、并且远远还没有得到理解的标志，标志着现代科学开始进入它的历史的决定性阶段。现在，现代科学才开始获得它自己的完满本质。

在科学的研究所特点的扩展和固定化中发生了什么呢？无非是保障了方法对于总是在研究中成为对象的存在者（自然和历史）的优先地位。根据它的企业活动特性，科学为自己创造了与它们相合的共属一体关系和统一性。因此，一种以研究所方式活动的历史学或考古学的研究，本质上比它自己的还处于单纯博学中的精神科学院系里的学科，更接近于相应地建立起来的物理学研究。所以，科学的现代的企业活动特性的决定性展开也造就了另一类人。学者消失了。他被不断从事研究活动的研究者取而代之了。是研究活动，而不是培养广博学识，给他的工作以新鲜空气。研究者家里不再需要图书馆。他反正不断在途中。他在会议上磋商和了解情况。他受制于出版商的订货。出版商现在也一道来决定必须写哪一些书。（参阅本文附录三）

研究者必然自发地涌向根本意义上的技术人员的本质形态的范围中。只有这样，他才能保持活动能力，从而才能在其时代意义上确实地存在，不至于落伍。除此之外，还有某些时间和某些地方，能够保持着变得越来越淡薄和空洞的学究和学院的罗曼蒂克。但是，学院的有效的统一特性，以及学院的现实性，却不在于科学的原始统一过程所具有的某种精神力量，这种精神力量发源于学院，因为它得到学院的培育，并且在学院中得到了保存。学院实际上是一个设置；由于管理上的封闭，学院这种设置在形式上还是独一无二的，它使得诸科学力求分离开来而进入专门化和企业活动的特殊统一性的过程成为可能，并使之昭然可睹。因为现代科学的固有的本质力量直接明显地在企业活动中发挥作用，所以，也只有自发的研究企业活动才能从自身出发先行勾勒和建立一种符合自身的与其他企业活动的内在统一性。

科学的现实体系在于一种有关存在者之对象化的程式和态度的并存一致性——这种一致性总是根据计划而被适当地安排好了。这一体系所要求的优先地位并不是对象领域的某种虚构的、僵化的内容上的关系统一性，而是最大可能的自由的、但却被控制的可变性，亦即使研究进入那个始终起指导作用的任务之中的转换和连接过程的可变性。科学越是唯一地具体到对其工作进程的完全推动和控制上，这种企业活动越是明确地转移到专门化的研究机构和专业学校那里，则科学也就越是无可抵抗地获得了对它们的现代本质的完成。然而，科学和研究者越是无条件地严肃对待它们的本质的现代形态，则它们就能够更明确地并且更直接地为公共利益把自己提供出来，而同时，它们也就更无保留地必然把自己置回到任何有益于社会的工作的公共的平凡无奇之中。

现代科学在对特定对象领域的筹划中建立自身，同时也使自身个别化。这种筹划是在相应的、受严格性保证的方法中展开自身的。具体的方法适应于企业活动，并在其中确立自身。筹划（Entwurf）与严格性（Strenge），方法（Verfahren）与企业活动（Betrieb），它们相互需要，构成了现代科学的本质，使现代科学成为研究。

我们沉思现代科学的本质，旨在从中认识现代科学的形而上学基础。何种关于存在者的观点和何种关于真理的概念为科学成为研究奠立了基础呢？

作为研究，认识对存在者作出说明，说明存在者如何和在何种程度上能够为表象所支配。当研究或者能预先计算存在者的未来过程，或者能事后计算过去的存在者时，研究就支配着存在者。可以说，在预先计算中，自然受到了摆置，在历史学的事后计算中，历史受到了摆置。[1] 自然和历史便成了说明性表象的对象。这种说明性表象计算着自然，估算着历史。只有如此这般地成为对象，如此这般地**是**（ist）对象的东西，才被视为存在着的（seiend）。

① 此处译为“摆置”的德文动词 stellen 在海德格尔这里有特殊含义，应联系海氏所思的“表象”（Vor-stellen）来理解，更应联系他所思的“座架”（Ge-stell）来理解。——译注

惟当存在者之存在在这种对象性中被寻求之际，才出现了作为研究的科学。

这种对存在者的对象化实现于一种表象（Vorstellen），这种表象的目标是把每个存在者带到自身面前来，从而使得计算的人能够对存在者感到确实，也即确定。当而且只有当真理已然转变为表象的确定性（Gewissheit）之际，我们才达到了作为研究的科学。最早是在笛卡尔的形而上学中，存在者被规定为表象的对象性，真理被规定为表象的确定性了。笛卡尔的主要著作的标题为《第一哲学沉思》。第一哲学（Πρώτη φιλοσοφία）乃是亚里士多德创造的一个名称，标示着后来被称为形而上学的东西。整个现代形而上学，包括尼采的形而上学，始终保持在由笛卡尔所开创的存在者阐释和真理阐释的道路上。（参阅附录四）

这里，如果说作为研究的科学乃是现代的一个本质性现象，那么，构成研究的形而上学基础的东西，必然首先而且预先就从根本上规定了现代之本质。我们可以看到，现代之本质在于：人通过向自身解放自己来摆脱了中世纪的束缚。但这种正确的描绘却还是肤浅的。它导致了一些谬误，这些谬误阻碍着我们去把握现代的本质基础并由此出发去测度其本质的范围。无疑，随着人的解放，现代出现了主观主义和个人主义。而同样确凿无疑的是，在现代之前，没有一个时代创造了一种可比较的客观主义；此前也没有一个时代，有非个人因素以集体的形态在其中发挥作用。在这里，本质性的东西乃是主观主义和客观主义之

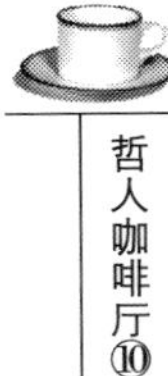

间的必然的交互作用。但正是这种交互的制约指示着更为深刻的过程。

决定性的事情并非人摆脱以往的束缚而成为自己，而是在人成为主体（Subjekt）之际人的本质发生了根本变化。但我们必须把“一般主体”（Subjectum）这个词理解为希腊词语“根据”（ὑποκείμενον）的翻译。这个希腊词语指的是眼前现成的东西，它作为基础把一切聚集到自身那里。主体概念的这一形而上学含义最初并没有任何突出的与人的关系，尤其是，没有任何与自我的关系。

但如果人成了第一性的和真正的一般主体，那就意味着：人成为那种存在者，一切存在者以其存在方式和真理方式把自身建立在这种存在者之上。人成为存在者本身的关系中心。可是，只有当对存在者整体的理解发生变化之际，这样一回事情才是有可能的。这种变化在何处显示出来？按照这种变化，现代之本质是什么呢？

③ 现代之本质

倘我们沉思现代，我们就是在追问现代的世界图像。[①] 通过与中世纪的和古代的世界图像相区别，我们描绘出现代的世界图像。但是为什么在阐释一个历史性的时

① “世界图像”（Weltbild）在日常德语中作“世界观”或“宇宙观”。联系海德格尔下面的讨论，我们取更为字面的直译“世界图像”，意味人的表象活动把世界把握为“图像”。——译注

代之际，我们要来追问世界图像呢？莫非历史的每个时代都有它的世界图像，并且是这样，即，每个时代都尽力谋求它的世界图像？或者，世界图像的追问就是现代的表象方式，并且仅仅是现代的表象方式吗？

什么是一个世界图像呢？显然，是关于世界的一个图像。但何谓世界呢？所谓图像又意味着什么？世界在这里乃是表示存在者整体的名称。这一名称并不局限于宇宙、自然。历史也属于世界。但就连自然和历史，以及在其沉潜和超拔中的两者的交互贯通，也没有穷尽了世界。在世界这一名称中还含有世界根据的意思，不论世界根据与世界的关系是如何被思考的。（参阅附录五）

说到图像一词，我们首先想到的是关于某物的画像。据此，世界图像大约就是关于存在者整体的一幅图画了。但实际上，世界图像的意思要多得多。我们用世界图像一词意指世界本身，即存在者整体，恰如它对我们来说是决定性的和约束性的那样。图像在这里并不是指某个摹本，而是指我们在“我们对某物了如指掌”① 这个习语中可以听出的东西。这个习语要说的是：事情本身就像它为我们所了解的情形那样站立在我们面前。“去了解某物”② 意味着：把存在者本身如其所处情形那样摆在自身面前来，并持久地在自身面前具有如此这般被摆置的存在者。但

① 这里的“我们对事物了如指掌”（wir sind über etwas im Bilde）可按字面直译为“我们在关于某物的图像中”。——译注

② “去了解某物”（sich über etwas ins Bild setzen）可按字面直译为“把自身置入关于某物的图像中”。——译注

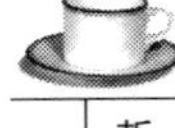

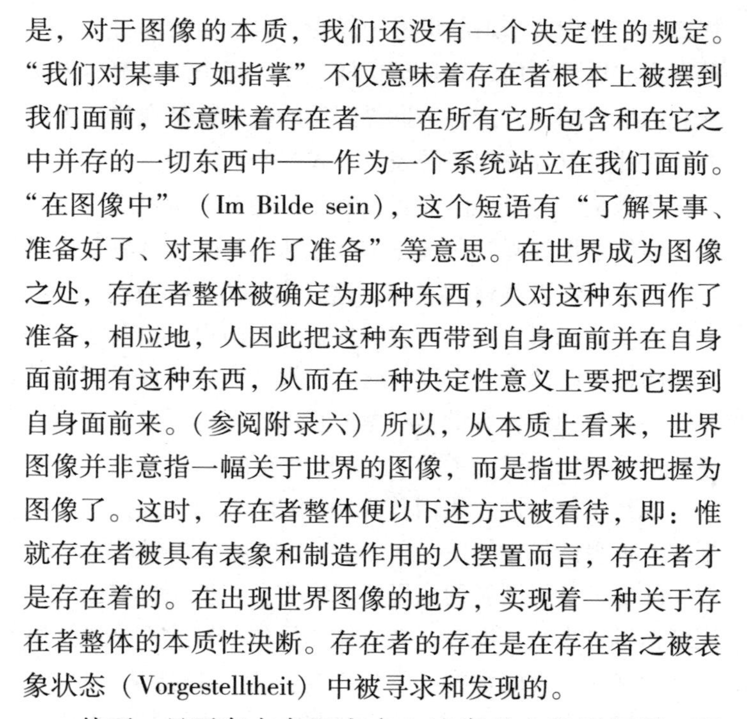

是，对于图像的本质，我们还没有一个决定性的规定。“我们对某事了如指掌”不仅意味着存在者根本上被摆到我们面前，还意味着存在者——在所有它所包含和在它之中并存的一切东西中——作为一个系统站立在我们面前。“在图像中”（Im Bilde sein），这个短语有“了解某事、准备好了、对某事作了准备”等意思。在世界成为图像之处，存在者整体被确定为那种东西，人对这种东西作了准备，相应地，人因此把这种东西带到自身面前并在自身面前拥有这种东西，从而在一种决定性意义上要把它摆到自身面前来。（参阅附录六）所以，从本质上看来，世界图像并非意指一幅关于世界的图像，而是指世界被把握为图像了。这时，存在者整体便以下述方式被看待，即：惟就存在者被具有表象和制造作用的人摆置而言，存在者才是存在着的。在出现世界图像的地方，实现着一种关于存在者整体的本质性决断。存在者的存在是在存在者之被表象状态（Vorgestelltheit）中被寻求和发现的。

然而，只要存在者**没有**在上述意义上得到解释，那么，世界也就不能进入图像中，也就不可能有世界图像。存在者在被表象状态中成为存在着的，这一事实使存在者进入其中的时代成为与前面的时代相区别的一个新时代。“现代之世界图像”（Weltbild der Neuzeit）的“现代世界图像”（neuzeitliches Weltbild）这两个说法讲的是同一回事，它们假定了某种以前绝不可能有的东西，亦即一个中世纪的世界图像和一个古代的世界图像。世界图像并非从一个以前的中世纪的世界图像演变为一个现代的世界图像；毋宁说，根本上世界成为图像，这样一回事情标志着现代之本质。相反的，对于中世纪来说，存在者乃是受造物（ens creatum），是作为最高原因的人格性的创世的上帝的造物。那时，存在者存在意味着：归属于造物序列的某个特定等级，并作为这样一种造物符合于创造因（analogia entis）。（参阅附录七）但在这里，存在者之存在从来就不在于：存在者作为对象被带到人面前，存在者被摆置到人的决定和支配领域之中，并唯有这样才成为存在着的。

现代的存在者阐释与古希腊的阐释相距更远了。古希腊思想关于存在者之存在的最古老表达之一是：Tὸ γάρ αὐτὸ νοεῖν ἐδτίν τε καὶ εἶναι。[①] 巴门尼德的这个命题说的是：由于为存在所要求和规定，存在者之觉知归属于存在。存在者乃是现者和自行开启者，它作为在场者遭遇到作为在场者的人，也即遭遇到由于感知在场者而向在场者开启自身的人。存在者并不是通过人对存在者的直观——甚至是在一种具有主观感知特性的表象意义上的直观——才成为存在着的。不如说，人是被存在者所直观的东西，是被自行开启者向着在场而在它那里聚集起来的东西。被存在者所直观，被牵引入存在者之敞开领域中并且被扣留于其中，从而被这种敞开领域所包涵，被推入其对立面之中并且由其分裂标识出来——这就是在伟大的希腊时代中

① 巴门尼德这个残篇通译为“思想与存在是同一的”。而海德格尔对之有不同的译解。——译注。

的人的本质。所以，为了完成他的本质，希腊人必须把自行开启者聚集（λέγειν）和拯救（σώζειν）入它的敞开性之中，把自行开启者接纳和保存于它的敞开性之中，并且始终遭受着（ἀληθεύειν）所有自身分裂的混乱。希腊人作为存在者的觉知者而存在，[①] 因为在希腊，世界不可能成为图像。但另一方面，在柏拉图那里，存在者之存在状态被规定为外观（εἶδος），这乃是世界必然成为图像这回事情的前提条件；这个前提条件远远地预先呈报出来，早已间接地在遮蔽领域中起着决定作用。（参阅附录八）

与希腊的觉知不同，现代的表象意指着完全不同的东西。这种表象的含义最早由 repraesentatio 一词表达出来了。表象在这里意思是：把现存之物当作某种对立之物带到自身面前来，使之关涉于自身，即关涉于表象者，并且把它强行纳入到这种与作为决定性领域的自身的关联之中。何处有这种事情发生，人们就在那里了解了存在者。[②] 但由于人如此这般地了解存在者，人就炫耀他自己，[③] 亦即进入普遍地和公开地被表象的东西的敞开区域之中。借此，人就把自身设置为一个场景（die Szene），在其中，存在者从此必然摆出自身（sich vor-stellen），必

---

① 这里的“觉知者”（der Vemehmer）联系于动词“觉知”（vernehmen）。“觉知”不是对象性的认知，而可以说是海氏所标榜的“思”（denken）。——译注

② 此句原文为“der Mensch setzt über das Seiende sich ins Bild”，可直译作：“人就把自身置入关于存在者的图像中”。——译注

③ 此句原文为“er setzt sich selbst in die Szene”，可直译作：“他把自己置入场景中”。——译注

然呈现自身（sich präsentieren），亦即必然成为图像。人于是就成为对象意义上的存在者的表象者（der Repräsentant）。

但这一过程的新颖之处绝不在于：现在，人在存在者中间的地位完全不同于中世纪和古代人了。决定性的事情乃是，人本身特别地把这一地位采取为由他自己所构成的地位，人有意识地把这种地位当作被他采取的地位来遵守，并把这种地位确保为人性的一种可能的发挥的基础。根本上，惟现在才有了诸如人的地位之类的东西。人把他必须如何对作为对象的存在者采取立场的方式归结到自身那里。于是开始了那种人的存在方式，这种方式占据着人类能力的领域，把这个领域当作一个尺度区域和实行区域，目的是为了获得对存在者整体的支配。回过头来看，由这种事件所决定的时代不仅仅是一个区别于以往时代的新时代，而毋宁说，这个时代设立它自身，特别地把自己设立为新的时代。成为新的（Neu zu sein），这乃是已经成为图像的世界所固有的特点。

因此，如果我们把世界的图像特性解说为存在者之被表象状态，那么，为了充分把握被表象状态的现代本质，我们就必须探寻出“表象”（vorstellen）这个已经被用滥了的词语和概念的原始的命名力量，那就是：摆置到自身面前和向着自身而来摆置（das vor sich hin und zu sich her Stellen）。由此，存在者才作为对象达乎持存，从而才获得存在之镜象（Spiegel des Seins）。世界之成为图像，与人在存在者范围内成为主体是同一个过程。（参阅附录

九）

惟因为人根本上和本质上成了主体，并且只是就此而言，对人来说就必然会出现这样一个明确的问题：人是作为局限于他的任性和放纵于他的专横的“自我”，还是作为社会的“我们”；是作为个人还是作为社会；是作为社会中的个体，还是作为社团中的单纯成员；是作为国家、民族和人民，还是作为现代人的普遍人性——人才意愿并且必须成为他**作为**现代人的本质**已经存在**的主体？惟当人本质上已经是主体，人才有可能滑落入个人主义意义上的主观主义的畸形本质之中。但也只有在人**保持**为主体之际，反对个人主义和主张社会是一切劳作和利益之目标领域的明确斗争才有了某种意义。

④ 现代之进程

对于现代之本质具有决定性意义的两大进程——亦即世界成为图像和人成为主体——的相互交叉，同时也照亮了初看起来近乎荒谬的现代历史的基本进程。这也就是说，对世界作为被征服的世界的支配越是广泛和深入，客体之显现越是客观，则主体也就越主观地，亦即越迫切地突现出来，世界观和世界学说也就越无保留地变成一种关于人的学说，变成人类学。毫不奇怪，唯有在世界成为图像之际才出现了人道主义。而正像在希腊的伟大时代中不可能有世界图像这类东西，同样地，那时也不可能有一种人道主义发挥作用。所以，比较狭窄的历史学意义上的人道主义无非是一种伦理学—美学的人类学。在这里，“人类学”（Anthropologie）这个名称并不是指某种关于人的自然科学研究。它也不是指在基督教神学中被确定下来的关于受造的、堕落的和被拯救的人的学说。它标志着那种对人的哲学解释，这种哲学解释从人出发并且以人为归趋来说明和评估存在者整体。[①]（参阅本文附录十）

世界解释愈来愈彻底地植根于人类学之中，这一过程始于18世纪末，它在下述事实中获得了表达：人对存在者整体的基本态度被规定为世界观（Weltanschauung）。自那个时代起，“世界观”这个词就进入了语言用法中。一旦世界成为图像，人的地位就被把捉为一种世界观。诚然，“世界观”一词会带来一种误解，仿佛这里的事情仅只关系到一种对世界的怠懒的考察。所以，早在19世纪，人们就很合理地强调指出，世界观也意味着、甚至首先意味着生活观。不过，“世界观”一词依然保持自身为表示人在存在者中间的地位的名称，这个情况给出了一个证明，说明一旦人已经把他的生命当作主体带到了关系中心的优先地位上，世界如何决定性地成了图像。这意味着：惟就存在者被包含和吸纳入这种生命之中而言，亦即，惟就存在者被体验（erlebt）和成为体验（Er-lebnis）而言，存在者才被看作存在着的。正如任何人道主义对古希腊精神来说必然是格格不入的，同样地，根本也不可能有一种

① 按海德格尔的意思，他这里所谓“人类学”（Anthropologie）实可译为“人类中心主义”或“人类中心论”。——译注

中世纪的世界观；说有一种天主教的世界观，同样也是荒谬无稽的。现代人越是毫无节制地大步进入他的本质形态之中，一切事物就必定必然而合法地成了现代人的体验；同样确凿无疑的是，希腊人是绝无可能在奥林匹克的庆典上拥有体验的。

现代的基本进程乃是对作为图像的世界的征服过程。这里，“图像”（Bild）一词意味着：表象着的制造之构图。① 在这种制造中，人为一种地位而斗争，力求他能在其中成为那种给予一切存在者以尺度和准绳的存在者。因为这种地位确保、组建和表达自身为世界观，所以，现代的与存在者的关系在其决定性的展开过程中成为各种世界观的争辩，而且不是任意的世界观的争辩，而只是那些世界观的争辩——这些世界观已经占取了具有最终坚决态度的人的极端的基本立场。为了这种关于世界观的斗争，并且按照这种斗争的意义，人施行其对一切事物的计算、计划和培育的无限制的暴力。作为研究的科学乃是这种在世界中的自行设立（Sicheinrichten）的不可缺少的形式，是现代在其中飞速地——以一种不为参与者所知的速度——达到其本质之完成的道路之一。随着这一关于世界观的斗争，现代才进入了它的历史的最关键的和也许最能持久的阶段。（参阅附录十一）

这一进程的一个标志是，庞大之物（das Riesenhafte）

---

① “表象着的制造之构图”原文为“Gebild des vorstellenden Herstellens”。应注意其中“构图（Gebild）与“图像”（Bild）的联系。——译注

到处并且以最不相同的形态和乔装显现出来。这当儿，庞大之物同时也在愈来愈细微的方向上呈示出来。我们想想原子物理学的数据即可领会此事。庞大之物在某种形式中突现出来，而这种形式表面上看来恰恰是使庞大之物消失——在飞机对大距离的消灭过程中，在任意的、凭某种熟巧手艺便可制造的通过无线电对那些陌生的和冷僻的日常世界的表象或摆出活动（Vorstellen）中。不过，如果我们以为，庞大之物只是纯粹数量的无限伸展的空虚，那我们也就想得太肤浅了。如果我们发现，以持续地尚未曾在之物（das Nochniedagewesene）为形态的庞大之物仅仅源起于某种夸张和过火行为的盲目欲望，那我们也就看得太短浅了。如果我们认为凭“美国主义”这个口号就已经说明了这种庞大之物的现象，那我们就根本没有作什么思考。(参阅附录十二)[1]

毋宁说，庞大之物乃是那种东西，通过这种东西，量成为某种特有的质，从为成为某种突出的大。每个历史性的时代不仅与其他时代相比有不同的大；它也总是具有它特有的关于大的概念。但一旦在计划、计算、设立和保证过程中的庞大之物从量突变为某种特有的质，那么，庞大之物和表面上看来总是完全能得到计算的东西，恰恰因此成为不可计算的东西。后者始终是一种不可见的阴影；当人成了主体而世界成了图像之际，这种阴影总是笼罩着万物。(参阅附录十三)

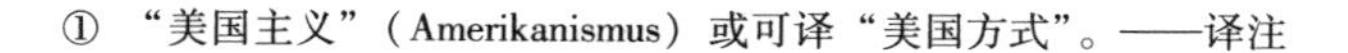

① “美国主义”（Amerikanismus）或可译“美国方式”。——译注

通过这种阴影，现代世界把自身投入一个避开了表象的空间中，并因此赋予那种不可计算之物以其特有的规定性和历史的独一性。但这种阴影却指示着一个拒绝为我们今人所知的其他东西。（参阅附录十四）不过，只要人在对时代的一味否定中游游荡荡，那么，他就绝不能去经验和思考这种拒绝让人知道的东西。那种出于低三下四和骄傲自大的混杂而向传统的逃遁，本身不能带来什么东西，无非是对历史性瞬间视而不见和蒙昧无知而已。

唯有在创造性的追问和那种出自真正的沉思的力量的构形中，人才会知道（wissen）那种不可计算之物，亦即才会把它保存于其真理之中，真正的沉思把未来的人投入那个“区间”（Zwischen）中，在其中，人归属于存在，却又在存在者中保持为一个异乡人。（参阅附录十五）荷尔德林知道了这一点。他的一首题为《致德国人》的诗结尾如下：

我们的有生之年是多么局促，
我们观看和计算我们的年岁之数，
但诸民族的年岁，
莫非有一只凡人的眼睛看见了它们？

倘你的灵魂在渴望中颤动
超越于自己的时光之上，悲哀地
你于是逗留在寒冷的海滨
在你的所有中，而绝不认识它们。

⑤ 附　录

（一）这样一种沉思既不是对所有人来说都必然的，也不是每个人都能完成或者哪怕只是承受的。相反，无沉思状态乃普遍地属于实行和推动活动的某些特定阶段。但沉思之追问绝不会沦于无根据和无疑问之境，因为这种追问先行追问着存在。对沉思而言，存在始终是最值得追问的东西。沉思在存在那里遭遇到最极端的抵抗，这种抵抗阻止沉思去严肃对待进入其存在之光亮中的存在者。对现代之本质的沉思把思想和决断设置入这个时代的本真的本质力量的作用范围内。这些本真的本质力量如其作用的那样发挥作用，是任何日常的评价活动所不能触及的。面对这些本质力量，只有一种对它们的决定性发送（Austrag）的准备，或者，却是一种向无历史性的逃遁。但在这里，举例说，肯定技术，或者，出于一种无可比拟地更本质性的态度，把"整体动员"① ——如果它被认作现成的东西——绝对地设定起来，这样做，都还是不够的。关键是要不断地先行根据在其中起支配作用的存在之真理来把握时

① "整体动员"（die totale Mobilmachung）是恩斯特·荣格（Ernst Jünger）的一个中心论题，意指现代的一个本质现象，即人通过技术意志实现对地球的统治。海德格尔根据尼采思想来考察荣格的观点，把"整体动员"理解为强力意志形而上学的最后实现，或"积极的虚无主义"的最后阶段。可参看海德格尔：《面向存在问题》，载《路标》，第379页以下。——译注

代的本质，因为只有这样，才同时也经验到了那种最值得追问的东西，后者从根本上包含和约束着一种超越现成之物而进入未来的创造（Schaffen），并且使人的转变成为一种源出于存在本身的必然性。没有一个时代能被否定的裁决消除掉。这种否定只是把否定者抛出轨道。但是，为了在未来经受住考验，在其本质中并且借助于其本质之力量，现代要求一种沉思的原始性和作用范围；我们今天的人也许正对这种沉思作着某些准备，但我们绝不能先就掌握它。

（二）“企业活动”（Betrieb）一词在这里并无贬义。但由于研究在本质上是企业活动，所以，始终可能的那种“一味忙碌”（blosser Betrieb）的勤勉活动（Betriebsamkeit）同时也唤起一种最高现实性的假象，而研究工作的挖掘活动就是在这种现实性背后完成的。当企业活动在方法中不再基于常新的筹划之实行而保持开放，而只是抛弃这种给定的筹划，甚至也不再证实它自己的不断累积的结果以及对结果的清算，而是一味地追逐这种结果和计算，这时候，企业活动就成为“一味忙碌”了。[1] 这种“一味忙碌”无论何时都必须被制止，而这恰恰是因为研究在本质上乃是企业活动。倘人们只是在安静优雅的博学中寻找科学的科学因素，那么无疑地，看起来仿佛对企业活动的拒绝也就意味着对研究之企业活动特性的否定。确

① 此处所译的“企业活动”（Betrieb）和“一味忙碌”（blosser Betrieb）实为勉强的意译，且没有很好地传达出两词的字面联系。——译注

实，研究愈纯粹地成为企业活动，并因而登上其业绩的适当水平，则研究中的勤勉忙碌特性的危险就愈持久地增长。最后就会出现一个状况，在那里“企业活动”与“一味忙碌”之间的区别不光成为不可认识的，而且也成为不现实的了。正是这种处于自明之物的平均中的对本质与非本质的协调，使得作为科学形态的研究成为能持久的，从而根本上使现代成为能持久的。但是，研究从何处获得对那种在其企业活动范围内的“一味忙碌”的抗衡力量呢?

（三）出版商的不断增长的重要性的根据不仅在于：出版商（也许通过书业的途径）对于公众的需求有更好的了解，或者，他们比作者们更能掌握行情。不如说，出版商特有的工作有着一种有计划的、自行设立的运行方式——从他们通过预订的有限的图书和著作的发行如何必然把世界带入公众的图像之中并把世界确定在公众状态中这个角度来看。文集、套书、著作系列和袖珍版的风行，已经是这种出版商工作的一个结果；这种工作又是与研究者的意图相切合的，因为研究者通过丛书和文集不但能更容易、更快速地成就名声，而且即刻可以在更广大的公众那里获得轰动效果。

（四）从历史上看，笛卡尔形而上学的基本立场继承了柏拉图—亚里士多德的形而上学，尽管有其新的开端，但还是活动在同一个问题中：存在者是什么？（Was ist das Seiende?）此问题并没有以这种套式出现在笛卡尔的《沉思》中；但这一点仅能证明，对此问题的变换了的回答是如何从根本上早已规定了基本立场。笛卡尔对存在者和真理的解释工作首先为一种知识论或知识的形而上学的可能性创造了前提条件。惟通过笛卡尔，实在论才能够去证明外部世界的实在性，才能去拯救那个自在存在者。

在莱布尼茨以来的德国思想中得到完成的对笛卡尔基本立场的本质性改变，绝没有克服后者的基本立场。这些改变才只是展示出笛卡尔基本立场的形而上学的作用范围，并为十九世纪这个还是现代以来最黑暗的世纪创造了前提条件。这些改变间接地把笛卡尔的基本立场固定在某个形式中，通过这个形式，这些改变本身几乎是不可识别的，但并不因此更少具有现实性。相反的，纯粹的笛卡尔—经院哲学及其唯理论已经丧失了任何力量，无能于对现代起进一步构成作用。从笛卡尔开始了西方形而上学的完成过程。但因为这样一种完成又只有作为形而上学才是可能的，所以现代思想才具有了它自身的伟大。

笛卡尔把人解释为一般主体（Subjectum），从而为后来的形形色色的人类学创造了形而上学的前提条件。随着人类学的涌现，笛卡尔欢庆他的最大的胜利。通过人类学，形而上学便开始过渡到那种对所有哲学的简单终止和取消的过程中。狄尔泰否定形而上学，根本上已不再理解形而上学的问题，面对形而上学的逻辑一筹莫展；这乃是狄尔泰的人类学的基本立场的内在结果。他的“哲学的哲学”乃是一种对哲学所做的人类学上的取消工作的凸出形式，而不是一种对哲学的克服。因此，任何一种人类学——它随心所欲地利用以往的哲学，却又把后者宣布为多余的哲学——也有其优越之处，那就是：它清楚地看到了那种随着对人类学的肯定所需要的东西。由此，精神状况便获得了某种廓清，而同时，对诸如国家社会主义哲学之类的荒谬产物的极其艰难的制作只会造成混乱。世界观虽然需要并且利用哲学的博学，但它不需要任何一种哲学，因为它作为世界观已经接受了某种特有的对存在者的解说和构形。但无疑地，人类学也不能做某件事情。人类学不能克服笛卡尔，甚至也不能反抗笛卡尔；因为，结果又如何会与它立身其上的基础作斗争呢？

要克服笛卡尔，只有通过克服他本人所建立起来的东西，只有通过克服现代的、同时亦即西方的形而上学。但在这里，“克服”却意味着：对意义问题的原始追问，亦即对筹划领域问题的原始追问，从而也是对存在之真理（Wahrheit des Seins）问题的原始追问——而存在之真理问题同时揭示自身为真理之存在（Sein der Wahrheit）问题。

（五）正如我在《存在与时间》所阐发的那样，世界概念只有在“此之在”（Da-sein）的问题的视界内才能得到理解；而“此之在”的问题又始终被嵌入存在之意义（而非存在者之意义）的基本问题之中了。

（六）图像（Bild）的本质包含有共处（Zusammenstand）、体系（System）。但体系并不是指对被给予之物的人工的、外在的编分和编排，而是在被表象之物本身中的结构统一体，一个出于对存在者之对象性的筹划而自行展开的结构统一性。在中世纪是不可能有一种体系的；因为在那里，只有符合（Entsprechungen）之秩序才是本质性的，而且是在上帝的造物意义上的和被预定为上帝的创造的存在者的秩序。对希腊人来说，体系就更为格格不入了，尽管人们在现代——但完全错误地——在谈论柏拉图和亚里士多德的“体系”。研究中的企业活动是某种对体系的构造和设立；同时，这种体系在交互关系中也规定着这种设立。在世界成为图像之处，就有体系起着支配作用，而且不只是在思想中起支配作用。但是，在体系占支配地位之处，也总是存在着一种可能性，即它有可能向那种仅仅被制作和堆砌起来的体系的外在性蜕化。当筹划的原始力量付诸阙如之际，就会出现这种情形。莱布尼茨、康德、费希特、黑格尔和谢林的本身各个相异的体系的唯一性尚未为人们所把握。这些思想家的体系的伟大之处在于，它们不像笛卡尔的体系那样，是从作为自我（ego）和有限实体（substantia finita）的主体出发来展开自身的，相反的，它们或者如莱布尼茨那样从单子出发，或者像康德那样从先验的、植根于想像力的有限理性之本质出发，或者像费希特那样从无限的自我（Ich）出发，或者像黑格尔那样从作为绝对知识的精神出发，或者像谢林那样从自由——作为任何一个其本身通过对根据和实存的区分而得到规定的存在者的必然性——出发，来展开自身。

对于现代的存在者解释来说，与体系同样本质性的乃是对价值的表象。惟当存在者成为表象（Vor-stellen）之对象之际，存在者才以某种方式丧失了存在。这种丧失是十分不清晰和不确实地被追踪到的，并且相应地很快就得到了弥补，因为人们赋予对象和如此这般得到解释的存在者以一种价值，并根本上以价值为尺度来衡量存在者，使价值本身成为一切行为和活动的目标。由于一切行为和活动被理解为文化，价值便成为文化价值，进而、文化价值竟成为对一种为作为主体的人的自我确证服务的创造（Schaffen）的最高目标的表达。由此出发，仅只还有一步之遥，就可以把价值本身变成自在之对象了。价值是对那种在作为图像的世界中的表象着的自身设立活动的需求目标的对象化。价值似乎表达出这样一个事实，即：人们在与价值的关联的地位中才推动了最富价值的东西本身，但价值恰恰是对变得平淡无奇、毫无隐秘的存在者之对象状态的微弱无力的蒙蔽。无人为纯粹价值而献身。为了揭示19 世纪的本质，人们注意到了赫尔曼·洛采（Hermann Lotze）的独特的中间地位。洛采重新解释了柏拉图的价值观念，同时以《微观世界》为标题进行了“一种人类学的尝试”（1856 年）；这种人类学依然基于德国唯心主义的精神而接近于后者的思维方式的高贵和淳朴，却也向实证论开启了这种思维方式。由于尼采的思想始终被禁囿于价值观中，所以他必然要以一种逆转方式把他的根本思想表达为对一切价值的重估。惟当我们成功地摆脱价值观念来理解尼采的思想，我们才能达到一个立足点，由此立足点出发，形而上学的最后一位思想家的著作才成为一项追问任务，而作为我们的历史的必然性，尼采对瓦格纳的敌对态度才成为可理解的了。

（七）符合（Entsprechung），被思为存在者之存在的基本特征的符合，先行标画出那些完全确定的可能性和方式，即这一在存在者之内的存在的真理设置入作品的可能性和方式。中世纪的艺术作品和这个时代的无世界图像状态乃是一体的。

（八）可是，大约在苏格拉底时代的一个智者不是早就大胆声称：人是万物的尺度，是存在者存在的尺度，也是不存在者不存在的尺度吗？普罗太哥拉的这个命题听起来难道不像笛卡尔说的话么？尤其是，难道柏拉图不是把存在者之存在把捉为被直观到的东西，即相（ἰδέα）么？难道在亚里士多德那里，与存在者本身的关联不是θεωρία，即纯粹观照（Schauen）么？不过，普罗太哥拉的这个智者派哲学命题并非主观主义，正如笛卡尔也不可能仅仅对古希腊思想作了一种颠倒。诚然，通过柏拉图的思想和亚里士多德的追问，实现了一个决定性的、但始终还保持在希腊的关于存在者的基本经验范围内的对存在者和人的解释的转变。恰恰是作为对智者哲学的斗争因而处于与智者哲学的依赖关系中，这种转变了的解释才成为如此决定性的，以至于它成了希腊思想的终结，而这种终结同时间接地为现代准备了可能性。因此之故，后来，不只在中世纪，而且贯穿现代直至今天，柏拉图和亚里士多德的思想能够被看作地地道道的希腊思想，而所有前柏拉图的思想只是被看作对柏拉图的一个准备。由于人们长期以来习惯于认为希腊精神贯穿于现代的人文主义解释中，所以我们始终未曾以让存在保持其独一性和奇异性的方式，去沉思向古代希腊开启自身的存在。普罗太哥拉的命题曰：πάντων χρημάτων μέτρον ἐστὶν ἄνθρωπος，τῶν μὲν ὄντων ὡς ἔστι，τῶν，δὲ μὴ ὄντων ὡς οὐκ ἔστιν ［参看柏拉图：《泰阿泰德篇》（Theatet）152a］。

“（各个）人是万物（也即在人的使用和需要中，因而始终在人周围的物，即 χρήματα χρῆσθαι）的尺度，是在场者如其在场那样在场的尺度，也是不在场者不在场的尺度”。[①] 在这里，其存在有待决断的存在者被理解为在人的周围自发地于此领域中在场的东西。但人是谁呢？对此，柏拉图在同一段文字中给出了答复，他让苏格拉底这样说道：Οὐκοῦν οὕτω πως λέγει，ὡς οἷα μὲν ἕκαστα ἐμοὶ φαίνεται τοιαῦτα μὲν ἔστιν ἐμοί，οἷα δὲ σοί，τοιαῦτα δὲ αὖ σοί ἄνθρωπις δὲ σύ τε καὶ ἐγώ；“他（普罗太哥拉）不是领会了下面这一点么？作为当下某物向我显示出来的，对我来说（也）就是具有这种外观的某物；而作为某物向你显示出来的，对你来说又是具有那种外观的某物？而你和我一样，都是人”。[②]

可见，在这里，人是当下具体的人（我、你、他和她）。这个我（ἐγώ）可以与笛卡尔的我思（ego cogito）相合吗？绝不能。因为，同样必然地规定着普罗太哥拉和笛卡尔的两种形而上学基本立场的一切本质性因素，是各各不同的。一种形而上学基本立场的本质性因素包括：

---

① 这是海德格尔做的翻译，有别于通译（“人是万物的尺度，是存在者存在的尺度，也是不存在者不存在的尺度”）。——译注

② 此句通译为：“他不是说，事物对于你就是它向你显现的那样，对于我就是它向我显现的那样，而你和我都是人？”——译注

a. 人之为人的方式和样式，亦即人之为其自身的方式和样式；自身性（Selbstheit）的本质方式，这种自身性绝不与自我性（Ichheit）相等同，而是根据与存在本身的关联而得到规定的；

b. 对存在者之存在的本质解释（Wesensauslegung）；

c. 对真理的本质筹划（Wesensentwurf）；

d. 人据以在有些地方成为尺度的那种意义（Sinn）。

在上述形而上学基本立场的诸本质要素中，无论哪一个要素都不能与其他要素分离开来得到理解。每一个要素都已经表明某种形而上学基本立场的整体。为什么和在何种程度上恰恰是这四种要素先行包含和构成了某种形而上学基本立场本身，这是一个不再能够根据形而上学和通过形而上学来加以追问和回答的问题了。这已经是一个根据形而上学之克服来谈论的问题了。

诚然，对普罗太哥拉来说，存在者始终关涉于作为我（ἐγώ）的人。但是这种与自我的关联具有何种特性呢？我（ἐγώ）逗留于无蔽领域的范围内，无蔽领域被分派给向来作为这个范围的我了。于是，它觉知着作为存在者的在此范围内在场的一切东西。对在场者的觉知植根于这种在无蔽状态之范围内的逗留。通过在在场者那里的逗留，才**有**（ist）自我的入于在场者的归属关系。这一对敞开的在场者的归属用界线把在场者与不在场者区划开来。从这些界线中，人获得并保持着在场者和不在场者的尺度。由于人局限于当下无蔽领域，人才接受一种尺度，此尺度一向把某个自身（Selbst）限定于此或彼。人并非从某个孤立的自我性（Ichheit）出发来设立一切在其存在中的存在者都必须服从的尺度。具有希腊式的与存在者及其无蔽状态的基本关系的那个人是尺度（μέτρον），因为他采纳了那种向着以自我方式被限定的无蔽状态之范围的限制（Mässigung），并因之承认存在者之遮蔽状态和关于存在者的在场或不在场的不可决断性，类似地也承认关于本质现身之物的外观的不可决断性。所以，普罗太哥拉说（参看第尔斯：《前苏格拉底残篇》，普罗太哥拉 B. 4）：περὶ μὲν θεῶν οὐκ ἔχω εἰδέναι，οὔθ' ὡς εἰσίν，οὔθ ὡς οὐκ εἰσίν，οὔθ' ὁποῖοί τινες ἰδέαν。“至于神，我确实不能知道什么（以希腊方式来讲：“看见”某物），既不知道它们存在，也不知道它们不存在，更不知道它们如何以其外观（ἰδέα）存在”。

πολλὰ γὰρ τὰ κωλύοντα εἰδέναι，ἥ τ' ἀδηλότης καὶ βραχὺς ὢν ὁ βίος τοῦ ἀνθρώπου。“因为阻碍人们去觉知存在者本身的事情有很多：例如，存在者的非敞开状态（遮蔽状态），和人寿的短促”。①

我们满可以惊奇于苏格拉底针对普罗太哥拉的这一番深思熟虑而就后者所说的话（参看柏拉图：《泰阿泰德篇》152b）：εἰκὸς μέντοι σοφὸν ἄνδρα μὴ ληρεῖν。“可以猜想，他（普罗太哥拉）作为一个沉思的人（在他关

① 此句通译为：“至于神，我既不能说他们存在，也不能说他们不存在，因为阻碍我认识这一点的事情很多，例如问题晦涩，人寿短促”。——译注

于人是 μέτρον 的命题中）是不会随便瞎吹八道的”。

普罗太哥拉的形而上学基本立场仅只是对赫拉克利特和巴门尼德的基本立场的一个限制，而这种制限亦即一种保持。智者派哲学唯有在智慧（σοφία）的基础上才有可能，亦即在希腊的对作为在场之存在和对作为无蔽之真理的解释的基础之上才有可能——这种无蔽本身始终是一种对存在的本质规定性，因为在场者就是从无蔽状态那里，在场是从无蔽领域本身那里得到规定的。但笛卡尔离开希腊思想的开端有多远呢？这种对人的解释——它把人表象为主体（Subjekt）——是如何与希腊思想格格不入的？正因为在一般主体（Subjectum）这个概念中，还回响着那种以已经变得不可认识和毋庸置疑的在场（也即持续地摆在眼前的东西）的形式出现的为希腊人所经验到的存在之本质，亦即根据（ὑποκείμενον）之建基（ὑποκεῖσθαι），所以从中还能看出形而上学基本立场的转变的本质。

通过对在场者的觉知而保持那个当下始终受限定的无蔽状态之范围（人之为尺度），这是一回事情。而通过对人人可得的并且对所有人都具有约束力的可表象之物的计算而进入到可能的对象化的无限制领域之中，又是另一回事情了。

在希腊智者派哲学中，不可能有任何一种主观主义，因为在那里，人不可能是一般主体；人之所以不能成为一般主体，是因为在那里，存在乃是在场，真理乃是无蔽状态。

在无蔽状态中发生着呈现（φαντασία），亦即在场者之为这样一个在场者而达乎显现——对本身向着显现者在场的人来说。但作为表象着的主体，人进行想像活动，也就是说，人活动在想像（imaginatio）之中，因为他的表象活动把存在者构想（einbilden）为作为对象的存在者，使之进入作为图像的世界之中。

（九）存在者如何竟能以突出的方式展现为一般主体，从而主体因素得以达到了统治地位？因为直到笛卡尔，甚至在笛卡尔形而上学的范围内，存在者——就其是某个存在者而言——还是一个一般主体（sub-jectum），即根据（ὑπο-κείμενον），也即某个从自身而来摆在眼前的东西，它作为本身同时奠基了它的持续的固有特性和变幻不居的状态。一个在本质性方面无条件的、因而别具一格的一般主体（Sub-jectum）（作为一个具有奠基作用的基础）的优先地位源出于人对某个 fundamentum absolutum inconcussum veritatis（自足的、不可动摇的确定性意义上的真理的基础）的要求。这种要求为何并且如何达到其决定性的权能和作用呢？这种要求源自那种人的解放，在这种解放中，人挣脱了基督教的启示真理和教会学说的束缚，而成为那种以自身为准绳的立法者。借助于这种解放，自由——亦即受某种义务的束缚——的本质，被重新设定起来。但因为按照这种自由，自我解放的人本身设定义务，所以这种义务从此以后就有可能得到不同的规定。这种义务可以是人的理性及其法则，或者是根据这种理性而被设立起来并且对象性地被安排的存在者，或者是那种尚未被安排的、只有通过对象化活动才能加以掌握的、要求在某个时代得到控制的混沌（Chaos）。

可是，这种解放并不知道自己始终还没有摆脱那种肯定和保证了人的灵魂的得救的启示真理的束缚。因此，这种**摆脱了**天启式的得救确定性（Heilsgewissheit）的解放，本身必然是一种走向某种确定性（Gewissheit）的解放，而在后一种确定性中，人为自己确保了真实——作为对他自己的知识（Wissen）的意识。这只有通过自我解放的人自己对可知之物的确定性的保证才是可能的。但这样一回事情得以发生，只是由于人从自身出发并为自身，确定了对他来说什么是可知的，知识和对意识的确证（即确定性）意味着什么。于是，笛卡尔形而上学的任务就成为：为人的解放——走向作为自身确定的自我规定的自由的解放——创造形而上学的基础。然而，这个基础不但本身必然不是一个确定的基础，而且，由于禁阻了来自其他区域的任何尺度，它同时必然具有这样一种特性，即：所要求的自由的本质通过这个基础而被设定为自我确定性了。不过，一切由其本身确定的东西同时也必须保证那个存在者为确定的——对此存在者来说，这样一种知识必定是确定的，通过这种存在者，一切可知之物必定获得了保证。基础（fundamentum），那种自由的基础，为自由奠立基础者，即一般主体（Subjectum），必定是一个满足上述本质要求的确定之物。一个在所有这些方面都别具一格的一般主体就成为必然的了。这一构成基础和赋予基础的确定之物是何种东西呢？是 ego cogito（ergo）sum，即我思

（故）我在。确定之物是一个命题，它宣称：与人的思维同时相随（共同地和同样持续着），人本身无可置疑地也一道在场着，现在也就是说，一道被给予自身。思维即表象（vor-stellen），是与被表象者——即作为知觉（perceptio）的观念（idea）——的表象关系。

表象在此意味：从自身而来把某物摆置（stellen）到面前来，并把被摆置者确证为某个被摆置者。这种确证必然是一种计算，因为只有可计算状态才能担保要表象的东西预先并且持续地是确定的。表象不再是对在场者的觉知（Vernehmen），这种觉知本身就归属于在场者之无蔽状态，而且是作为一种特有的在场归属于无蔽的在场者。表象不再是"为……自行解蔽"，而是"对……的把捉和掌握"。[①] 在表象中，并非在场者起着支配作用，而是进攻（Angriff）占着上风。现在，按照那种新的自由，表象就是从自身而来向已被确证之物的首先要确证的领域的一种挺进。存在者不再是在场者，而是在表象活动中才被对立地摆置的东西，亦即是对象（Gegenständige）。表象乃是挺进着、控制着的对象化。[②] 由此，表象把万物纠集于如此这般的对象的统一体中。表象乃是心灵活动（coagitatio）。

---

① "为……自行解蔽"（das Sichentbergen für…）是希腊式的"觉知"（vernehmen），而"对……的把捉和掌握"（das Ergreifen und Begreifen von…）是指现代的"表象"方式。——译注

② 此句原文为："Das Vor-stellen ist vor-gehende, meisternde Ver-gegenständlichung"。——译注

与某物的任何关系，诸如意欲、采取立场、感知等等，自始就是表象，是被人们译为“思想”的 cogitans。因此，笛卡尔才能用一个起初令人诧异的名称 cogtatio 来命名意志（voluntas）和情感（affectus）的一切方式，即全部行为（actiones）和感觉（passiones）。在我思故我在（ego cogito sum）中，cogitare 就是在这一本质性的和新的意义上被理解的。一般主体，即基础确定性，是表象着的人的无论何时都得到确证的与被表象的人或非人的存在者（即对象）的共同被表象状态。基础确定性乃是无可置疑地无论何时都可表象的和被表象的 me cogitare = me esse（我思 = 我在）。这乃是自我确证的表象之一切计算活动的基本等式。在这种基础确定性中，人确信：作为一切表象活动的表象者，从而作为一切被表象状态以及任何确定性和真理的领域，他得到确证了，现在也即说，他存在（ist）了。惟因为人以此方式在基础确定性——即“我思 = 我在”（me cogitare = me esse）的绝对不可动摇的基础（fundamentum absolutum inconcussum）——中必然地被一道表象出来了，只是因为向自己解放自身的人必然地归属于这种自由的一般主体——惟因此，人才可能（而且必然是这种人本身）成为别具一格的存在者，成为一个一般主体（Subjectum），后者从原初真实的（即确定的）存在者方面来看在所有一般主体（Subjecta）中具有优先地位。在确定性之基本等式中，进而在真正的一般主体中，道出了自我（ego）；这并不意味着，人现在是从自我和利己方面被规定的。它只是说：成为主体，现在成了作为思维着和表象着的生灵的人的特性。人的自我效力于这个一般主体。在这个一般主体（Subjectum）中建基的确定性本身虽然是主体的（subjektiv），即是在一般主体的本质中发挥作用的，但它并非利己的（egoistisch）。确定性对任何一个作为本身亦即作为一般主体的自我来说都是约束性的。同时，所有通过表象的对象化而被确定为可靠的并从而被确定为存在着的东西，是对任何人都具有约束力的。但没有什么东西能够逃避这种对象化，后者同时始终是关于什么可被看作对象这样一回事情的决定。对可能的对象化之领域以及有关这种对象化的决定权的无条件失范（Entschränkung），乃属于一般主体（Subjectum）之主体性的本质和作为主体（Subjekt）的人的本质。①

现在我们也就弄清了：在何种意义上，人作为主体想要成为并且必定成为存在者（亦即客体、对象）的尺度和中心。现在，人不再是那种对觉知的限制（Mässigung）意义上的尺度（μέτρον）了；这种对觉知的限制是把觉知限制于在场者——每个人始终趋向它而在场——的无蔽状态的当下具体范围。作为一般主体，人乃是自我（ego）的心灵活动（co-agitatio）。人把自身建立为一切尺度的尺

① 照海德格尔的解释，通译为“主体”的Subjectum原意（也在希腊意义上）为“根据”、“基础”，而并不专指人；以它特指人这种突出的存在者，乃是近代（笛卡尔）以来的事情。中文的“主体”一词含义较广，实也有“根据”、“基础”之意。为了把海氏所用Subjectum与Subjekt两词在译文上区别开来，而又不至于失落两者的之间的联系，我们权把Subjectum译为“一般主体”，把Subjekt译为“主体”。——译注

度，即人们据以测度和测量（计算）什么能被看作确定的——也即真实的或存在着的——东西的那一切尺度的尺度。自由作为一般主体的自由是新的。在《第一哲学沉思》中，向着新自由的人的解放被带向其基础亦即一般主体那里。现代人的解放并非才始于“我思故我在”，笛卡尔的形而上学也不只是一种被补交给这种自由、因而从外部被添造到这种自由的形而上学，一种意识形态意义上的形而上学。在心灵活动（co-agitatio）中，表象把一切对象事物聚集到被表象状态的“共同”之中。现在，思维（cogitare）的自我（ego）在被表象状态的自我确证着的“共处”中，亦即在意识（con-scientia）中，获得了其本质。con-scientia 是对在由人保存下来的被表象状态范围中的对象——与表象着的人一道——的共同摆置。一切在场者从被表象状态中获得了其在场状态（Anwesenheit）的意义和方式，也即在 repraesentatio 中的在场（Praesenz）的意义。作为 coagitatio 的一般主体，ego 的 con-scientia 乃是以此方式别具一格的主体的主体性，规定着存在者之存在。

《第一哲学沉思》根据被规定为意识（conscientia）的主体性，对一般主体（Subjectum）的存在论作了先行描述。人成了一般主体。因此，人能够按照他对自身的理解和意愿来规定和实现主体性的本质。作为启蒙时代的理性动物，人并不比那个人——他把自己理解为民族，意欲成为民众，作为种族培育自身，最后赋予自身以地球的主人的权能——更少是主体。在所有这些主体性的基本立场中，某种不同的自我性（Ichheit）和利己主义也才是可能的；因为人始终被规定为我和你，我们和你们了。主观的利己主义——它多半不知道自我预先已经被规定为主体了——可以通过把“自我”嵌入“我们”之中来加以消除。由此，主体性只是获得了权力。在以技术方式组织起来的人的全球性帝国主义中，人的主观主义达到了它的登峰造极的地步，人由此降落到被组织的千篇一律状态的层面上，并在那里设立自身。这种千篇一律状态成为对地球的完全的（亦即技术的）统治的最可靠的工具。现代的主体性之自由完全消溶于与主体性相应的客体性之中了。人不能凭自力离弃其现代本质的这一命运，或者用一个绝对命令中断这一命运。但是，人能够在先行思考之际来深思一点，即：人类的主体存在一向不曾是、将来也绝不会是历史性的人的开端性本质的唯一可能性。一片遮蔽着的土地上空的一朵变幻不定的阴云，这乃是一种阴暗过程，它把那种由基督教的得救确定性提供出来的真理——作为主体性之确定性的真理——笼罩在一个始终不为主体性所经验的居有事件（Ereignis）之上。

（十）人类学是这样一种对人的解释，它根本上已经知道人是什么，因而从来不能追问人是谁。因为随着这一问题，它势必要承认自己受到了动摇，被克服了。如何能够指望人类学做到这一点呢？所到之处，人类学所要做的却仅仅是专门对主体的自我确信作事后追补的确证而已。

（十一）因为现在，自我完成的现代的本质进入不言自明的东西中的融合过程正在实行中。惟当这种不言自明的东西通过世界观而得到了确证之际，适合于一种原始的存在之疑问的可能温床才能成长起来；这种存在之疑问开启出一个领地，由此得以决定存在是否依然能够胜任一个上帝，存在之真理的本质是否更原初地要求着人的本质。惟在现代之完成达到其特有的伟大性的毫无顾忌的地步之际，也才为未来的历史作了准备。

（十二）美国主义是某种欧洲的东西。它是那种尚未得到理解的庞大之物的变种；这种庞大之物尚未被释放出来，甚至根本还不是从完全的和被聚集起来的现代之形而上学本质中生长出来的。实用主义对美国主义的美国式阐释始终还处于形而上学领域之外。

（十三）日常流行的意见只在阴影中看到光的缺失——如果不说是光的完全否定的话。但实际上，阴影乃是光的隐蔽的闪现的证明，这种证明虽然是不透明的，却是可敞开的。按照这个阴影概念，我们把不可计算之物经验为那种东西，它游离于表象，但在存在者中是显然敞开的并且显示着隐蔽的存在。

（十四）但是，如果拒绝本身必定成为最高的和最强烈的对存在的揭示活动，那么情形又会如何呢？从形而上学出发来理解（也即从存在问题出发，以“什么是存在者？”这种形式来发问），存在的隐蔽本质，即拒绝，首先揭示自身为绝对不存在者，也即无（Nichts）。但是，作为存在者的虚无因素（das Nichthafte），无乃是纯粹否定（das bloss Nichtige）的最激烈的对立面。无从来不是一无所有，它同样也不是某个对象意义上的某物；无是存在本身——当人已然克服了作为主体的自身，也即当人不再把存在者表象为客体之际，人就被转让（übereignet）给存在之真理了。

（十五）这一敞开的“区间”就是此之在，而此之在这个词是在存在之解蔽和遮蔽的绽出领域这一意义上来理解的。①

（孙周兴　译）

2. 尼采的话“上帝死了”②

下面的解释试图指明，从何而来我们兴许有朝一日能够提出虚无主义的本质的问题。此解释起于一种思想，这种思想着手要在西方形而上学历史的范围内对尼采的基本立场作某种廓清。这一番指明工作将揭示西方形而上学的一个阶段，它也许是形而上学的最终阶段，因为就形而上学通过尼采而在某种程度上自行丧失了它本己的本质可能性而言，我们不再能够看到形而上学的其他什么可能性了。形而上学由于尼采所完成的颠倒还只不过是倒转为它

① 这里的“此之在”（Da-sein），英译本作“存在之敞开状态”（the openness-for -Being），是一种意译了。——译注

② 本文是海德格尔1943年做的演讲，其内容依据海氏1936年至1940年间五个学期的尼采讲座。1950年收入《林中路》，由维多里奥·克劳斯特曼出版社出版。中译文据《林中路》1980年第六版译出。——编者

的非本质了。[①] 超感性领域成了感性领域的一种不牢靠的产品。而随着这样一种对它的对立面的贬降，感性领域却背弃了它自己的本质。对超感性领域的废黜同样也消除了纯粹感性领域，从而也消除了感性与超感性之区分。这种废黜超感性领域的过程终止于一种与感性（αἰσθητόν）和非感性（νοητόν）之区分相联系的“既非—又非”。这种废黜终结于无意义状态。不过，它始终是那些通过单纯地赋予意义来逃避无意义状态的令人迷惑的尝试的前提，而这个前提是未经思虑的和不可克服的。

① 质朴无华的沉思

在下面的讨论中，我们一概把形而上学思为存在者之为存在者整体的真理，而不是把它看作某一位思想家的学说。每个思想家总是在形而上学中有其基本的哲学立场。因此，我们可以用他的名字来称呼某种形而上学。但是，根据我们这里所思的形而上学之本质来看，这绝不意味着，各种形而上学都是那个作为文化创造活动的公共范围内的突出人物的思想家的成就和财产。在形而上学的每一个阶段，总是显出一条道路的一段，而这条道路乃是存在之命运在关于存在者的真理的险峻时期为自己开辟出来的。尼采本人以形而上学的方式解说了西方历史的进程，

① 按日常德语的用法，此处的“非本质”（Unwesen）也可译为“混乱”、“捣乱”和“胡作非为”。——译注

并且把这种进程解说为虚无主义的兴起和展开。对尼采的形而上学的深入思考成了一种对现代人的处境和位置的沉思，而现代人的命运却还是很少就其真理方面被经验到的。但任何这种方式的沉思，如果不只是空洞的鹦鹉学舌的报告的话，都超出了所要沉思的东西。这种超出绝不是某种加高，甚或超过，也并不就是一种克服。说我们要沉思尼采的形而上学，这并不是说，我们现在除了考虑他的伦理学、知识论和美学之外，也要并且首先要考虑他的形而上学；而只是意味着，我们试图严肃地把尼采当作一个思想家来对待。而思想对尼采来说也就是：把存在者作为存在者表象出来。一切形而上学的思想都是存在—论（Onto-logie），或者，它压根儿什么都不是。

对于这里所尝试的沉思来说，关键的是期备一个质朴无华的思想步骤。这种期备性的思想的要旨在于揭示那个运作空间，在这个运作空间内，存在本身能够在人的本质方面把人重新纳入一种原初的关联之中。去期备，这乃是这样一种思想的本质。

这种本质性的、因而普遍地从任何方面来看都只是期备性的思想毫不显眼地运行着。在这里，任何一种共思（Mitdenken），不论它表现得多么笨拙和具有试探性，都是一种根本性的帮助。共思成了一种不起眼的、不能通过作用和效果来加以证实的播种，它播下的种子也许从来看不到禾苗和果实，从来不知道收获。这些种子被用于播种，还更应该说，是被用于对播种的期备。

播种之前要犁田。就是要开垦出那片田野，那片由于

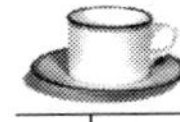

形而上学的土地的无可回避的统治地位而必然保持在未知之中的田野。现在要紧的是，首先猜度这片田野，进而寻找这片田野，进而开垦这片田野。要紧的是向这片田野作一种初步的行进。尚属未知的田间小路有许多条。但对每个思想家来说，他向来只被指定了一条道路，即他的道路；思想家必然总是一再在这一条道路的踪迹中来回行走，旨在最终把这条道路当作他的道路（但从来不是属于他的道路）来遵循，并且把在这一条道路上可经验的东西道说出来。

也许《存在与时间》这个标题就是这样一条道路的路标。按照那种本质性的、为形而上学所要求的、并且总是一再被重新寻求的形而上学与诸科学（它们乃是形而上学孳生的后裔）的交织关系、期备性的思想有时也必然要在诸科学的范围内活动；因为，诸科学始终还以多样的形态要求先行给出知识和可知之物的基本形式，不论这是有意识的，还是以诸科学的作用和效果的方式来要求的。诸科学愈是赤裸裸地去追逐它们的被先行规定了的技术本质及其外在表现，就愈是明确地澄清了关于在技术中被要求的知识之可能性的问题，关于这种可能性的特性、限界及其正当性的问题。

期备性的思想及其实行包含着一种在诸科学中间的思想方面的教育。对此，难的是找到适恰的形式，以便这种在思想方面的教育不陷于一种与研究和学究的混淆。这一意图还是岌岌可危的，尤其是当思想同时并且始终还不得不首先去寻找它自己的栖留之所时。在诸科学中间运思，这意味着：与诸科学交臂而过，而没有鄙视诸科学。

我们并不知道，西方历史的命运对我们的民族和西方来说具有哪些可能性。而且，这些可能性的外在的构成和设置也不是首先必须的东西。重要的只是这样一回事情，即，思想方面的学习者要共同学习，同时，在以他们的方式共同学习之际，要保持在道路上，并且在适当的瞬间在此存在。

下面的解释以其意图和效果而保持在那种从《存在与时间》而来得到思考的经验的领域之中。思想不断地关注着这样一个事件，即：在西方思想的历史中，尽管人们自始就着眼于存在而思考了存在者，但存在之真理始终还是未曾被思的，它作为可能的经验不仅向思想隐瞒起来了，而且，西方思想本身以形而上学的形态特别地、但却一无所知地掩盖了这一隐瞒事件。

期备性的思想因此必然地保持在历史性的沉思的领域中。对这种思想来说，历史并不是时代的序列，而是那个同一者（das Selbe）的独一无二的切近（Nähe），这个同一者以命运的无法估量的方式并且基于变化多端的直接性而关涉着思想。[①]

眼下我们要沉思的是尼采的形而上学。尼采的思想自以为是以虚无主义（Nihilismus）为标志的。“虚无主义”

① “同一者的独一无二的切近”（eine einzige Nähe des Selben）中的“同一者”（das Selbe）和“切近”（Nähe）在海德格尔那里都有特定含义，意指存在成其本身（Ereignis）的差异化的到来、发生。特别可参看海德格尔《走向语言之途》一书中的《语言的本质》等篇。——译注

这个名称表示的是一个为尼采所认识的、已经贯穿此前几个世纪并且规定着现在这个世纪的历史性运动。尼采把对虚无主义的解释综括在一个短句中："上帝死了！"

人们或许会认为，"上帝死了"这句话表达了尼采这个无神论者的一个意见，从而只不过是个人发表的意见，因此是片面的，由于这个缘故，它也是很容易反驳的；为反驳它，我们只消指出，今天，到处都有大量的人在上教堂，并且基于一种基督教式的上帝信仰来承受生活的困苦磨难。但问题依然是，尼采所讲的这句话是否只不过是一位思想家的乖张的观点——关于这位思想家，现成的就有一个正确的说法，即：他最后是发疯了。有待追问的还是，是否尼采在这里倒是表达出在被形而上学所规定的西方历史范围内总是已经未曾明言地被道说了这句话。在发表任何一种过于仓促的意见之前，我们首先必须尝试来思考"上帝死了"这句话的本来意思。因此，我们最好排除我们在面对这样一句可怕的话时很快就会冒出来的一切仓促的意见。

下面所做的思考试图就某些本质性的方面来解释尼采的这句话。再强调一下：尼采的这句话说的是二千年来的西方历史的命运。我们本身和在座所有人一样都还没有做好准备，我们不可认为，通过一个关于尼采的这句话的演讲报告就能改变这一命运，或者哪怕只是充分学会去认识这一命运。尽管如此，我们眼下必须做一件事情，就是我们要从沉思中接受教导，并且借助于这种教导来学会沉思我们自己。

无疑地，任何一种解释不但必须获取本文的内容，它也必须不加注明地把从它自己的内容而来的某种东西加给本文，而不是固执于本文。门外汉总是把这种添加与他所认为的本文的内容相比较，觉得它是一种穿凿附会的加入，并且指摘它是任意独断——门外汉固然有他自己的道理罢。但是，一种正当的解释对本文的理解绝不会比本文作者对本文的理解更好些，而倒是不同的理解。不过，这种不同必定是这样的，即，它切中了被解释的本文所思考的同一东西。

② 重估一切价值

尼采是在1882年出版的著作《快乐的科学》的第三卷中首次表达出“上帝死了”这句话的。随着这部著作，尼采开始走上他的道路，去形成其形而上学的基本立场。在这部著作之后，尼采出版了另一部作品，就是《查拉图斯特拉如是说》。这以后，尼采致力于写作他所计划的主要著作，为之思殚力竭而徒劳无功。计划中的主要著作终于未能完成。这部主要著作暂时被冠以《强力意志》的书名，并且立有一个副题：“重估一切价值的尝试”。

尼采早在青年时代就相信上帝死了和诸神垂死这个怪异的思想。在起草他的第一部著作《悲剧的诞生》时，尼采就在一个笔记中写道（1870年）：“我相信原始日耳曼人的话：一切神都必然要走向死亡”。青年黑格尔在《信仰与知识》（1802年）一文的结尾处指出：“新时代的宗教赖以建基的那种情感——就是：上帝本身死了……”。黑格尔的话所思考的东西不同于尼采的话所思考的。但两者之间有着一种根本的联系，这种联系隐藏在一切形而上学的本质中。帕斯卡尔（Pascal）从普鲁塔克（Plutarch）那里引来的话“伟大的潘是死去了”（Le grand Pan est mort）（《思想录》，第695段），[1] 尽管是出于一些相反的理由，但也是在这同一个领域里说的话。

我们首先来听听《快乐的科学》一书第125段的整段原文。这段文字的标题是“疯子”。原文如下：

> **疯子**。——你们是否听说过那个疯子，他大白天点着灯笼，跑到市场上不停地喊叫：“我寻找上帝！我寻找上帝！”——由于那里刚好聚集着许多不信上帝的人，所以他引起了一阵哄然嘲笑。怎么搞的！他失魂了吗？其中一个说道。他是不是像小孩一样走错了路？另一个说。还是他迷失了自己？他害怕我们吗？他在梦游吗？人们议论纷纷，哄然大笑。这个疯子突然闯进人群之中，并张大双眼瞪着大家。
>
> “上帝到哪里去了？”他大声喊叫，“我要对你们说出真相！**我们把它杀死了**——你们和我！

① 参看帕斯卡尔：《思想录》（Pensées），中文版，何兆武译，商务印书馆1987年，第329页。句中的“潘”（Pan）为古希腊神话中的牧神。——译注

我们都是凶手！但我们是怎样杀死上帝的呢？我又如何能将海水吸光？是谁给我们海绵去把整个地平线拭掉？当我们把地球移离太阳照耀的距离之外时又该做些什么？它现在移往何方？我们又将移往何方？要远离整个太阳系吗？难道我们不是在朝前后左右各个方向赶吗？还有高和低吗？当我们通过无际的虚无时不会迷失吗？难道没有宽广的空间可以让我们呼吸吗？那儿不会更冷吗？是否黑夜不会永远降临且日益黯淡？我们不必在大白天点亮提灯吗？难道我们没有听到那正在埋葬上帝的挖掘坟墓者吵嚷的声音吗？难道我们没有嗅到神性的腐臭吗？——就连诸神也腐朽了！上帝死了！上帝真的死了！是我们杀死了他！我们将何以自解，最残忍的凶手？曾经是这世界上最神圣、最万能的他现在已倒在我们的刀下——有谁能洗清我们身上的血迹？有什么水能清洗我们自身？我们应该举办什么样的祭典和庄严的庙会呢？难道这场面对我们来说不会显得太过于隆重了吗？难道我们不能使自身成为上帝，就算只是感觉仿佛值得一试？再也没有更伟大的行为了——而因此之故，我们的后人将生活在一个前所未有的更高的历史之中！”

说到这里，疯子静下来，举目望望四周的听众，听众也寂然无声并惊讶地看着他，最后，他将提灯掷在地上，而使灯破火熄。“我来得太早

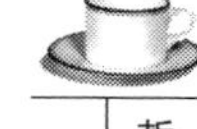

了”，他接着说，“我来得不是时候，这件惊人的大事尚未传到人们的耳朵里，雷电需要时间，星光需要时间，大事也需要时间，即使在人们耳闻目睹之后亦然，而这件大事比最远的星辰距离人们还要更为遥远——**虽然他们已经做了这件事!**”

据说，在同一天，这个疯子还跑到各个教堂里，在里面唱他的安魂弥撒曲（Requiem aeternam deo）。而当有人问他缘由时，他总是回答说：“假如这些教堂不是上帝的陵墓和墓碑，那么，它们究竟还是什么玩意?”

四年之后（1886 年），尼采给原为四卷的《快乐的科学》增补了第五卷。第五卷的标题为“我们无畏者”。该卷的第一段（第 343 个格言）有“**喜悦的含义**”的题目。这一段的开头写道：“最近发生的最伟大的事件——‘上帝死了’，对于基督教上帝的信仰成为不可信的了——已经开始把它的最初的阴影投在欧洲大地上”。

从这个句子中可以清楚地看出，尼采关于上帝之死的话指的是基督教的上帝。但不无确定地，并且首先要思索的是，在尼采思想中，“上帝”和“基督教上帝”这两个名称根本上是被用来表示超感性世界的。上帝乃是表示理念和理想领域的名称。自柏拉图以来，更确切地说，自晚期希腊和基督教对柏拉图哲学的解释以来，这一超感性领域就被当作真实的和真正现实的世界了。与之相区别，感性世界只不过是尘世的、易变的、因而是完全表面的、非现实的世界。尘世的世界是红尘苦海，不同于彼岸世界的永恒极乐的天国。如果我们把感性世界称为宽泛意义上的物理世界（康德还是这样做的），那么，超感性世界就是形而上学的世界了。

“上帝死了”这句话意味着：超感性世界没有作用了。它没有任何生命力了。形而上学终结了，对尼采来说，就是被理解为柏拉图主义的西方哲学终结了。尼采把他自己的哲学看作对形而上学的反动，就他言，也就是对柏拉图主义的反动。

然而，作为单纯的反动，尼采的哲学必然如同所有的“反……”（Anti-）一样，还拘执于它所反对的东西的本质之中。作为对形而上学的单纯颠倒，尼采对于形而上学的反动绝望地陷入形而上学中了，而且情形是，这种形而上学实际上并没有自绝于它的本质，并且作为形而上学，它从来就不能思考自己的本质。因此，对形而上学来说并且通过形而上学，在形而上学中并且作为形而上学本身而真正发生的事情，始终是被遮蔽着的。

如果作为超感性的根据和一切现实的目标的上帝死了，如果超感性的观念世界丧失了它的约束力，特别是它的激发力和建构力，那么，就不再有什么东西是人能够遵循和可以当作指南的了。因此，在我们前面所引的那段文字中有这样一个问题：“当我们通过无际的虚无时不会迷失吗?”“上帝死了”这句话包含着以下断言：这种虚无展开自身。“虚无”在此意味着：一个超感性的、约束性的世界的不在场。虚无主义，“一切客人中最可怕的客人”，就要到来了。

我们试图解释尼采的话：“上帝死了”，其意就是要阐述尼采所理解的虚无主义，从而表明尼采本人是如何对待虚无主义的。但是由于“虚无主义”这个名称往往只被人们当作流行的标语来使用，常常也被当作谴责性的骂人话来使用，所以我们就有必要了解一下它的意思。一个人皈依于基督教信仰和无论何种形而上学信念，但他并不因此就在虚无主义之外了。而反过来说，也并非每一个思索虚无及其本质的人都是虚无主义者。

③ 虚无主义

人们喜欢以某种语调来使用这个名称，仿佛光是“虚无主义者”这个名字——人们在这个词语上另无所思——已经足以提供证据，表明一种关于虚无的沉思就必定使人投入虚无之中，就必定意味着虚无之专制的建立。

根本上，我们要问，严格地在尼采哲学的意义上来看，“虚无主义”这个名称是否仅仅具有一种虚无主义的意思，也即一种否定的、遁入一无所有的虚无之中的意思。因此，在准确地讨论尼采本人对于虚无主义所说的话之前，就人们对“虚无主义”这个名称的模糊的和任意的使用，我们有必要去获得一个正当的视点，有了这个正当的视点，我们才可以追问虚无主义。

虚无主义是一种历史性的运动，而并不是何人所主张的何种观点和学说。虚无主义在西方民族的命运中以一种几乎尚未为人们所认识的基本过程的方式推动了历史。因此，虚无主义也不只是其他历史性现象中间的一个现象，也不只是一个精神思潮而可以与欧洲历史中出现的基督教、人文主义和启蒙运动等思潮相提并论。

从其本质上来看，毋宁说，虚无主义乃是欧洲历史的基本运动。这种基本运动表明这样一种思想深度，即，它的展开只还能引起世界灾难。虚无主义乃是被拉入现代之权力范围中的全球诸民族的世界历史性的运动。因此之故，虚无主义不只是当代的一个现象，也不只是 19 世纪的产物——诚然，在 19 世纪，人们清晰地看到了虚无主义，“虚无主义”这个名称也变得司空见惯了。虚无主义同样也不仅是个别民族的产物，即便这些个别民族的思想家和作家专门谈论了虚无主义。那些误以为自己摆脱了虚无主义的人们，也许最深刻地推动了虚无主义的展开。这个最可怕的客人的可怕之处在于，它不能说出自己的来源。

也并非只有在基督教的上帝被否定，基督教受到攻击，或者仅仅还是自由意志论者们传布一种鄙俗的无神论之处，才有虚无主义的流行。只消我们一门心思只看见这种背弃基督教的无信仰及其表现形式，那么，我们的眼光就还固执于虚无主义的浅显和贫乏的外表上。那个疯子的话恰恰就是说，“上帝死了”这个说法与那些“不信仰上帝”的人们的乱七八糟的空洞意见毫无共同之处。诸如此类的完全无信仰的人们根本还没有理解作为他们的本己的命运的虚无主义。

只要我们仅仅把“上帝死了”这句话把捉为无信仰之公式，那么，我们就是在神学—教义辩护上来看待这句话了，并且放弃了尼采所关心的问题，也即放弃了对那种和超感性世界的真理及其与人之本质的关系一道出现的问题的沉思。

因此也可以说，尼采意义上的虚无主义绝不是指那种完全否定地被设想的状态，即，人们不再能够信仰圣经启示的基督教的上帝了；正如尼采所理解的基督教说到底也并不是那种在新约福音撰写之前和保罗传教之前一度并且短期内存在过的基督教生活。在尼采看来，基督教（Christentum）乃是在西方人和西方现代文化之形成中的教会及其权力要求的历史性的、世俗政治的现象。这种意义上的基督教与新约全书的信仰的教义（Ghristlichkeit）不是同一回事情。就连一种非基督教式的生活也能肯定这种基督教，并且把它当作权力因素来使用，同样，反过来讲，一种基督教式的生活也并非必然需要这种基督教。正因此，一种与基督教的争辩绝非一定是对基督教信仰的斗争，正如一种神学批判并不就是一种对神学所解释的信仰的批判。只要人们忽视了这一本质性的差异，那么人们就还在世界观斗争的泥坑里面打转。

从本质上看，“上帝死了”这句话中的“上帝”这个名称是表示超感性的理想世界的，后者包含着尘世生活的高于这种生活本身的目标，并且如此这般地从高处规定了尘世生活，因而在某种程度上是从外部规定了尘世生活。

但如果这种纯粹的、由教会规定的信仰烟消云散了，尤其是，如果信仰学说，即神学，在其充当存在者整体的决定性解释的作用方面受到了限制和排挤，这样的话，也还绝不是那种基本结构分崩离析了——根据这种基本结构，一种深入超感性领域的目标设定过程才掌握了感性的尘世生活。

上帝和教会圣职的权威消失了，代之而起的是良知的权威，突兀而起的是理性的权威。反抗这种权威而兴起社会的本能。向着超感性领域的遁世为历史的进步所取代。一种永恒的幸福的彼岸目标转变为多数人的尘世幸福。对宗教文化的维护被那种对于文化的创造或对于文明的扩张的热情所代替。创造在以前是圣经的上帝的事情，而现在则成了人类行为的特性。人类行为的创造最终转变为交易。

如此这般取代超感性领域的东西，乃是对基督教教会的和神学的世界解释的变换；而这种世界解释从泛希腊的—犹太的世界那里承继了它的秩序模式，即存在者的等级秩序的模式。在西方形而上学的开端处，柏拉图就确立了这个泛希腊的—犹太的世界的基本结构。

虚无主义的本质领域和发生领域乃是形而上学本身；这里我们总是假定，我们所谓的形而上学并不是指一种学说，或者，根本上不仅仅指是哲学的一门专门学科，不如说，我们在形而上学这个名称那里想到的是存在者整体的基本结构，是就存在者整体被区分为感性世界和超感性世界并且感性世界总是为超感性世界所包含和规定而言来考虑的。形而上学是这样一个历史空间，在其中命定要发生的事情是：超感性世界，即观念、上帝、道德法则、理性权威、进步、最大多数人的幸福、文化、文明等，必然丧失其构造力量并且成为虚无的。我们把超感性领域的这种本质性崩塌称为超感性领域的腐烂（Verwesung）。所以，在基督教信仰学说的跌落意义上的无信仰绝不是虚无主义的本质和基础，而始终只是虚无主义的一个结果，因为事情也许是，基督教本身乃是虚无主义的一个结果和构成。

由此出发，我们也就认识到人们在把握虚无主义时和对虚无主义的臆想的斗争中所遭受的最后迷误了。由于人们并没有把虚无主义当作一场已经持续很久的、其本质根据就在形而上学本身之中的历史性运动来经验，因此，人们便沉溺于这样一种有害的癖好，就是把已经是和仅仅是虚无主义的结果的那些现象看作是虚无主义本身，或者把结果和作用看作虚无主义的原因。在对这种表象方式的不假思索的适应中，人们几十年以来已经习惯于把技术的统治地位或民众的反抗暴动举为时代的历史性形势的原因，并且根据这些方面孜孜不倦地去分析时代的精神处境。但是，每一种对人及其在存在者范围内的地位的分析，无论多么有见地、多么机智，只要它没有去思考人之本质的处所，并且在存在之真理中经验这种处所，那么，它就还是不假思索的，还只是产生一种沉思的假象而已。

只消我们一味地把虚无主义的现象当作虚无主义本身，则我们对于虚无主义所发表的看法就还是表面的。如果我们的看法是从对世界状况的不满中，或者是从几乎已经得到承认的绝望中，或者从道德上的愤怒中，或者从信教者的自负的优越感中，借得某种抵触情绪，那么，我们的看法就根本改变不了什么。

与此相对，首要的事情是我们自己展开沉思。因此，让我们现在对尼采本人发问：他所理解的虚无主义为何；这里，我们先且不管尼采凭这一理解是否已经触及和是否能够触及虚无主义的本质。

④ 最高价值的自行废黜

尼采在 1887 年的一个笔记中提出问题（《强力意志》，第 2 段）："何谓虚无主义?"他答曰：**"是最高价值的自行废黜"**。

这个回答是加了着重号的，并且还有一个说明性的附注："没有目的；没有'为何之故'的答案"。

根据这个笔记来看，尼采是把虚无主义理解为一个历史性的过程。他把这一过程解释为对以往的最高价值的废黜。上帝、作为真实存在着的并且决定一切的世界的那个超感性世界、理想和理念、决定并包含着一切存在者（特别是人类生活）的目标和根据，所有这一切在这里都是在最高价值的意义上被表象的。根据那种至今仍流行的意见，人们所理解的最高价值就是真、善、美——真就是现实存在者；善就是普遍地决定一切的东西；美就是存在者整体的秩序和统一性。但现在，由于出现了这样的洞识，即，理想世界是绝不能在实在世界内实现的，于是，那些最高价值就已然自行废黜了。最高价值的约束力量摇摇欲坠了。由此产生这样一问题：如果最高价值不能同时为那些在它们之中被设定起来的目标之实现提供保证、途径和手段，那么，这些最高价值又有何用呢？

但如果我们仅仅想在字面上来理解尼采对虚无主义之本质的规定——即，虚无主义就是最高价值的失落——，那么，就会得出那样一种关于虚无主义之本质的观点，这种观点此间已经成了流行的观点了，它的流行受到了虚无主义这个名称的支持；这种观点认为，最高价值的废黜明显意味着一种堕落。可是，对尼采来说，虚无主义绝不只是一种堕落现象，毋宁说，虚无主义作为西方历史的基本过程同时并且首先是西方历史的法则。因此，即使是在他对虚无主义的考察中，尼采也很少重视对最高价值的废黜过程作历史学上的描述，并且最后从中得出西方的没落的结论；尼采倒是把虚无主义当作西方历史的“内在逻辑”来思考的。

尼采同时认识到，随着以往的最高价值的废黜，对世界来说就只剩下世界本身了，而且首先，这个变得无价值的世界不可避免地力求一种新的价值设定。在以往的最高价值失效之后，这种新的价值设定在以往的价值方面来看就转变为一种“对一切价值的重估”。对于以往价值的否定来自对于新的价值设定的肯定。因为以尼采的看法，在这种肯定中不存在任何与以往价值的调解和平衡，所以，这种对新的价值设定的肯定包含着绝对的否定。为了反对向以往价值的倒退而保证这种新的肯定的绝对性，也即为了确立作为一种反动的新的价值设定，尼采也还把新的价值设定称为虚无主义，也即称之为那种虚无主义，通过它，最高价值的废黜才得以完成而成为一种新的和唯一地起决定作用的价值设定。尼采把虚无主义的这一决定性阶段称为“完成了的”亦即古典的虚无主义。尼采所理解的虚无主义就是以往的最高价值的废黜。但是尼采同时也对“对以往一切价值的重估”意义上的虚无主义采取了肯定的态度。因此，“虚无主义”这个名称始终是多义的，极端地看来，这个名称首先始终是两义的，因为，它一方面是指以往的最高价值的单纯废黜，但另一方面又是指对这种废黜过程的绝对反动。这种意义上的两义也就是被尼采引为虚无主义的先行形式的悲观主义（Pessimismus）。在叔本华那里，悲观主义乃是这样一种信仰，它相信，在这个最恶劣的世界中，生命是不值得经受和肯定的。根据这种学说，生命是必须否定的，同时也即说，存在者之为存在者整体是必须否定的。这种悲观主义在尼采看来是“弱者的悲观主义”。它往往只看到阴暗的东西，为一切找到一个失败的根据，并且要求知道普遍苦难意义上的一切是如何发生的。与此相反，强者的和作为强者的悲观主义却并不自欺欺人，它看到了危险，不想作任何掩盖和粉饰，它洞穿了那种对于以往失却的东西的回归的一味期望的不妙之处。它深入地分析现象，要求人们去觉悟那些无论如何保证着对历史性状况的控制的条件和力量。

一种更为本质性的沉思可以表明，在尼采所谓的“强者的悲观主义”中，现代人如何完成了一种暴动，从

而进入到在存在者之主体性（Subjektität）范围内的主观性（Subjektivität）的绝对的统治之中。[①] 通过这种具有双重形式的悲观主义，各种极端显露出来。极端之为极端拥有优势。于是，也就出现了那种导致“或此或彼”（Entweder-Oder）的选择的绝对尖锐化状态。一个“中间状态”受到注意，因为在其中显然可见，一方面以往的最高价值的实现并没有完成。世界看来是无价值的。另一方面，这种觉悟把人们探索的目光对准了新的价值设定的源泉，而世界并没有因此就重新获得其价值。

诚然，鉴于以往价值的动摇，人们还可以作另一种尝试。这就是说，如果基督教上帝意义上的神已经从它在超感性世界的位置那里消失了。那么，这个位置本身总还是保留着的，尽管已经是一个空位了。人们依然可以紧紧抓住超感性世界和理想世界的这个已经空出来的位置领域。这个空出的位置甚至要求人们重新去占领它，用别的东西去替代从那里消失了的上帝。新的理想被建立起来。在尼采看来（《强力意志》，第1021段，1887年），这是通过世界幸福说和社会主义而发生的事情，同时也是在瓦格纳

① 在海德格尔思想中，“主体性”（Subjektität）和“主观性”（Subjektivitat）是有分别的。前者意指存在在存在者方面显示自身的方式，即存在显示为“主体”：而这个“主体”的原义为基础、根据，即拉丁文的subiectum和希腊文的ὑποκειμενον。只是到近代之初，这种意义上的“一般主体”才转化为“自我意识”或“自我”（ego），即特指人的“主体”；而只有对后者而言，才有与“客观性”相对的“主观性”（Subjektivität）。英译者把“主体性”（Subjektität）译为subjectness，把“主观性”（Subjektivität）译为subjectivity。——译注

的音乐中发生的事情，也即说，是在“独断的基督教”“已经破产”之处普遍发生的事情。于是便出现了“不完全的虚无主义”。对此，尼采说道（《强力意志》，第28段，1887年）：“**不完全**的虚无主义，它的种种形式：我们生活于其中。**不去**重估以往的价值，而试图逃避虚无主义：这种努力会适得其反，使问题加剧”。

我们可以对尼采关于不完全的虚无主义的思想作更清晰和鲜明的把握，我们可以这样来说：不完全的虚无主义虽然用其他价值替代了以往的价值，但它始终还是把它们置于那个古老位置上，后者仿佛是作为超感性的理想领域而被保留着的。但是，不完全的虚无主义甚至还必须清除价值位置本身，即超感性领域，从而以不同的方式来设定和重估价值。

由此可见，完全的、完成了的、因而是经典的虚无主义虽然包含着“对一切以往价值的重估”，但这种重估并不仅仅是以新的价值来替代旧的价值。价值重估成了对价值评价的特性和方式的颠倒。价值设定需要一个新的原则，也即需要某种东西作为它的出发点和立身之地。价值设定需要另一个领域。其原则不再能够是已经失去生命的超感性世界。因此，以如此这般被理解的重估为目标的虚无主义将去寻求最有生命力的东西。于是，虚无主义本身就成了“最充沛的生命的理想”（《强力意志》，第14段，1887年）。在这一新的最高价值中隐含着对生命的另一种评价，也即对一切生命的决定性本质的依据的另一种评价。所以我们还要问，尼采所理解的生命为何。

上面对虚无主义的不同等级和方式的揭示表明：根据尼采的阐释，虚无主义不外乎是这样一种历史，在其中关键的问题是价值、价值的确立、价值的废黜、价值的重估，是价值的重新设定。最后而且根本上，是对一切价值设定之原则所作的不同的评价性设定。最高的目的、存在者的根据和原则、理想和超感性领域、上帝和诸神——所有这一切被先行把握为价值了。可见，只有当我们知道了尼采所理解的价值为何时，我们才能充分地了解尼采的虚无主义概念。由此而来，我们也才能理解“上帝死了”这句话的本来意思。对尼采的价值思想的充分清晰的解说，乃是理解尼采的形而上学的钥匙。

⑤ 尼采的价值

在19世纪，关于价值的谈论是很常见的，对于价值的思考也是司空见惯的。然而，只有当尼采的著作在世面上传布开来之后，关于价值的谈论才成了大众化的事情。人们大谈特谈生命价值、文化价值、永恒价值、价值等级、精神价值（譬如，人们以为在古典文化中发现了这种精神价值）。在哲学的学术研究中，在新康德主义的改造中，人们获得了价值哲学。人们构造出种种价值系统，并且在伦理学中探究价值的层次。甚至在基督教神学中，人们也把上帝，即作为最高的善的最高存在者（Summum ens qua summum bonum），规定为至高的价值。人们认为科学是价值中立的，而把价值评价抛向世界观一边。价值和价值因素成了形而上学因素的实证主义替代品。与人们阔谈价值这一情形相应的是概念的不确定性。而这种不确定性本身又与价值的出于存在的本质渊源的模糊性相一致。因为如果我们假定，以这种方式屡屡被引证的价值并不是一无所有的，那么，它必然在存在中有其本质。

尼采所理解的价值为何？价值之本质植根于何处？为什么尼采的形而上学是价值的形而上学？

在一个笔记（1887—1888 年）中，尼采道出了他对于价值的理解（《强力意志》，第 715 段）：“‘价值’的观点，也就是着眼于生成中的生命的相对延续的综合产物来看的关于**保存—提高的条件**的观点。”

价值的本质在于成为观点。[①] 价值是指已经被收入眼帘的东西。价值意味着一种观看的视点，这种观看针对某个东西，或者如我们所说，指望某个东西同时也必须指望其他东西。价值处于与一种“如此之多”的内在关联中，与量和数的内在关联中。所以，价值关系到一个“数字和计量刻度”（《强力意志》，第 710 段，1888 年）。问题依然是，升和降的刻度的基础何在。

由于把价值标识为一种观点，这里便得出了对尼采的价值概念来说是本质性的一点：作为观点，价值总是被一种观看并且为这种观看而设立起来了。这种观看具有这样的特性，即它看，是因为已经看到了；而它已经看到，是

① 海德格尔在此强调，“观点”（Gesichtspunkt）乃是“观看之点”。——译注

因为它表象并设定了被看见的东西本身。通过这种表象着的设定，那个对"针对某物的看"来说是必需的、从而对这种观看的视线起着指导作用的点才成为视点（Augenpunkt），也即才成为在观看中并且在一切受视野引导的行为中起标尺作用的东西。因此，价值并非首先是某个自在的东西，然后才得以偶尔地被看作观点。

价值之为价值，是由于它起作用。价值之起作用，是由于它被设定为标尺。它如此这般地被设定起来，通过一种对必须被指望的东西的看望而被设定起来。视点、视角、视界在这里指的是在一种为希腊思想所决定的、但经历了从外观（εἶδos）到知觉（perceptio）的观念转变的意义上的视觉和观看。这种观看是这样一种表象，它从莱布尼茨以来就相当明确地在欲望（appetitus）的基本特征中被把捉的。一切存在者都是表象着的存在者，因为存在者之存在包含着一种欲求（nisus），亦即一种露面的冲动，这种冲动使得某物涌现（显现）出来，从而决定着它的出现。一切存在者的本质——具有这种欲求的本质——于是就占有自己，并为自己设定一个视点。这个视点给出要遵循的视角。这个视点就是价值。

在尼采看来，凭着这种作为观点的价值，"**保存—提高的条件**"（Erhaltung-，Steigerungs-Bedingungen）就被设定起来了。尼采在"保存"和"提高"之间忽略了一个"和"，而代之以一个连字符；光从这种书写方式就可以看出，尼采是想表明，作为观点的价值在本质上是、并因而始终同时是保存**和**提高的条件。价值被设定之处，必然总是有两种制约作用的方式被收入眼帘了，而且是这样，即，这两种方式总是一体地相互联系在一起了。为什么呢？显然只是因为表象着—欲求着的存在者本身在其本质中就是如此这般地存在的，即，它需要这双重的视点。如果作为观点的价值必然既制约着保存又制约着提高，那么，这种价值是何种东西的条件呢？

保存和提高标志着生命的原本一体的基本特征。生命之本质包含着生长欲望，即提高，生命的任何保存都服务于生命的提高。任何一种生命，如果一味地自限于单纯的保存，那么就是衰败了。譬如，生存空间的保障对生命体来说从来就不是目的，而只是生命提高的手段。反过来讲，得到提高的生命又增加了生命以前对空间扩张的需要。但如果不是已经有一个被保障的并从而能够提高的生命成分已经得到了保存，那么，无论在哪里都不可能有提高。所以，生命体乃是一个由提高和保存这两个基本特征联结起来的产物，即“生命的综合产物”。作为观点，价值引导着那种“着眼于综合产物”的观看。这种观看一向是那种贯通一切生命体的生命目光（Lebensblick）的观看。由于生命为生命体设定视点，生命在其本质中便表明自身是设定价值的生命（参看《强力意志》，第556段，1885—1886年）。

“生命的综合产物”依赖于那些保存和持续的条件，而且是这样，即，持续者只是为了在提高中成为非持续者才持存。这一生命的综合产物的延续乃基于提高和保存的交互关系。所以这种延续是一种比较而言的延续。它始终是生命体的“相对延续”，也就是生命的“相对延续”。

用尼采的话来说，价值就是“着眼于生成中的生命的相对延续的综合产物来看的关于保存—提高的条件的观点”。这里，而且一般地在尼采形而上学的概念语言里，“生成”（Werden）这个单纯的和不确定的词语并不意味着万物的某种流变，并不意味着纯粹的状态变化，也不是指无论何种发展和不确定的展开。“生成”乃是指从某物到某物的过渡，是莱布尼茨在《单子论》（第11章）中称之为“自然变化”（changements naturals）的那种运动和激动，这种运动和激动完全支配着存在者之为存在者（ens qua ens），也即，知觉的和欲望的存在者（ens percipiens et appetens）。尼采把这种支配作用思考为一切现实之物即广义的存在者的基本特征。他把如此这般规定着在其本质（essentia）中的存在者的那个东西把捉为“强力意志”。

如果说尼采以“生成”一词结束了对价值之本质的刻画，那么，“强力意志”这个结束语就启示着那个根本说来完全包含着价值和价值设定的基本领域。“生成”，这对尼采来说就是“强力意志”。如此，“强力意志”便是“生命”的基本特征。尼采往往也对“生命”一词作广义的使用，而在广义上，这个词便在形而上学范围内（譬如在黑格尔那里）等同于“生成”了。在尼采的语言中，“强力意志”、“生成”、“生命”和最广义的“存在”，乃是同一个意思（《强力意志》，第582段，1885——1886年和第689段，1888年）。在生成内部，生命即生命体便构成自身为强力意志的诸中心。这种中心因此就是统治产物。尼采所理解的统治产物就是艺术、国家、宗教、科学、社会等。所以尼采也可以说（《强力意志》第715段）："'价值'，从本质上说，就是这种统治中心的增或减的观点"（也即，是就其统治特征方面来说的）。

在上面所引的对价值之本质的界定中，尼采把价值把捉为生命的保存和提高的观点上的条件，但又在作为强力意志的生成中看到了生命的根据，这样一来，强力意志便被揭示为设定那种观点的东西。强力意志乃是那种东西，它根据它的"内在原则"（莱布尼茨）——作为存在者之存在中的"欲求"（nisus）——来作价值评价。强力意志乃是价值设定的必然性的根据和价值评价的可能性的本源。因此，尼采说（《强力意志》，第14段，1887年）："**价值及其变化**始终与**价值设定者的强力增长**成比例"。

这里我们看到，价值乃是强力意志本身所设定的它自身的条件。惟当强力意志作为一切现实的基本特征显露出来，也即成为真实的，并因此被把捉为一切现实的现实性之际，我们才能表明，价值从何而来，一切价值评价始终由何种东西来承荷、受什么引导。现在，价值设定的原则是已知的了。价值设定将成为"原则性的"，也即，从作为存在者之根据的存在而来是可实行的。

因此，作为这样一种已知的也即被要求的原则，强力意志同时也是一种新的价值设定的原则。这种价值设定之所以是新的，是因为它首次根据对其原则的认识而有意识地来实行自己。这种价值设定之所以是新的，是因为它本身确信自己的原则，并且同时把这种确信把握为一种根据其原则而设定的价值。然而，作为那种与以往的价值相关的新的价值设定的原则，强力意志同时也是对以往的一切价值的重估的原则。但由于以往的最高价值是从超感性领域的高度上统治了感性领域，而这种统治的结构就是形而上学，所以随着对一切价值之重估的新原则的设定，也就进行了一种对一切形而上学的颠倒。尼采把这种颠倒看作对形而上学的克服。可是，具有这种方式的任何颠倒都始终只是卷入到那种已经变得不可知的同一者中去了，这是一种自我迷惑的卷入。

但由于尼采把虚无主义理解为那种对以往的最高价值的废黜的历史的规律性，而又在重估一切价值的意义上来解说这种废黜，这样，照尼采的解释，虚无主义就植根于价值的统治和价值的崩溃中，从而也就植根于一般价值设定的可能性之中。价值设定本身是以强力意志为根据的。因此之故，惟从强力意志的本质而来，尼采的虚无主义概念和“上帝死了”这句话才能得到充分的思考。所以，为了揭示“上帝死了”这句话，我们这里要做的最后一步，就是解释尼采在“强力意志”这个他所创造的名称中所发挥出来的思想。

“强力意志”这个名称被认为是一目了然的，以至于人们难以理解，何以有人竟还要花心思来专门解释这个词的构造。因为所谓“意志”（Wille），是每个人无论何时都能在自己身上经验到的。有意志的意愿就是追求某种东西。至于“强力”（Macht）的意思，现在大家都根据日常经验把它了解为统治权和暴力的运用了。于是，“趋向”（zur）强力的意志明言就是取得强力的追求了。

根据这种意见，“强力意志”这个名称假定了两个不同的、事后又相互联系的事实：一方是意愿，另一方是强力。如果我们刨根究底来追问强力意志的根据——不光是为了描述上述内容，而且同时是为了说明上述内容——，我们就可以看出，作为对这样一种还没有占有的东西的追求，强力意志显然来自一种匮乏感。追求、统治权的运用、匮乏感，乃是我们在心理学知识中所把握的表象方式和状态（心灵能力）。因此，对强力意志之本质的探讨就是心理学的事情了。

上面对于强力意志及其可知性所作的阐述固然洞若观火，但它并没有思及尼采就“强力意志”这个词所作的思考以及这种思考的方式。“强力意志”这个名称表示着尼采最后的哲学的基本词语。所以我们可以把这种哲学标识为强力意志的形而上学。对于尼采意义上的所谓“强力意志”，我们绝不能根据流行的关于意愿和权力的观念来理解它，而只能通过一种对形而上学思想的沉思，并且同时也即通过一种对西方形而上学的整个历史的沉思来理解它。

⑥ 强力意志之本质

我们下面对于强力意志之本质的解释就是根据这些关

系来思考的。这种解释尽管恪守尼采自己的阐述，但必然同时也比尼采本人的直接表述更清晰地把握他的阐述。不过，对我们来说，变得更清晰的东西始终只是首先对我们变得更意味深长的东西。意味深长的是那种本质上与我们更亲近的东西。在前文和下文中，我们都是根据形而上学的**本质**，而不只是根据形而上学诸阶段中的一个阶段来思考的。

尼采在 1883 年发表了《快乐的科学》一书；一年之后，他出版了《查拉图斯特拉如是说》。在后面这本书的第二卷中，尼采首次在特定的相关语境中道出了“强力意志”：“只要有生命的地方，我就会找到‘强力意志’；甚至在仆人的意志中，我也找得到那种要做主人的意志”。

意愿（Wollen）乃是做主人的意愿。这样理解的意志也还存在于仆人的意志中。尽管这并不是说，仆人力求摆脱奴仆的角色而自己成为主人。毋宁说，奴仆之为奴仆，仆人之为仆人，总是还想支配某种东西，也即他在自己的仆役中所命令和利用的东西。这样，他作为奴仆也还是一个主人。做奴仆也就是想做主人。

意志绝不是一种愿望，绝不是一种对某物的单纯追求，毋宁说，意愿本就是命令（参看《查拉图斯特拉如是说》，卷一和卷二；进一步参看《强力意志》，第 668 段，1888 年）。这种命令的本质在于，命令者在对作用行为之可能性的有意识的支配中成为主人。在命令中被命令的，乃是这种支配的实行。在命令中，命令者（并不只是执行者）服从这种支配和支配能力，并从而服从自己。这样，由于命令者还敢于孤注一掷，他便战胜了自己。命令，也许始终要与那种对他人的单纯的发号施令区分开来，它乃是自我克服，比服从更难。意志乃是专注于所接受的使命。只有那个还不能服从自己的人才还必须特别地被命令。意志所意愿的，并不是追求它还不具有的东西。意志意愿它已经具有的东西。因为意志意愿它的意志。它的意志乃是它所意愿的东西。意志意愿自身。意志超越自己。这样，意志之为意志意愿超出自身，从而必然同时超过自己、支配自己。因此，尼采说（《强力意志》，第675段，1887—1888年）："一般的**意愿**，无异于要**更强大**的意愿，生长的意愿……"。在这里，"更强大"意味着"更多的强力"，而后者意味着：只有强力。因为强力的本质在于成为那个支配一向已经达到的强力等级的主人。只有当强力保持为强力之提高，并且受命于"强力之增大"，强力才是持久的强力。即便只是中断强力之提高，只是停滞于某个强力等级上，也已经是强力之下降的开始了。强力的本质包含着对它自身的征服。这种征服归于强力本身并且来自强力本身，因为强力乃是命令，并且作为命令而授权自己去征服当下的强力等级。于是乎，虽然强力不断在走向自身的途中，但并不是作为无论在何处都自为地现存着的意志而在一种追求意义上力求获得强力。强力也不仅仅是授权自己为达到下一个等级才去征服当下的强力等级，而只是为了在其本质的绝对性中征服自己。根据这种本质规定性来看，意愿就不是一种追求。毋宁说，

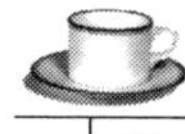

一切追求始终只不过是意愿的补充形式或预备形式。

在“强力意志”这个名称中，“强力”一词所命名的无非是就其为命令而言的意志自我意愿的方式的本质。作为命令，意志专注于其本身，也即专注于它所意愿的东西。这种专注乃是强力的力量运作。并没有自为的强力，同样地，也没有自为的意志。所以，意志和强力也并不只是在强力意志中才相互结合起来，不如说，作为求意志的意志（Wille zur Willen），意志乃是在强力之征服这种意义上的强力意志。[①] 但强力的本质在于，它作为在意志中存在的意志而与这种意志相对待。强力意志是强力的本质。它显示出那种作为纯粹的意志而自我意愿的意志的绝对本质。

因此，强力意志也不能与一种求其他某种东西的意志分离开来，譬如，不能与那种“求虚无的意志”分离开来；因为就连这种“求虚无的意志”，也还是求意志的意志，以至于尼采能够说（《道德的谱系》，第三篇论文，第1段，1887年）：“与其说它（意志）还要意愿**虚无**，不如说它**并不**意愿。——”

“意愿虚无”绝不意味着意愿一切现实之物的纯粹不在场状态；而是指，恰恰要意愿现实，但却是意愿那种一向并且普遍地作为一个虚无的东西的现实，并且通过这种虚无的东西才意愿否定。在这样一种意愿中，强力始终还

① “求意志的意志”（Wille zur Willen）与“强力意志”（der Wille zur Macht）两词的构造相同，后者亦可译为“求强力的意志”。——译注

获得了命令的可能性和成为主人的可能性。

作为意志的本质，强力意志的本质乃是一切现实的基本特征。尼采说（《强力意志》，第693段，1888年）：强力意志是“存在的最内在的本质”。这里的“存在”依照形而上学的语言用法，指存在者整体。因此，作为存在者的基本特性，强力意志的本质和强力意志本身是不能通过心理学上的考察来加以确定的，相反，心理学本身倒是通过强力意志才获得了它的本质，也即它的对象的可设定性和可知性。所以，尼采并不是在心理学上来理解强力意志的，倒是相反的，他重新把心理学规定为“**强力意志**的形态学和**发展学说**”（《善与恶的彼岸》，第23段）。这种形态学（Morphologie）就是关于存在（ὄν）的存在论（Ontologie），而存在的形式（μορφή）——通过外观（εἶδος）向知觉（perceptio）的转变——在知觉的欲望（appetitus）中显现为强力意志。形而上学自古以来就着眼于存在者之存在而把存在者思考为根据（ὑποκείμενον）、一般主体（sub-iectum）；形而上学发展为具有上述规定性的心理学，这一事实仅仅作为一个后果，证实了那个在存在者之存在状态的变化中的基本事件。一般主体（sub-iectum）的存在状态（οὐσία）演变为自我意识的主体性，而自我意识则把其本质揭示为求意志的意志。作为强力意志，意志是趋向更大的强力的命令。倘意志要能够在对自身的征服中超越当下的等级，那么，这种等级必须首先已经被达到、保证和保持。对当下强力等级的保证乃是强力之提高的必要条件。但是为了意

志能够自我意愿，也即为了一种要更强大的意愿的存在，一种强力的提高的存在，这一必要条件还是不充分的。意志必须观入一种视野，并且首先开启出这一视野，从而才显示出那些可能性，为一种强力之提高指明轨道。意志必须这样来设定那种超出自身的意愿的条件。首要地，强力意志必须设定强力之保存和强力之提高的条件。意志包含着对这些共属一体的条件的设定。

“一般的**意愿**，无异于要**更强大**的意愿，生长的意愿——**此外**，还有取得**手段**的意愿”。（《强力意志》，第675段，1887—1888年）

根本的手段乃是强力意志本身为它自己设定的条件。尼采把这些条件称为价值。他说（《全集》，大八开本版，第13卷，第395段，1884年）：“在一切意志中都有**评价**”。评价意味着：构成和确定价值。强力意志进行评价，因为它构成提高的条件并且确定保存的条件。按其本质来看，强力意志就是设定价值的意志。价值乃是存在者之存在范围内的保存和提高的条件。一旦强力意志在其纯粹的本质中合乎本己地显露出来，则它本身就是价值设定的根据和领域。强力意志的根据并不在某种匮乏感中，不如说，强力意志本身就是最充沛的生命的根据。这里，生命意味着求意志的意志。“‘**生命**’，这说的就是‘评价’”。（同上）

只要意志意愿征服它自己，它便不会安于生命的任何一种丰富。意志在呈献（Überreichen）中——也即呈献出它自己的意志——发挥其力量。这样，意志不断地作为同一个意志返回到作为相同者的自身那里。存在者整体的本质（essentia）乃是强力意志；存在者整体的存在方式，即它的存在（existentia），就是“相同者的永恒轮回”（ewige Wiederkunft des Gleichen）。尼采的形而上学的两个基本词语是“强力意志”和“相同者的永恒轮回”；它们从自古以来对形而上学起着指导作用的方面来规定在其存在中的存在者，也即来规定本质（essentia）和存在（existentia）意义上的存在者之为存在者（ens qua ens）。

“强力意志”与“相同者的永恒轮回”之间的本质关系就要这样来思考；但这种本质关系在此还不能直接描述出来，因为对于本质（essentia）与存在（existentia）之区分的来源，形而上学既没有做过思考，甚至也没有稍事探问。

如果形而上学把在其存在中的存在者思考为强力意志，那么它就势必把存在者思考为设定价值的东西。形而上学在价值、价值作用、价值废黜和价值重估的视界中来思考一切。现代形而上学由此发端，其本质在于：它探求绝对不可怀疑的东西、确定可知的东西、确定性。以笛卡尔的话来讲，firmum et mansurum quid stabilire，就是把某种固定的、持存的东西带向持留。这种持续的东西作为对象，符合于作为持续在场者的存在者的自古以来起支配作用的本质，而存在者作为持续在场者乃是处处已经摆在眼前的东西（即，ὑποκείμενον，subiectum）。就连笛卡尔也像亚里士多德那样，追问的是这个根据（ὑποκείμενον）。只要笛卡尔是在先行规定的形而上学的轨道中来探求这个一般

主体（subiectum），那么，他在思考作为确定性的真理之际就会发现作为持续在场者的“我思”（ego cogito）。于是，“我”（ego）就成了一般主体（subiectum），也就是说，主体成了自我意识。主体的主体性取决于这种意识的确定性。

由于强力意志把保存，即对它本身的持存保证，设定为一种必然的价值，它同时也就为这种对一切存在者的保证的必然性作了辩护；而这一切存在者作为一种本质上表象着的存在者始终也是持以为真的存在者。对这种持以为真（Für-wahr-halten）的保证被叫做确定性。所以，照尼采的看法，作为现代形而上学的原则，确定性惟在强力意志中才真正找到了根据；当然，这里假定了一点，即：真理是一种必然的价值，确定性是真理的现代形态。这就表明，何种程度上可以说，在尼采关于作为一切现实的“本质”（Essenz）的强力意志的学说那里，现代的主体性形而上学达到了完成。

因此，尼采能够说：“价值问题比确定性问题**更为基本**：因为后者只有在价值问题得到解答的前提下才达到其严格性（《强力意志》，第588段，1887—1888年）。

然而，即便强力意志已经被认作价值设定的原则，价值问题也必须首先去考虑，何者是根据这一原则来看必然的价值，何者是合乎这一原则的最高价值。只要价值的本质显示为在强力意志中被设定的保存和提高的条件，那么，对一种关于决定性的价值构造的标画来说，就有适当的角度开启出来了。

对意志的当下所达到的强力等级的保存就在于，意志用一个它能够随时并且牢靠地动用的东西的圆周区域把自己包围起来，以便从中争得它自身的可靠性。这一圆周区域界定了对意志来说直接可支配的在场者（即 οὐσία，根据这个词在希腊人那里的日常含义）之持存（Bestand）。但这一持续的东西只有当它被一种摆置（Stellen）带向状态时，才成为一个持久的东西，也即成为那种总是可支配的东西。这种摆置具有表象性的制造的特性。[①] 以这种方式持续的东西乃是持存者（das Bleibende）。尼采把这个持续的东西称为“存在者”，完全符合于在形而上学历史中起支配作用的存在之本质（存在 = 持续的在场状态）。他往往也把这种持续的东西称为“存在”，也还是完全符合于形而上学思想的说法的。自西方思想的开端以来，存在者就被当作真实的东西，当作真理，而同时，“存在”（seiend）和“真实”（wahr）的意义却是变化多端的。尽管尼采对形而上学做了彻底的颠倒和重估工作，但当他把在强力意志中为意志的保存而固定下来的东西径直叫做存在或存在者或真理时，他还是停留在形而上学传统的百折不挠的道路中。因此，真理就是一个在强力意志之本质中被设定的条件，也即强力之保存的条件。作为这样一种条件，真理乃是价值。不过，由于意志只能根据那种对持续的东西的支配来意愿，所以，真理就是从强力意志之本质

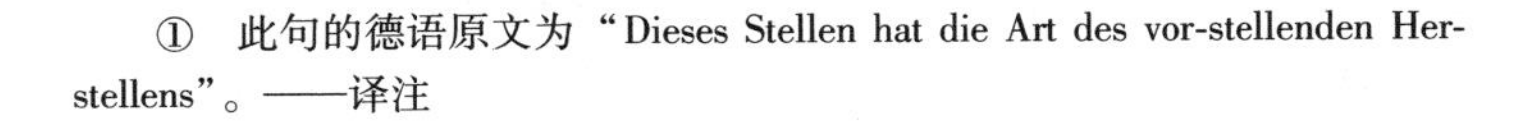

① 此句的德语原文为“Dieses Stellen hat die Art des vor-stellenden Herstellens”。——译注

而来对这种意志来说必然的价值。在这里，“真理”这个名称既不意味着存在者之无蔽状态，也不是指知识与对象的符合一致，也不是指那种作为明白易解的对被表象者的投送和确保（Zu-und Sicherstellen）的确定性。这里，而且在一种从前面所指出的真理之本质的方式而来的本质历史的渊源中，真理乃是对强力意志由之而得以意愿自身的那个圆周区域的持续的持存保证。

从那种对当下达到的强力等级的保证来看，真理乃是必然的价值。但真理不足以去达到某个强力等级；因为就其本身来看，持续的东西绝不能给出那个东西，即，意志为了作为意志超出自身也即为了进入命令之可能性中而首先就需要的那个东西。命令之可能性只有通过一种为强力意志之本质所包含的洞察着的前瞻（durchblickenden Vorblick）才表现出来；因为，作为求更大强力的意志，强力意志本就是向可能性透视的（perspektivisch）。对这些可能性的开启和提供乃是对强力意志之本质而言的那种条件，这种条件——作为在字面意义上先行的条件——高于前面所说的条件。因此之故，尼采说（《强力意志》，第853段，1887—1888年）：“但真理不是最高的价值尺度，更不是最高的强力”。

强力意志只有从意志之可能性而来才向其本身开放；而对尼采来说，意志之可能性的创造乃是艺术的本质。与这一形而上学概念相应，尼采在“艺术”这个称号下所思索的不只是艺术家的审美领域，甚至并不首先是这种审美领域。艺术乃是所有开启并占有视角（das Perspektiven）的意愿的本质："在**没有**艺术家的情形下出现的艺术作品，譬如肉体、组织（普鲁士军官团、耶稣会教团）等。艺术家在何种程度上只是一个预备阶段。世界乃是一件自我生育的艺术作品——"（《强力意志》，第796段，1885—1886年）。

根据强力意志来理解的艺术的本质乃在于：艺术激发强力意志首先成其本身，并且激励强力意志去超出自身。由于尼采在对早期希腊思想家的生命（ξωή）和涌现（φύσιs）的隐隐回应中往往也把作为现实之现实性的强力意志称为生命，所以尼采能够说，艺术乃是"生命的最大刺激"（《强力意志》，第851段，1888年）。

艺术是在强力意志之本质中被设定起来的条件，就是强力意志作为它所是的意志能够提升入强力之中并且能够提高强力这样一回事情的条件。因为艺术是这样一种条件，所以它便是一种价值。作为那种条件，那种在持存保证之决定作用的等级中先行的、并因而先行于一切决定作用的条件，艺术乃是开启着一切上升高度的价值。艺术是最高的价值。与真理之价值相比，艺术是更高的价值。一方以常新的方式召唤着另一方。两种价值在它们的价值关系中规定着在自身中设定价值的强力意志的统一本质。这种强力意志乃是现实之现实性，或者，用比尼采通常所采用的更宽泛一些的词语来讲，就是存在者之存在。如果形而上学必须着眼于存在来言说存在者，如果它借此以其方式道出存在者之根据，那么，强力意志的形而上学的根据律（Grund-Satz）就必定说出了这个根据。这种形而上学

的根据律言说的是，何种价值合乎本质地被设定起来，并且是在设定价值的强力意志的本质范围内的何种价值等级中作为存在者的“本质”（Essenz）被设定起来。这个根据律就是：“艺术**比**真理**更有价值**”（《强力意志》，第853段，1887—1888年）。

强力意志的形而上学的根据律是一种价值律（Wertsatz）。

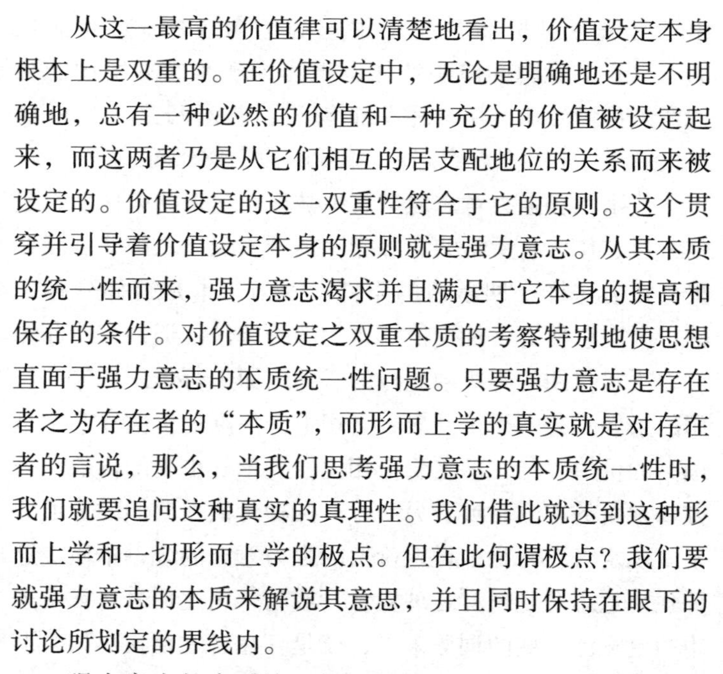

从这一最高的价值律可以清楚地看出，价值设定本身根本上是双重的。在价值设定中，无论是明确地还是不明确地，总有一种必然的价值和一种充分的价值被设定起来，而这两者乃是从它们相互的居支配地位的关系而来被设定的。价值设定的这一双重性符合于它的原则。这个贯穿并引导着价值设定本身的原则就是强力意志。从其本质的统一性而来，强力意志渴求并且满足于它本身的提高和保存的条件。对价值设定之双重本质的考察特别地使思想直面于强力意志的本质统一性问题。只要强力意志是存在者之为存在者的“本质”，而形而上学的真实就是对存在者的言说，那么，当我们思考强力意志的本质统一性时，我们就要追问这种真实的真理性。我们借此就达到这种形而上学和一切形而上学的极点。但在此何谓极点？我们要就强力意志的本质来解说其意思，并且同时保持在眼下的讨论所划定的界线内。

强力意志的本质统一性无非是强力意志本身。这种本质统一性乃是强力意志作为意志直面自身的方式。它把强力意志本身置入其本己的考验中，并使之接受考验，结果，强力意志在这样一种考验中才纯粹地、从而以其最高的形态表现出自己。但这种表现（Repräsentation）在此绝不是一种事后追加的表达（Darstellung），不如说，由这种表现所决定的在场（Präsenz）乃是强力意志的存在的方式，并且，强力意志就是作为这种方式而**存在**的。

然而，强力意志的存在方式同时也是它置身于其本身的无蔽领域中的方式。强力意志的真理即植根于此。强力意志之本质统一性问题就是作为存在者之存在的强力意志在其中存在的那个真理的方式问题。而这种真理同时也是存在者之为存在者的真理，形而上学就是作为这种真理而存在的。照此看来，现在所追问的真理并不是强力意志本身作为存在者之为存在者的必然条件所设定的那种真理，而是设定条件的强力意志本身已经在其中成其本质的那种真理。强力意志在其中成其本质的这个一（dieses Eine），即它的本质统一性，关涉到强力意志本身。

⑦ 存在者之存在方式

然则存在者之存在的这一真理具有何种方式呢？此种方式只能取决于那种东西，后者的真理就是此种方式。但是，只要在现代形而上学的范围内存在者之存在被规定为意志，并因而被规定为自我意愿（Sichwollen），而自我意愿本身是自我认识（Sich-selbst-wissen），那么，存在者，即根据（ὑποκείμενον）、一般主体（subiectum），就以自我认识的方式成其本质。存在者（即 subiectum）自行呈现出来，而且是以“我思”（ego cogito）方式向其自身呈现出来。这种自行呈现，即表现（Re-präsentation）（也即表象），就是作为一般主体（subiectum）的存在者之存在。自我认识便成了绝对主体（Subjekt schlechthin）。在自我认识中聚集着一切认识及其可认识的东西。它是认识的聚集，犹如山脉是群山的聚集。主体的主观性（Subjektivität）作为这样一种聚集就是 co-agitatio（即 cogitatio，思维），是意识（conscientia），是认识之聚集（Ge-wissen），即意识（conscience）。[①] 但 co-agitatio **本身**就是 velle，即意愿。在主体的主体性（Subjektität）中，作为主体性之本质的意志便显露出来。作为主体性的形而上学，现代形而上学是在意志意义上思考存在者之存在的。

主体性所具有的第一性的本质规定是，表象着的主体保证其本身，并且始终也保证它所表象的东西本身。根据这种保证，作为确定性的存在者之真理就具有可靠性（certitudo）之特性。确定性在其中成其本身的那种自我认识，就它而言始终是迄今为止的真理之本质，也即表象之正确性（rectitudo）的本质的变种。但是，正确性现在不再在于与某个在其在场性方面未曾被思考的在场者的相应。这里，正确性乃在于对一切有待表象的东西的设置，

① 这里的 conscientia 和 conscience 分别是拉丁文和法文中的“意识”。而德文 Ge-wissen 在此并非“良知”（Gewissen），而是取其前缀 Ge-的“聚集”意，故我们权译之为“认识之聚集”。——译注

这种设置符合于那种在表象着的思维体或心灵（res cogitans sive mens）的认识要求中被设定起来的标尺。这种要求指向可靠性，而可靠性的要义在于，一切有待表象的东西和表象一道被逐入数学观念的清晰性和明确性之中，并在那里被聚集起来。存在者（ens）乃是在知觉中一起活动的存在者（ens co-agitatum perceptionis）。现在，如果表象合乎这一可靠性要求，那么它就是正确的。如此这般被表明为正确的，它——作为被恰当地制作的和可支配的——就是被合法地制作或辩护了。[①] 主体性的自身确定性意义上的存在者之真理，作为可靠性（certitudo），根本上乃是对在它自己的光亮面前的那种表象及其所表象者的合法制作或辩护。这种辩护（iustificatio）乃是对合法性或正义性（iustitia）的实行，从而就是合法性（Gerechtigkeit）本身。既然主体向来是主体，它便得以为自己确定可靠性。它在为其本身所设定的合法性要求面前自我辩护。

在现代的开端，人们重新提出了下述问题：在存在者整体中，也即在一切存在者的最具有存在特性的根据（即上帝）面前，人如何能够确定他本身的持久性，也即确定他的得救（Heil）。这个得救的确定性的问题就是辩护问题，也就是合法性（iustitia）问题。

---

① 在此注意“正确的”（richtig）、“被恰当地制作”（recht gefertigt）与“被合法地制作或辩护”（gerecht-fertigt）三词之间的字面的和意义的联系，三者均出于词根 recht（合法的、正确的、正当的）。——译注

在现代形而上学范围内，莱布尼茨首先把一般主体（subiectum）思考为知觉和欲望的存在者（ens percipiens et appetens）。他在存在者（ens）的力（vis）之特性中首次清晰地思考了存在者之存在的意志特征。他以现代的方式把存在者之真理思考为确定性。在其关于形而上学的二十四个论题中，莱布尼茨说（第二十个论题）："合法性无非是心灵方面获得的秩序和完善（iustitianihil aliud est quam ordo seu perfectio circa mentes）。照第二十二个论题看，心灵（mentes），即思维体（res cogitantes）就是原初的世界统一体（primariae Mundi unitates）。作为确定性的真理是对可靠性的保证，是秩序（ordo）和普遍的确定，也即完全的和彻底的完成（perfectio）。对首先和真正地在其存在中的存在者的保证之特性乃是 iustitia（即合法性）。

康德在他对形而上学的批判性奠基中把先验主观性的终极的自身保证思考为先验演绎的合法问题（quaestio iuris）。它就是表象着的主体的辩护的合法性问题，这个表象着的主体把其本质固定在它的"我思"的自身合法性（Selbst-Gerechtigkeit）中了。

在作为确定性的真理中——这种确定性被思为主体性的真理，而主体性被思为存在者之存在——隐含着根据可靠性的辩护而被经验的合法性。它虽然是作为主体性之真理的本质而起作用的，但在主体性的形而上学范围内却并没有被思考为存在者之真理。而另一方面，一旦存在者之存在显现为强力意志，则合法性——作为自我认识着的存在者之存在——就必然要来到现代形而上学思想面前。强力意志认识到自己是本质上设定价值的意志，它在设定价值即设定它自己的本质持存（Wesensbestand）的条件之际保证自己，从而不断地正确对待自己，并且在这种正确对待中成为合法性。在合法性中并且作为这种合法性，强力意志的特有本质必定表现（repräsentieren）出来，以现代形而上学的方式来思考，表现也就是：存在（sein）。正如尼采的形而上学中的价值思想比笛卡尔形而上学中关于确定性的基本思想更为基本，因为确定性只有在被看作最高价值时才能被看作合法性；同样地，在西方形而上学达到完成（在尼采那里）的时代里，主体性的明白可解的自身确定性便表明自己是强力意志的辩护，这种辩护是按照在存在者之存在中起支配作用的合法性来进行的。

早在一部早期的、也是众所周知的著作中，即在第二个不合时宜的考察“论历史学对于生命的利与弊”（1874年）中，尼采就用“合法性”（Gerechtigkeit）取代了历史科学的客观性（第6章）。但在一般情形下，尼采是对合法性保持沉默的。只是到关键的1884至1885年间，当时尼采洞识到“强力意志”乃是存在者的基本特征，他才写下了两段关于合法性的思想的文字，但没有予以发表。

第一段笔记（1884年）的标题为“自由的道路”。这个笔记如是说：“**合法性**是构造、析离、消灭的思想方式，是从价值评价而来的；那是**生命本身的最高代表**”。（大八开本版，第13卷，第98段）

第二段笔记（1885 年）说：“**合法性**，作为一种四处远眺的强力之功能，它超越善与恶的狭隘视角向外看，也就是说，它具有一种广阔的**先见**之视界——保持某个比这个和那个个体**更多**的东西的意图”。（大八开本版，第 14 卷，第 158 段）

对这一思想的准确解释超出了这里所尝试的沉思的范围。在此我们只对尼采思考的合法性所归属的那个本质领域作一提示。为了能够理解尼采所见的合法性，我们必须排除所有关于合法性的观念，这些观念来自基督教的、人道主义的、启蒙运动的、资产阶级的和社会主义的道德。因为，尼采根本没有首先把合法性理解为伦理和法律领域的一种规定。毋宁说，他是根据存在者整体之存在，也即根据强力意志来思考这种合法性的。合法的就是依法的。但什么是依法的，这取决于作为存在者而存在的东西。因此，尼采说（大八开本版，第 13 卷，第 462 段，1883 年）：“法 = 意志，一种使当下的强力关系永存的意志。前提是满足于这种强力关系。一切令人敬畏的东西被吸引，其任务是让法显现为永恒的东西”。

次年写的一个笔记也说：“**合法性**问题。就是说，第一性的和最强大的东西正是寻求优势的意志和力量。惟统治者随后来确定‘合法性’，也就是说，统治者根据其尺度来衡量事物；如果他**十分强大**，他就能十分广泛地**放任**和承认**大胆尝试**的个体”（大八开本版，第 14 卷，第 181 段）。可想而知，尼采的关于合法性的形而上学概念是与通常的观念格格不入的，但是，它依然没有触及合法性的本质；这种合法性在现代之完成的开端处，在围绕地球统治权的斗争的范围内，已经是历史性的，并且因此明确地或不明确地，隐蔽地或公开地，决定了人在这个时代里的一切行动。

尼采所思的合法性乃是以强力意志方式存在的存在者之真理。不过，尼采本人既没有明确地把这种合法性思考为存在者之真理的本质，他也没有根据这一思想把完成了的主体性的形而上学诉诸语言而表达出来。但合法性乃是由存在本身所规定的存在者之真理。作为这种真理，合法性就是在其现代的完成中的形而上学本身。在如此这般的形而上学中隐含着一个原因，可以说明何以尼采尽管在形而上学上把虚无主义经验为价值设定的历史，但却未能思考虚无主义的本质。

我们不知道，强力意志的形而上学保持有何种隐蔽的、从作为其真理的合法性之本质而来得体的形态。它的第一性的根据律几乎还未曾被道出；即使曾被道出，它也不是作为具有这种形式的定律。当然，这一定律的定律特性在这种形而上学范围内具有自己的方式。第一性的价值律确实不是一个演绎的定律系统的最高定律。如果我们谨慎地来理解“形而上学的根据律”这个名称，就是把它理解为对存在者之为存在者的本质根据的命名，也即对存在者的本质统一性的命名，那么，它就还是十分宽泛和复杂的，足以随时对形而上学的关于根据的言说方式作形而上学式的规定。

⑧ 艺术与真理

尼采还以另一种形式，表达了强力意志的形而上学的第一价值律（《强力意志》，第822段，1888年）："我们有**艺术**，我们才**不致毁于真理**"。

当然，我们不能根据我们关于真理与艺术的日常观念，来了解这一关于艺术与真理之间的形而上学的本质关系即价值关系的命题。否则的话，一切都会变得陈腐乏味，而后果十分严重的是，我们便失去了那种可能性，即，尝试与这个时代的正在自行完成的形而上学的隐蔽立场作一种本质性的争辩，以便把我们自己的历史性本质从历史学和世界观的蒙蔽中解放出来。

在刚才提到的强力意志之形而上学的根据律的公式中，艺术与真理作为强力意志的第一性的占统治地位的构成物，乃是在与人的关系中被思考的。存在者本身的真理与人的本质的本质关系究竟应当如何在形而上学范围内根据形而上学的本质来思考，这对我们的思想来说还是蔽而不显的。这个问题几乎还没有得到追问，就已经被风靡一时的哲学人类学不妙地混淆起来了。但无论如何，倘若我们想把价值律公式作为一个证据来说明尼采所从事的是生存论的哲学思考，那是错误的。尼采从来没有做生存论的哲学思考，而是做了形而上学的思考。我们还没有成熟，还不能去理解下面这种思想的严格性，这种思想是尼采在构思他的主要著作《强力意志》时记录下来的：

“在英雄周围一切都成为悲剧，在半神周围一切都成为滑稽剧；那么，在上帝周围，一切又成为什么呢？也许是成为‘世界’么？——”（《善与恶的彼岸》，第150段，1886年）。

但是，确实到时候了：我们要学会去认识，尼采的思想——尽管从历史的角度并且就其名称看来必然显示出另一种情态——并不比亚里士多德的思想更少实际性和严格性；亚里士多德在其《形而上学》之第四章中把矛盾律思考为关于存在者之存在的第一真理。那种把尼采和基尔克果相提并论的看法已经是司空见惯的了，但并非因此就是无可置疑的了；这种看法没有认清这样一回事情，即，尼采作为形而上学思想家保持着与亚里士多德的亲近——而之所以没有认清乃是由于对思想之本质的误解。基尔克果与亚里士多德本质上是疏远的，尽管他常常提到后者。因为基尔克果不是思想家，而是一位宗教作家，而且不是一般宗教作家中的一员，而是与他的时代的命运相适应的独一无二的宗教作家。这就是他的伟大之处，如果我们这样说并非一种误解的话。

在尼采形而上学的根据律中，强力意志的本质统一性是以艺术与真理的价值的本质关系来命名的。根据存在者之为存在者的这一本质统一性，价值的形而上学本质得到了规定。价值乃是在强力意志中并为强力意志而设定起来的强力意志自身的双重条件。

由于尼采把存在者之存在经验为强力意志，故他的思想必定针对价值而展开。所以就需要普遍地并且先于一切地把价值问题提出来。这种追问把自身经验为历史性的追问。

迄今为止的最高价值的情形如何？着眼于对一切价值的重估，这些最高价值的废黜意味着什么？因为对价值的思考植根于强力意志的形而上学中，所以尼采的解释——即把虚无主义解释为最高价值的废黜和一切价值的重估的过程——是一种形而上学的解释，而且是在强力意志的形而上学意义上的解释。但只要尼采在虚无主义的真正完成意义上来理解他自己的思想，即，作为“新的价值设定之原则”的强力意志之学说，那么，他就不再只是消极地把虚无主义理解为最高价值的废黜，而是同时也积极地来理解虚无主义，也即把它理解为虚无主义的克服；因为现在明确地被经验的现实之现实性，即强力意志，成了一种新的价值设定的本源和尺度。其价值直接规定着人的表象，并同时激励着人的行为。人的存在被置入另一个发生维度之中。

在上文所引述过的《快乐的科学》第125段中，那个疯子对于杀死了上帝也即废黜了超感性世界的人们的行为说了这样的话：“再也没有更伟大的行为了——而因此之故，我们的后人将生活在一个前所未有的更高的历史之中！”

⑨ 超　人

随着“上帝死了”这样一种意识，也就开始了关于迄今为止的最高价值的彻底重估的意识，人本身按照这种意识而转入另一种历史中，那是更高的历史，因为在其中，一切价值设定的原则，即强力意志，特别地被经验和接受为现实的现实性，也即存在者之存在。借此，作为现代人的本质之居所的自我意识完成了它的最后的一步。它意愿本身成为无条件的强力意志的实行者。决定性的价值的没落就要到尽头了。虚无主义，亦即“最高价值的自行废黜”，被克服了。那个人类——它意愿其本己的作为强力意志的人之存在，并且把这种人之存在经验为归属于那种由强力意志整体所规定的现实性的人之存在——被一种人的本质形态所规定，而这种本质形态超出了迄今为止的人。

这个超出迄今为止的人种的人类之本质形态，尼采用“超人”（der Übermensch）这个名称来表示。以尼采的理解，“超人”并不是某种个别的人的标本——在这种标本中，通常所见的人的能力和意图被扩大和提高到巨大的地步。“超人”也不是通过把尼采哲学应用到生活中去才出现的那样一种人。“超人”这个名称命名的是那个人类的本质，这个人类作为现代人开始进入其时代的本质完成过程之中。“超人”是那种根据由强力意志所规定的现实性并且对这种现实性来说才**存在**（ist）的人。

其本质是从强力意志而来被意愿的本质，这样的人就是超人。对这种如此这般被意愿的本质的意愿必然符合于作为存在者之存在的强力意志。因此，与思考强力意志的那种思想一体地，就必然产生了这样一个问题：从存在者之存在而来被意愿的人的本质必然以何种形态表现和展开出来，从而得以满足于强力意志并因此能够承担对存在者的统治？不知不觉地，并且首先就是不知不觉地，人从存在者之存在而来发现自己面临了承担大地之统治地位的任务。以往的人已经充分思考了存在者之存在是以何种方式显现的吗？对于他的本质是否已成熟并且是否具有力量去响应这一存在的要求，以往的人有了确信吗？或者，以往的人不得不借助于那些权宜之计和曲折弯路——它们总是一再让他不能去经验所是的东西？以往的人想要保持为以往的人，同时已经是其存在开始显现为强力意志的那个存在者所意愿的东西。以往的人就其本质来看根本还没有对始终贯通存在者而起支配作用的存在做好准备。在存在者那里起支配作用的是这样一种必然性，即，人之超出以往的人，并不是出于一种单纯的兴趣，也不是为着纯粹的任性，而只是为了存在的缘故。

尼采关于超人的观点起于这样一种思想，这种思想从存在论上思考存在者之为存在者，从而适应于形而上学的本质，但却不能在形而上学范围内经验这种本质。因此之故，恰如在尼采之前的一切形而上学那里，对尼采来说也依然蔽而不显的是，形而上学的本质如何是根据存在之本质而得到规定的。所以，在尼采的形而上学中，强力意志与超人的本质之间的本质关系的根据必然是掩蔽着自己的。但在任何一种掩蔽中，都同时就有一种显现在起支配作用。存在者之本质（essentia）即强力意志所具有的存在（existentia），乃是相同者的永恒轮回。在这种永恒轮回中被思考的存在包含着与超人之本质的关联。但这种关联在其合乎存在的本质中必然是未曾被思考的。所以对尼采本人也模糊不清的是：思考超人（以查拉图斯特拉为形象）的思想与形而上学的本质处于何种关系之中。因此，《查拉图斯特拉如是说》这部著作的特性始终是蔽而不显的。只有当一种未来的思想已经到位，能够把这本“写给所有人的书又是无人能读的书”与谢林的《关于人类自由的本质的探究》（1809 年），同时也与黑格尔的《精神现象学》（1807 年），与莱布尼茨的《单子论》（1714 年），放在一起加以思考，并且不仅是以形而上学方式思考这本著作，而是从形而上学之本质而来思考这部著作，这时，一种争辩的权利和义务也好，一种争辩的基础和视界也好，才被确立起来了。

要对超人的观念和形象——它们已经蒙受了特有的误解——生出愤怒，并且把这种愤怒假装为一种反驳，这是轻而易举的，但却是不负责任的。困难的、但对未来的思想来说不可避免的是达到那种高尚的职责，正是出于这种职责，尼采思考了那种在强力意志的存在命运中注定要去承受对大地的统治的人类的本质。超人的本质并不是一种任意的颠狂症的通行证。它是一个由至高的自我克服过程构成的长链条的植根于存在本身的法则；这些至高的自我克服过程才使人游刃于存在者——存在者作为存在者归属于存在，而存在作为强力意志使它的意志本质显现出来，并且通过这种显现而开创一个时代，也即开创形而上学的最后时代。

根据尼采的形而上学，以往的人之所以被叫做以往的人，是因为他的本质虽然是由作为一切存在者的基本特征的强力意志所决定的，但他并没有把强力意志当作这一基本特征来经验和接受。超出以往的人的人则把强力意志当作一切存在者的基本特征，把它接受到他本己的意愿之中，并且因此在强力意志意义上来意愿自身。一切存在者作为在这种意志中被设定的存在者而存在。先前以目的和尺度的方式限定和规定了人之本质的东西，已经失去了它的无条件的、直接的、首先普遍地不可或缺地起作用的力量。那种超感性的目的和尺度世界不再来唤起和支撑生命。那个世界本身成了无生命的——死了。基督教信仰还将在这里那里存在。但在这样的世界里起支配作用的爱并不是现在所发生的事情的具有活生生效果的原则。超感性世界的超感性根据曾经被看作一切现实的有效的现实性；但它已成为非现实的了。这就是在形而上学上被思考的“上帝死了”这句话的形而上学意义。

我们还想继续对尼采这句话的必须以上述方式来思考的真理视而不见吗？如若我们还想这样做，那么无疑地，这句话通过这一奇特的蒙蔽并不就成为非真实的了。上帝还不是一个活的上帝——如果我们继续致力于控制现实，而没有首先严肃地对待其现实性，追问其现实性，也没有去考虑，人是否如此游刃于他从存在而来被卷入其中的那个本质，以至于他能够根据其本质而不是借助于单纯措施的虚假帮助来经受这一命运。

毫无错觉地去经验尼采这句关于上帝之死的话的真理

性的尝试，与对尼采哲学的信奉不是一回事情。如果我们竟认为这是一回事，那么，凭这样一种同意是无助于思想的。我们只有通过思想才能关注一位思想家。这就要求我们去思考在这位思想家的思想中得到思考的一切本质性的东西。

如果上帝和诸神在上面所解释的形而上学经验的意义上已经死了，如果强力意志蓄意要成为对存在者之条件的一切设定的原则，也即一切价值设定的原则，那么，那种以对大地的统治为形态的对存在者之为存在者的统治便转向新的、为强力意志所规定的人的意愿了。《快乐的科学》是在1883年出版的，一年之后，尼采出版了《查拉图斯特拉如是说》。尼采以这样一句话结束了后书的第一部分：**“所有的神都已经死了：现在我们要使超人活起来！”**

粗粗一想，人们也许会认为，这话说的是：对存在者的统治从上帝转到人那里了；或者，更粗泛地看，似乎尼采用人取代了上帝。当然，有这样的看法的人们很少神性地看待上帝的本质。人是绝不能取代上帝的位置的，因为人的本质达不到上帝的本质领域。相反的，与这种不可能性相比较，倒是可能发生某种更为阴森可怕的东西，而对这种东西的本质，我们几乎尚未开始予以思考。从形而上学上看，上帝所居有的位置，乃是对作为被创造者的存在者的产生作用和保存作用的位置。这个上帝的位置是不能空着的。取代这个上帝的位置，就会有另一个在形而上学上相应的位置开启出来，后者既不是上帝的本质领域，也不是人的本质领域，但人又能进入一种与这个位置的优先的关系之中。超人并没有取代上帝，决没有取代上帝，不如说，超人的意愿所关心的那个位置乃是另一个领域，即，对在其另一种存在中的存在者作另一种根据说明的领域。这另一种存在者之存在这时已经成了主体性——而这一点正标志着现代形而上学的开始。

⑩ 存在者的角色

现在，一切存在者要么是作为对象的现实，要么是作为对象化的作用者（das Wirkende）——在这种对象化中对象之对象性得以构成自己。对象化在表象之际把对象投送给我思（ego cogito）。在这种投送（Zustellen）中，自我表明自身为它自己的行为（即表象着的投送）的根据，也即表明自身为一般主体（subiectum）。主体自为地就是主体。意识的本质是自我意识。因此，一切存在者不是主体的客体，就是主体的主体。存在者之存在普遍地植根于那种“面对自身摆置自身”（Sich-vor-sich-selbststellen）之中，从而植根于自身设置（Sich-auf-stellen）之中。在存在者之主体性范围内，人起立而入于他的本质的主体性中。人进入这种起立（Aufstand）之中。[1] 世界成为对象。在这一暴动性的对一切存在者的对象化中，大地，即那种

① 此处译为“起立”的 Aufstand 在日常德语中有“起义、暴动”的意思。——译注

首先必然被带入表象和制造（Vor-und Her-stellen）之支配中的东西，被置入人的设定和辨析的中心中。大地本身只还能作为那种进攻的对象显示自身——这种进攻在人的意愿中设立自身为无条件的对象化。自然便普遍地显现为技术的对象，因为它出于存在之本质而被意愿。

在写作上面所引“疯子”一段的1881—1882年那阵子，尼采有这样一个笔记：“围绕对大地的统治而展开斗争的时代到了——这场斗争是以**哲学的基础学说**的名义来进行的”（大八开本版，第12卷，第441页）。

这话并不是说，为了使强力意志无条件地委身于其本质而围绕对作为原料领域的大地的无限制的利用的斗争，以及围绕对“人的材料”的毫无幻想的应用的斗争，明确地要求助于一种哲学。相反的，我们可以猜测，作为学说的哲学消失了，作为文化的构成物的哲学消失了，并且在眼下这种形态中的哲学也要消失了，因为哲学——只要它曾经是真正的哲学——已经把现实的现实性表达出来，并因此把存在者之为存在者带入其存在的历史中了。所谓“哲学的基础学说”并不是指学究们的理论教条，而是指关于存在者之为存在者的真理的语言，这种真理乃是形而上学本身——以强力意志的绝对主体性的形而上学为形态。

围绕大地之统治地位的斗争在其历史性的本质中已经是下面这个事实的后果，这个事实就是，存在者之为存在者以强力意志的方式显现出来，却没有被认识甚或理解为这种意志。随波逐流的行为学说和表象思想本来就绝不去言说存在着的并因而发生着的东西。随着围绕大地之统治地位的斗争的开始，主体性的时代被逐入其完成之中。这种完成的意思之一是，在强力意志意义上存在的存在者按其方式并且在任何一个方面，对它自己的关于它本身的真理都是确定的，因而也是有意识的。意识是那种根据强力意志来意求的意愿的一个必然工具。着眼于对象化来看，意识的发生采取了计划（Planung）形态。它是在人通过对历史处境的不断分解而起立进入自我意愿这样一个范围里发生的。从形而上学上看，"处境"始终是主体行动的处境。任何一种对处境的分析都建立在主体性形而上学的基础之上，无论它是否知道这一点。

"伟大的正午"乃是最明亮的时代，也就是意识的时代；意识绝对地并且在每一个方面都意识到它自身是那样一种认识，这种认识的要义在于：有意地去意愿作为存在者之存在的强力意志，并且作为这种意愿向着自身发起暴动，去经受世界之对象化的每一个必然阶段，从而为一种尽可能相同和均衡的意愿保证存在者的持续的持存。但在这一意志的意愿中，人被一种必然性攫住，要一道去意求这种意愿的条件。这就是说：要设定价值并且按照价值来评价一切。这样，价值便决定着一切在其存在中的存在者。这就使我们面临下述问题：

什么**存在**（Was ist）——在现在这个时代里，在强力意志的绝对统治公然到来，并且这种公然的东西及其公开性本身成为这种意志的一个功能的时代里？什么存在呢？我们并不是要追问每个人都能各按需要，随时在强力意志领域内为之提供证明和消除证明的那些事件和事实。

什么存在？我们并不是要追问这个或那个存在者，而是要追问存在者之存在。更好地说，我们要追问：存在本身的情形如何？我们也不是无的放矢地做这种追问，而是要着眼于存在者本身之真理来追问——这种真理以强力意志的形而上学为形态而诉诸语言。在这个正在兴起无条件的强力意志的统治的时代里，存在的情形如何呢？

存在成了价值。对持存之持续状态的维持（Beständigung der Beständigkcit des Bestandes）乃是一个必要的、由强力意志本身所设定的对它自身的保证的条件。但除了把存在特别地提升为价值，还能对存在作更高的评价吗？不过，由于存在被尊为一种价值，它也就被贬降为一个由强力意志本身所设定的条件了。只要存在一般地被评价并从而被尊奉，则存在本身先就已经丧失了其本质之尊严。如果存在者之存在被打上价值的印记，并借此就确定了它的本质，那么，在这一形而上学范围内，也即始终在这个时代的存在者本身的真理的范围内，任何一条达到存在本身之经验的道路就都被抹去了。在此作这一番谈论时，我们假定了也许我们根本不可作出的假定，即，总是有这样一条通向存在本身的道路，并且一种对存在的思想一向已经思考了存在之为存在。

自其开端以来，西方思想所思考的始终是存在者之为存在者，而没有思及存在及其本己的真理。其间它只是以这样一种真理性思考了存在，以至于它十分笨拙地在一种未曾被经验、因而未经清理的多义性中把“存在”这个名称表达出来。这种始终未思及存在本身的思想乃是西方历史的简单的、包含一切的、从而神秘莫测的、未曾被经验的事件（Ereignis）；而西方历史眼下就要扩张为世界历史了。最后，在形而上学中，存在沦为一种价值了。从中表明，存在并没有得以成为存在。这意味着什么呢？

存在之情形如何？存在无情形可言。[①] 如果恰恰从这里才呈示出一直被掩蔽着的虚无主义的本质，那又如何呢？价值思想于是就是纯粹的虚无主义吗？但尼采却把强力意志的形而上学理解为虚无主义的克服。实际上，只要虚无主义仅仅被理解为最高价值的废黜，而强力意志被思考为根据一种最高价值的重新设定而对一切价值的重估的原则，那么，强力意志的形而上学就是一种对虚无主义的克服了。但在这种对虚无主义的克服中，价值思想却被提升为一个原则了。

然而，如果价值不能让存在成其为存在，让存在作为存在本身而存在，那么，所谓的克服首先就是虚无主义的完成。因为现在，形而上学不仅不思存在本身，而且这种对存在的不思还被掩盖在一种假象之中，仿佛它由于把存在评价为价值就以最隆重的方式思考了存在，以至于一切存在之问都变得多余了。但如果就存在本身来看，那种按照价值来思考一切的思想就是虚无主义，那么，就连尼采对虚无主义的经验——即认为虚无主义就是最高价值的废黜——也是一种虚无主义的经验了。对超感性世界的解

① 原文为：Wie ist es mit dem Sein? Mit dem Sein ist es nichts. ——译注

释，对作为最高价值的上帝的解释，并不是根据存在本身来思考的。对上帝和超感性世界的最后一击就在于，上帝，这个存在者之存在者（das Seiende des Seienden），被贬低为最高价值了。对上帝的最猛烈的一击，并不是上帝被认为不可知的，也不是上帝的存在被证明为不可证明的，而是：被认为是现实的上帝被提升为最高价值了。因为这一击并非来自那些不信上帝的游手好闲之辈，而是来自那些信徒及其神学家们，这些人夸夸其谈，谈论一切存在者的至高存在者（das Seiendsten alles Seienden），而向来不想去思考存在本身，以便从中能够认识到：从信仰方面看，这种思想和那种谈论，如果它们去干涉信仰神学的话，就都不外乎是一种渎神。

至此，也只是有了一道微弱的光，稍稍照亮了那个幽暗的问题。我们在倾听那段关于疯子的话时就想向尼采提出这个问题了：人究竟如何能够杀死上帝？而显而易见，尼采思考的恰恰就是这一点。因为在整段话中只有两句是特别加了着重号的。一句是：“**我们把它杀死了**”，即把上帝杀死了；另一句说：“**虽然他们已经做了这件事**”，也就是说，人们已经做了杀死上帝的行为，虽然他们至今还对此闻所未闻。

这两个加着重号的句子给出了对“上帝死了”这句话的解释。这句话并不意味着——仿佛是出于否定和庸俗的仇恨而说的——：没有上帝。这句话意味着更凶狠的东西：上帝被杀死了。因此才显露出一个决定性的思想。但这当儿，理解却变得更困难了。因为我们更愿意把“上帝死了”这句话的意思理解为：上帝本身从自身而来已经远离它的活生生的在场了。而要说上帝是被别的东西，甚至是被人杀死的，这是不可思议的。尼采本人对这一思想也惊奇不已。惟因此，紧接着**“我们把它杀死了——你们和我！我们都是凶手！”**这句关键的话之后，尼采就让疯子问：“但我们是如何杀死上帝的呢？”尼采以三个形象来描绘问之所问，他通过重复这个问题来解释这个问题：“我们又如何能将海水吸光？是谁给我们海绵去把整个地平线拭掉？当我们把地球移离太阳照耀的距离之外时又该做些什么？”

⑪ 当阳光移离地球

对最后这个问题，我们可以回答说：当人们把地球移离太阳照耀的距离之外时，人们要做的就是去言说最近三个半世纪以来的欧洲历史。但在这一历史的根基中，与存在者一道发生了什么事情？当尼采说出太阳与地球的关系时，他所想到的不只是现代自然观中的哥白尼转向。“太阳”这个名称立即让我们想到柏拉图的譬喻。在这个譬喻中，太阳和太阳光的领域是这样一个区域，在那里，存在者按其外观、外表（即理念）而显现出来。太阳构成并限定存在者之为存在者在其中显示自身的那个视界。“地平线”意指作为真实存在者的超感性世界。它同时也是像大海那样拥抱一切、涵盖一切的整体。作为人的栖留之所的大地被移离太阳照耀的距离之外了。那个自在存在的超感性领域不再作为决定性的光亮照临人世。整个视界被拭掉了。存在者之为存在者整体，即大海，被人们吸干了。因为人起身而入我思（ego cogito）的自我性中了。随着这一起立，一切存在者都成了对象。存在者作为客体而被汲入主体性的内在之中了。地平线不再自发地闪光。它无非是在强力意志的价值设定中被设定的观点。

以三个形象（太阳、地平线、大海）为引线，——它们对思想来说也许还不同于形象——，这三个问题解释了上帝被杀死这个事件的意思。此所谓杀死，是指人把自在存在的超感性世界消除掉了。杀死指的是一个过程，在这个过程中，存在者之为存在者并没有彻底被消灭，而也许是在其存在中变了样。但在这个过程中，人也变了样，而且首先是人变了样。人变成那个消除自在存在者意义上的存在者的人。人起立而入于主观性中的过程使存在者成了对象。但对象乃是通过表象而站立起来的。对自在存在者的消除，也即把上帝杀死，这是在那种持存保证（Bestandsicherung）中实现的；通过这种持存保证，人便为自己保证了质料的、身体的、心灵的和精神的持存——但这是由于他自己的确信的缘故，这种确信意求取得对作为可能对象的存在者的统治，目的是为了与存在者之存在即强力意志相符合。

作为确信之获得的保证植根于价值设定。这种价值设定控制了一切自在存在者，并因此把它们当作自为存在者而杀死了。杀死上帝过程中的这最后一击是由那种形而上学来提供的，后者作为强力意志的形而上学进行着价值思考意义上的思想。由这一击，存在被打倒在地，成了纯粹的价值。但尼采本人不再把这最后一击视为从存在本身来看的一击。可是，尼采不是说“我们都是凶手！——你们和我！”吗？确实如此。据此，尼采也还把强力意志的形而上学理解为虚无主义。不过，这对尼采来说却仅仅意味着，作为在重估以往一切价值意义上讲的反动过程，强力意志的形而上学确定地、从而最显明地实行着那种先行的“对以往的最高价值的重估”。

但恰恰那种根据一切价值设定的原则而作的对价值的重新设定，是尼采不再能够思考为一种杀死和虚无主义的。在自我意愿的强力意志视界内，也即在价值和价值设定的视野中，这种重新设定不再是一种废黜。

然而，如果着眼于存在者之为存在者，也即从存在的角度，来思考价值设定，则这种价值设定本身的情形又如何呢？那样的话，价值思考就是彻底的杀死了。它不仅是在其自在存在方面击倒了存在者之为存在者，而是完全把存在给干掉了。还需要存在的时候，存在也只能作为一种价值起作用。强力意志的形而上学的价值思想在一种极端的意义上是致命的，因为它根本就不让存在本身进入涌现中，也即进入其本质的生命力中。根据价值的思想自始就不让存在本身得以在其真理中成其本质。

但是，这一斩草除根的杀死首先是，并且仅仅是强力意志的形而上学的方式吗？只有这种把存在解释为价值的做法才不让存在本身成为它所是的存在吗？情形若此，那么在尼采之前的时代里的形而上学就必定已经经验、思考了存在本身，或者至少已经追问了存在本身。**但我们哪儿也找不到这种对存在本身的经验**。我们哪儿也看不到一种思想，是思存在本身的真理的，从而是把真理本身作为存在来思考的。甚至当作为西方思想的开端的前柏拉图思想为柏拉图和亚里士多德的形而上学的展开作准备时，也没有思存在本身。“存在是”【ἔστιν（ἐὸν）γὰρ εἶναι】[①]固然是命名存在本身的，但它恰恰不是把在场思为从其真理而来的在场。存在之历史始于、而且必然始于**存在之被遗忘状态**（Vergessenheit des Seins）。所以说到底，存在本身在其真理中始终未被思，这不能归咎于强力意志的形而上学。进一步讲，这种奇怪的缺席只能归咎于作为形而上学的形而上学。但什么是形而上学？我们知道形而上学的本质吗？形而上学本身能够知道它的本质吗？如果形而上学理解这一本质，那也只是在形而上学上理解它。但形而上学的关于形而上学的概念始终滞后于形而上学的本质。这也适合于任何一种逻辑，假定后者根本上还能思考逻各斯（λόγος）的本质的话。一切关于形而上学的形而上学，和一切试图以某种方式超过形而上学的哲学逻辑，都最稳当地落到了形而上学下面，而不知道它们自身在这样做时掉到哪里去了。

这当儿，对我们的沉思来说，至少是虚无主义之本质的一个特性变得清晰一些了。虚无主义的本质植根于那种历史，根据这种历史，在存在者之为存在者整体的显现中

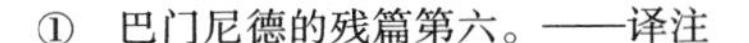

① 巴门尼德的残篇第六。——译注

并没有发生存在本身及其真理，而且其情形是，存在者之为存在者的真理是由于存在之真理的缺席才适合于存在。诚然，尼采在虚无主义开始完成的时代里经验到了虚无主义的某些特性，同时对它们作了虚无主义式的解说，从而完全掩埋了它们的本质。不过，尼采就如同他之前的任何一种形而上学，根本没有认识到虚无主义的**本质**。

但如果虚无主义的本质植根于历史中，以至于在存在者之为存在者整体的显现中存在之真理是缺席的，并因此而没有发生存在本身及其真理，那么，作为存在者之为存在者的真理的历史，形而上学本质上就是虚无主义。此外，如果形而上学是欧洲的和由欧洲所决定的世界历史的历史根据，那么，这种世界历史就在一种完全不同的意义上是虚无主义的。

从存在之命运来思考，“虚无主义”的虚无（nihil）意味着：根本就没有存在。存在没有达到其本己的本质的光亮那里。在存在者之为存在者的显现中，存在本身是缺席的。存在之真理失落了。它被遗忘了。

这样来看，虚无主义在其本质中就是一种与存在本身同时进行的历史。于是，在存在本身的本质中就包含着这样一回事情，即，存在由于自行隐匿而始终未曾被思。存在本身自行隐匿入其真理中。它庇护自身进入这种真理中，并在这种庇护（Bergen）中遮蔽自身。

由于看到了这种对其本己的本质的自行遮蔽的庇护，我们也许就触着了那种神秘（das Geheimnis）的本质——存在之真理就是作为这种神秘而成其本质的。

据此，形而上学本身就不只是对一个还有待思考的存在问题的耽搁。它更不是一种错误。作为存在者之为存在者的真理的历史，形而上学乃是从存在本身之命运而来成其大事的。形而上学在其本质中乃是被扣留着的、因而未曾被思的存在本身之神秘。要不然，则一种努力遵循有待思的东西（即存在）的思想就不能不停地去追问：什么是形而上学？

形而上学是存在本身的历史的一个时代。但在其本质中，形而上学就是虚无主义。虚无主义的本质归属于历史，而存在本身即是作为这种历史而成其本质的。然而，只要虚无（Nichts）无论如何指向存在，那么，对虚无主义的存在历史的规定至少更能表明那样一个领域，在其中，虚无主义的本质变得可经验的，从而成为我们的思想所关心的某种被思考的东西。我们习惯于从“虚无主义”这个名称那里首先听出一个不谐和音。但如果我们来思考虚无主义的存在历史的本质，则在对这个不谐和音的倾听中立即就出现了某种棘手的东西。“虚无主义”这个名称表示，它所指的东西根本上是 nihil（虚无）。虚无主义意味着：一切在任何方面都是虚无。“一切”是指存在者整体。但如果存在者作为存在者被经验了，那它就处在它的每一个方面中。因此，虚无主义就意味着：存在者之为存在者整体是虚无的。但存在者从存在而来是其所是并且如其所是地存在。假如一切“是”（ist）都系于存在（Sein），那么虚无主义的本质就在于，存在本身是虚无的。存在**本身乃**是在其**真理**中的存在，而这种真理归属于存在。

如果我们在“虚无主义”这个名称中听到另一种音调，从中听出上面所说东西的本质，那么，我们也就以不同的方式听到那种形而上学思想的语言，这种形而上学思想已经经验到了虚无主义的某些东西，但又不能思考它的本质。也许终有一天，我们听到另一种音调，将以全然不同于以往的方式来思索这个虚无主义的刚刚开始完成的时代。也许我们进而会认识到，无论是政治的还是经济的角度，无论是社会学的还是技术和科学的角度，甚至形而上学的和宗教的角度，都是不充分的，都不足以去思考在这个时代里发生的事情。给予思想以有待思的东西的，并不是某种深深地隐藏着的深层意义，而是某种平易近人的东西，是最平易近人的东西；因为它只是这样一种东西，所以我们往往就已经把它忽略不顾了。我们没有关注这种忽略，而是通过这种忽略不断地去实施那种在存在者之存在那里发生的杀害。

为了关注于此，并且学会这种关注，我们只消去思考一下那个疯子关于上帝之死所说的话以及他是如何说出这话的。也许我们现在不会再那么匆忙地放过上面解释过的那段话的开头几句，就是：那个疯子“不停地喊叫：我寻找上帝！我寻找上帝！”

此人何以是疯子？他发疯了。[1] 因为他被移离出以往的人的层面，在这个层面上，那些已经成了非现实的超感

① 此句中的“发疯”（ver-rückt）与下文的“被移离出”（ausgerückt）、“被移到……之外”（hinausgerückt）和“被移入”（eingerückt）有相同的词根 rücken（移、推）。——译注

性世界的理想被假装为现实的东西，而它们的反面则变成现实了。这个发疯的人被移到以往的人之外。但这样一来，他只不过是完全被移入以往的人的先行决定了的本质之中——即成为理性动物（animal rationale）。因此，这个如此这般发疯的人与那种“不信上帝”的公共游民毫无共同之处。因为公共游民们之所以不信神，并不是由于上帝本身对他们来说变得不值得信仰了，而是由于这些游民本身不再能够寻找上帝，从而放弃了信仰的可能性。他们不再能够寻找，是因为他们不再思想。公共游民们废除了思想，以连篇累赎的废话取而代之；在这种废话以为它自己的意思受到危害之际，它往往嗅到了虚无主义的气息。这种总还在不断发生的对于真正的虚无主义的自我蒙蔽，试图以这种方式来为它对思想的畏惧制造借口。但这种畏惧乃是对畏惧的畏惧。

相反的，从尼采这段话的开头几句话可以清楚地看到——而对那些能够倾听的人们来说，根据这段话的最后几句就可以更清楚地看到——，疯子却是叫喊着上帝而寻找上帝的人。在这里，莫非实际上是一位思想者在作歇斯底里的叫喊？而我们的思想的耳朵呢？我们的思想的耳朵总还没有倾听这叫喊吗？只消它还没有开始思想，它就还听不到这种叫喊。而思想何时开始思想呢？惟当我们已经体会到，千百年来被人们颂扬不绝的理性乃是思想的最顽冥的敌人，这时候，思想才能启程。

（孙周兴　译）

3. 走向语言之途[①]

首先让我们来听听诺瓦利斯的一句话。这话写在他的《独白》一文中。《独白》这个题目就指点着语言的奥秘：语言独与自身说。文中有一个句子写道："语言仅仅关切于自身，这就是语言的特性，却无人知晓"。

如若我们把本演讲的内容理解为一系列关于语言的陈述，那么，它就还停留于未证实的、不能科学地加以证明的论断的链条上。相反，如若我们从那种与道路相涉的事情出发来经验通向语言的道路，那么，或许就能唤起一种猜度。从此以后，语言便让我们感到诧异。

通向语言的道路——乍听起来，似乎语言离我们遥远得很，仿佛我们须得踏上一条道路才能抵达语言。到底是否需要一条**通向**语言的道路呢？有一种陈旧的看法认为，人本身就是会说话的动物，从而是具有语言的动物。而且，说话能力远不是人的其他能力可以与之比肩的**一种**能力。说话能力标志着人之为人的特性。这个标志包含着人之本质的轮廓。倘没有语言能力，倘人不能每时每地就每

① 本文是海德格尔1959年1月所做的演讲，系巴伐利亚美学艺术协会和柏林艺术协会举办的题为《语言》的系列演讲之一。扩充后的文稿最初发表在《形态和思想》1959年第6期上。同年收入《走向语言之途》一书，由纳斯克出版社出版。中译文据《走向语言之作品》1986年第八版。——编者

个事物说话——以各种方式，并且更多的时候是无所道出地以“**它是**”（es ist）的方式说话——，那么，人就不成其为人。只要语言有诸如此类的作用，人就在语言之中。

这么说来，我们首先就在语言中并寓于语言了。毋须有一条通向语言的道路。而且，只要我们已经在这条道路要达到的地方，那么，这条通向语言的道路便是不可能的。但我们果真在那里吗？我们在语言中，因而通过倾听并感知语言的本己要素来了解语言的本质，思考语言之为语言吗？我们毫不费力地已经盘桓在语言之邻了吗？或者，通向语言之为语言的道路是我们的思能够踏上的最宽广的道路吗？一旦我们尝试直面语言的本己要素来沉思语言，那么这条道路就不只是最宽广的道路，而是充斥着来自语言本身的障碍的道路——是这样吗？

在此我们要斗胆一试某种异乎寻常的事情，并用以下方式把它表达出来：**把作为语言的语言带向语言**（Die Sprache als die Sprache zur Sprache bringen）。这听来就像一个公式。它将为我们充当通向语言的道路的引线。这个公式三次使用了“语言”一词，每次所说的既是不同的东西但又是同一的东西。后者把那些从包含着语言之特性的统一体而来的分离因素保持在一起。无疑，这个公式首先指示着那个已经把我们本身摄入其中的关系网络。寻找一条通向语言的道路的意图已经被纠缠到一种“说”中了，这种“说”恰恰要呈放出语言，以便把语言作为语言表象出来，并且把被表象的东西表达出来；而这同时也就表明，语言本身已经把我们纠缠到这种“说”中了。

这个由道路公式所显示出来的关系网络标识着一个被先行规定了的领域。不光是我们这个系列演讲，而且整个语言科学，一切语言理论和语言哲学，一切思考语言的努力，都必然逗留在这个领域之中。

一个网络挤逼、限制并遮挡着人们对被交织在网络中的事物的直接透视。但同时，道路公式所标识的网络乃是语言的本己的事情。因此我们不可无视于这个网络，虽然表面上看来，它把一切都挤逼得难解难分了。这一公式必然更能趋迫我们的思考，使得我们努力去解开这个网络（诚然不能彻底地把它消除），从而获得对由这个公式标识出来的关联所具有的敞开的整体的洞见。也许在网络中就贯穿着一条纽带，后者以某种始终令人诧异的方式把语言释放到它的固有特性中去。现在需要在语言之网络中经验这一具有释放作用的纽带。

有一个演讲把语言视为信息，同时也必然把信息思考为语言；[①] 这个演讲把上述在自身中回复运动的关系称为循环，一个不可避免的、同时又是有意义的循环。循环乃是我们所说的网络的特殊情形。循环具有某种意义，因为语言本身之循环的方向和方式是由语言中的某种运动所决定的。我们要参与到网络中去，从而从语言本身出发去经验这种运动的特性和范围。

如何能够做到这一点？通过不断地追踪道路公式所显

① 参见魏茨泽克（G·Fr·V·Weizsäcker）在这个系列演讲中所作的题为《作为信息的语言》的演讲报告。——原注

示出来的东西：把作为语言的语言带向语言。

这里，语言本身愈是清晰地在其本己因素中显示自身，通向语言的道路对语言本身来说便愈是意味深长，道路公式之意义的变化便愈是确凿显明。于是，道路公式便失去其公式特性，不知不觉地成为一种无声的调音，让我们听到语言的一点儿固有奥妙。

① 舌与口的表达

语言——人们以为它是一种说（Sprechen），人们把说看作人的活动，并且相信人有说的能力。但说不是一项固定财产。由于惊奇或恐惧，人会突然失语。一个人无比惊奇，深为震动。这时，他便不再说——他沉默了。任何人都会由于一场变故而失语，这时，他不再说，但也没有沉默，而只是喑哑无声。分音节的表达是一种说，不论我们是在说中做这种表达，还是在沉默中无所表达，或者在喑哑中无能于做这种表达。分音节的有声表达是一种说。语言在说中表现为说话器官的活动，即嘴、唇、口、舌、喉等器官的活动。自古以来，语言就是直接从这些器官现象那里得到表象的。西方语言本身为语言给出的名称就证实了这一点：语言被称为 glossa（希腊文），lingua（拉丁文），langue（法文），language（英文）。语言是舌，是口之方式（Mundart）。

在一篇后来被冠以《解释篇》（即“论陈述”）之名的文章的开头，亚里士多德说：

Esti men oun ta en phone ton en te psyche padematon symbola, Kai ta graphomena ton en te phone. Kai hosper oude gramarta pasi ta outa, oude phonai ai outai. on mentoi touta semeia proton, touta pasi pademata tes psyches, Kai on touta homoimata pragmata hode tauta.

只有通过细心的解释，我们才能充分地翻译这段文字。这里凑合着译出就足矣。亚里士多德说：

有声的表达是一种对心灵的体验的显示，而文字则是一种对声音的显示。而且，正如文字在所有的人那里并不相同，说话的声音对所有的人也是不同的。但它们（声音和文字）首先是一种显示，由其显示的是对所有人来说都相同的心灵的体验，而且，与这些体验相应的表现的内容，对一切人来说也是相同的。

这个译文一概从显示（Zeigen）出发，在让显现——这种让显现本身依据于解蔽（aletheia）之运作——意义上，来理解 semeia（显示者）、symbola（相互保持者）和 homoiomata（相应者）。译文却忽视了上述显示方式的不同之处。

亚氏的这段文字包含着一种明智清醒的道说，它揭示了那种始终掩蔽着作为说的语言的经典结构。文字显示声音。声音显示心灵的体验。心灵的体验显示心灵所关涉的事情。

显示构成结构的支柱，支撑着结构。显示以多样的方式——或掩蔽着或揭蔽着——使某物得以闪现，让显现者获得审听、觉知，让被审听者得到审察（处置）。显示与它所显示的东西的关联，从未纯粹地从其本身及其来源方面得到阐明；这种关联后来转变为约定俗成的符号与它所描述的东西之间的关系。在希腊文化的鼎盛时期，符号（Zeichen）是从显示（Zeigen）方面来经验的，是通过显示并为显示而被创造出来的。自泛希腊化（斯多亚）时代以降，通过某种固定而形成了作为描述工具的符号；由此，对某个对象的表象便被调准和指向另一个对象了。描述（Bezeichnen）就不再是让显现意义上的显示。符号从显示者到描述者的变化乃植根于真理之本质的转变。[1]

自希腊以来，存在者便一直被经验为在场者。只要语言存在，那么语言，即时时发生着的说，就是一种在场者。人们从说方面，着眼于分音节的声音和含义的载体来表象语言。说乃是一种人类活动。

尽管有这样那样的变化，这个在此仅作大体勾勒的语言观念，千百年来在欧洲思想中始终是一个基本的指导性观念。而这个发端于希腊、以多种途径被争得的语言观在

① 参看我的《柏拉图的真理学说》1947 年（最初发表在《精神遗产》第二卷，1942 年，第 96—124 页）。——原注

威廉姆·洪堡的语言思想中达到了极致，说到底是在洪堡关于爪哇岛上的卡瓦语的著作的长篇导论中得到了淋漓的发挥。在洪堡去世后一年，他的弟弟亚历山大·洪堡出版了这个导论的单行本，并加上了《论人类语言结构的差异及其对人类精神发展的影响》这样一个标题（柏林，1836 年）。[①] 此后，在一片赞扬和反对声中，该文或显或隐地规定了直到今天为止的整个语言科学和语言哲学。

本次系列演讲的诸位听众，想必对洪堡的这本论文都作过深思。那是一本很难洞察的奇文，它的基本概念模糊得令人炫目，但又处处令人激动。想必大家对之记忆犹新。这似乎可以为我们大家保留一个共同的视界来洞察语言。但实际上并没有这样的共同视界。我们必须安于这种欠缺。只要我们不忘记这种欠缺就足矣。

在洪堡看来，“分音节的声音”乃是“一切说的基础和本质……”（《论人类语言结构的差异……》第 10 节，第 65 页）。在论文第 8 节第 41 页中，洪堡写下了那样一些句子，它们虽然常常被引用，但却少被思考，人们很少着眼于它们如何规定着洪堡**走向语言的道路**这一点来思考这些句子。这些句子如下：

> 就其现实的本质来看，**语言**是某种持续地每时每刻**消逝着的东西**。即使是文字对语言的记录

① 下文所引根据瓦斯姆特（E·Wasmuth）编辑的突版重印本（1936 年）。——

> 也始终只是一种不完全的木乃伊式的保存，但这种保存却一再需要人们在那里寻求活生生的转化。语言本不是产品（Ergon），而是一种活动（Energeia）。它的真正的定义因此只能是一个发生学的定义。也就是说，语言乃是永远自身复现着的**精神活动**，它能够使**分音节的声音**成为**思想**的表达。直接地和严格地看来，这是对任何一次**说**（Sprechen）的定义；但在真正的和本质性意义上，人们似乎也只能把这种说的总体当作语言。

洪堡在此表示，他在说中看到了语言的本质。他也已经道出了如此这般被看待的语言作为语言是什么吗？他是把说当作语言带向语言吗？我们有意压下这个问题不答，而来关注以下情形：

洪堡把语言表象为某种特殊的"精神活动"。以此为指导，洪堡来追究语言显示为何，即追究语言是什么。这个什么存在（Was-Sein）被人们称作本质。一旦我们就精神之语言效应方面来追踪和界定精神活动，那么如此这般被把捉的本质就必然会更清晰地凸现出来。而精神，即便是洪堡意义上的精神，也还存活在其他活动和效应中。但是，如果语言是这些活动和效应中的一种，那么说（Sprechen）就不是从其本己要素即从语言那里被经验的，而是被搁置到它者方面去了。这当儿，这个它者始终太重要了，以至于我们在一种对语言的沉思中是不能将其忽略

的。当洪堡把语言理解为精神活动时，他眼中是何种活动呢？第8节开头几个句子作了回答：

> 我们不应把**语言**看作僵死的**生产品**(Erzeugtes)，而应把它看作一个**生产过程**(Erzeugung)，不应只注意语言作为对象之描述和理解之中介的作用，而更应谨慎地回到语言的与内在精神活动紧密交织的本源和语言与这一本源的相互影响上去。

洪堡在此点出了他在第11节中所表达的、以他的概念语言总是难以确定的“内在语言形式”。由下面这个问题，我们就稍稍接近“内在语言形式”了：当我们按其出于内在精神活动的渊源来思考“说”时，这种作为思想之表达的“说”是什么呢？答案在下面这个需要作一番特殊的探讨才能获得充分解释的句子中（第20节第205页）：

“如果在灵魂中真正产生了这样一个感觉，即语言不只是用于相互理解的交流工具，而是一个真正的**世界**，这个世界必然是**精神**在自身与**对象**之间通过它的力量的内在活动而设定起来的，那么，语言就在真实的道路上，在语言中作愈来愈多的发现，把愈来愈多的东西置入语言中”。照近代唯心论学说看来，精神的这一活动即是设定(das Setzen)。由于精神被理解为主体，从而在主体—客体图式中被表象，所以设定（Thesis）必然是主体与其客体之间的综合。如此被设定的东西就给出一个关于对象整体的观点。主体力量所加工的东西，主体力量通过自身与对象之间的活动而设定起来的东西，洪堡称之为“世界”。在这种“世界观”中，人类获得了自身的表达。

然而洪堡为何把语言当作世界和世界观收入眼帘？因为**他的**走向语言的道路与其说是由作为语言的语言规定的，毋宁说是出于一种愿望，要在人类总本性中，同时又要在人类当下的个体性中，对整个人类的历史性的精神发展作历史的描绘。在1816年的自传片断中，洪堡写道：“在其个体性和总体性理解世界，这就是我的愿望”。

而这样被建立起来的世界理解可以汲取不同的源泉，因为自我表达的精神力量是以多种方式活动的。洪堡把语言识别和遴选为主要源泉之一。语言当然并不是唯一的由人类主体性构成的世界观形式，但语言的独特的创造力必定赋予人类发展史以一个特殊的尺度。现在，着眼于他的走向语言的道路来看，洪堡那本论文的标题的意思就更清楚了。

洪堡论述“人类语言结构的差异”，而且是就“人类精神发展”受“语言影响”这一点来论述语言的。洪堡把语言当作在人类主体性中制定出来的世界观的**一种**方式和形式而带向语言。

带向何种语言呢？带向一系列陈述，它们是以他那个时代的形而上学语言来说话的；而在这种形而上学语言中，莱布尼茨的哲学起着决定性作用。这一点最明显地表现在，洪堡把语言本质规定为活动（Energeia），但完全是非希腊地在莱布尼茨单子率意义上把 Energeia 理解为主体的活动。洪堡的走向语言的道路以人为指向，经由语言而导向另一个目标：即探索和描绘人类精神之发展。

但是由此角度来理解的语言之本质并不同时就显示出语言本质[1]——语言作为语言而成其本质的方式，即持存的方式，也即进入那种允诺语言入于语言之本已要素而成其本身的东西之中的聚集方式。

② 道说与说

如若我们沉思语言之为语言，那么我们就放弃了以往通行的语言研究方法。我们不再能够寻求普遍性观念，诸如活动、行为、作用、精神力量、世界观、表达等；我们不再能够在这些观念中把语言处置为那种普遍性的一个特殊情形。通向语言的道路要让人们经验作为语言的语言，而不是把语言解释为这个或那个东西，并因此与语言失之交臂。在语言之本质中语言虽然被把捉了，但却是通过某个它者而被把捉为语言本身的。相反的，如若我们仅仅留意于作为语言的语言，那么语言就要求我们首先道出那作为语言的语言所包含的一切。

然而，一方面，我们要清理种种在语言本质（Sprach-

① “语言本质”（Sprachwesen）与“语言之本质”（das Wesen der sprache）是两回事，前一个“本质”作动词解，而后一“本质”是实体性的，是一个“什么”（Was）。海氏要思的是“语言本质”，即是语言之为语言如何“成其本质”（wesen）。——译注

wesen）中显示出来的东西；另一方面，我们须得把眼光聚集到统一着相关之物的东西上，因为这个统一者允诺语言本质以其本己的统一性。

现在，通向语言的道路试图更严格地遵循公式所标识的那条引线：把作为语言的语言带向语言。这就是要向语言的固有特性靠近。即使在这当儿，语言首先也显示为我们人的说。现在我们要关心的只是在说中起着决定作用的东西，总是已经并且按同一尺度——不论它是否为人们所看到——起决定作用的东西。

说者必有说，但说者之于说，并不纯然如原因之于结果。说者倒是在说中有其在场。说者在场于何处？在说者所与之说的东西那里，在说者所依寓而栖留的东西即总是已经与说者相关涉的东西那里。按其方式而言，这就是他人和物，是使物成其为物和规定着他人的一切。所有这一切总是已经这样那样地被招呼（ansprechen），作为被招呼者而得到谈论和讨论；它之被说，乃说者彼此说、共同说、向自身说。可是被说者始终是多样的。它往往只是那种或转瞬即逝或以某种方式获得保存的被表达出来的东西。被说者有可能消逝，但也可能早就被发出，成为被允诺的东西（Zugesprochene）而授予人了。

被说者以多种方式源自未被说者，无论后者是一个尚未被说者，还是那种在对说隐瞒起来的东西意义上必然未被说的东西。于是这一以多重方式被说者便落入一个假象，似乎它与说和说者相分离而不属于说和说者，而事实上它为说和说者端出它们所对待的东西，尽管它们持留于未被说者的被说的东西中。

在语言本质中显示出多样的因素和关联。这些因素和关联已被一一列举，但没有被排列在一起。通过审核，也即通过一种原始的清算（Zählen）——它不只是用数字作运算——得出了有关某个整体的消息。清算乃是一种描述（Erzählen），它先行洞见整体中的统一者，但不能使之显露出来。

在此暴露出思之目光的无能，即无能于经验语言本质的起统一作用的统一体。这种无能源远流长。因此，这个起统一作用的统一体也始终未得命名。传统表示“语言”这个称号所意指的东西的名称，往往只在语言本质所许诺的此一或彼一方面命名语言。

在此寻索的语言本质之统一可以叫做剖面（Aufriss）。[①] 这个名称令我们更为清晰地去洞察语言本质的本己要素。图样（Riss）与刻画是同一个词。我们往往只还知道贬义的“裂隙”（Riss），譬如墙上的裂隙。但划开和勾画田地（Einen Acker aufund umreissen），这在今天的方言中也还有“开沟”的意思。沟垄开启田地，好让田地保藏种子，促发生长。剖面是那种图画的整体面貌，此种图画完全嵌合了被开启的东西即语言的敞开领域。剖面是语言本质之图画，是某种显示之构造，在其中从被允诺

① 此处的 Aufriss 有“正视图”、“剖面图”、“轮廓”等意思，我们权译之为“剖面”。下文的 Riss（“图样”、“裂隙”）与 Aufriss 有直接的意义联系。——译注

的东西（Zugesprochen）而来嵌合了说者及其说，被说者及其未被说者。

然而，只要我们没有刻意关心一下，人们在何种意义上已经讨论了说和被说者，那么，甚至连是语言本质之剖面的大概图画也还长久地被掩蔽着。

诚然，说是一种表达。也可以把说理解为人的一种活动。这两者都是关于作为说的语言的正确观念。两者现在还未受关注。不过我们不会忘记，语言之发声现象已经如此长久地期待着一种恰如其份的规定；因为语音学—声学—生理学对发声过程的解释并没有经验到它的出于寂静之音（Geläut der Stille）的渊源，更没有获致由此而得的对声音的规定。

但在前面对语言本质的简短描述中，说和被说者是如何思考的？它们已然显示为这样一种东西，通过它并在它之中，**被道说的某物**达乎语言，亦即获得一种显露。道说（Sagen）和说（Sprechen）不是一回事。某人能说，滔滔不绝地说，但概无道说。相反，某人沉默，他不说，但却能在不说中道说许多。

然则何谓**道说**？为了经验此种道说，我们且保持在我们的语言本身令我们就这一词语有所思的东西中。“道说”意味：显示、让显现、让看和听。

当我们指出下面这番话时，我们说的是某种不言自明的、但其内涵几乎尚未得到思虑的东西。“相互说”意味：彼此道说什么，相互显示什么，共同相信所显示的东西。“共同说”意味：一起道说什么，相互显示在被讨论的事情中那种被招呼者（das Angesprochene）所表明的东西，那种被招呼者自行显露出来的东西。未被说者（das Ungesprochene）不仅是某种缺乏表达的东西，而是未被道说者（das Ungsagte）、尚未被显示者、尚未进入显现者。根本上必然保持未被说状态的东西，乃被抑制在未被道说者中，作为不可显示者而栖留于遮蔽之域，这就是神秘（Geheimnis）。被允诺者作为被指派者意义上的判词（Spruch）而说话，它的说甚至毋须表达。

说作为道说归属于语言本质的剖面，此剖面乃由道说和被道说者之方式勾画出来；而在场者和不在场者即在其中自行呈报、允诺或拒绝，亦即自行显示或自行隐匿。在语言本质之剖面中，普遍因素乃是渊源各不相同的多样的道说。有鉴于道说（Sagen）之关联，我们把语言本质整体称为道说（Sage）；[①] 我们并且承认，即便此刻，诸关联的统一者也还未得洞察。

今天人们大多是在一种贬义上来使用“道说”这个词，就像我们语言中的其他一些词。Sage 被当作纯然的流言，当作并不真实的、从而不足为信的传闻。我们这里并不是这样来思 Sage 的。Sage 也意味“诸神和英雄传说”，而我们也不是在此根本意义上来思这个词的。但兴许是特拉克尔所谓“蓝色源泉的崇高传说”么？根据这

① “道说”（Sage）是后期海氏思想的基本词语，海氏用 Sage 来表示他在非形而上学意义上思考的语言。“道说”（Sage）是“大道”（Ereignis）的显示运作，是无声的“大音”。——译注。

个词的最古用法，我们从作为显示的道说出发来理解Sage，并且用一个古老的、足可证实的、但已消失的词语die Zeige，来命名语言本质居于其中的道说（Sage）。拉丁语所谓指示代词（pronomen demonstrativum）被译作德文的Zeigewörtlin。约翰·保罗把自然的显现称为“灵性的指示（Zeigefinger）”。①

语言之本质现身（das Wesende）**乃是作为道示**（Zeige）**的道说**（Sage）。道示之显示并不建基于无论何种符号，相反，一切符号皆源出于某种显示；在此种显示的领域中并且为了显示之目的，符号才可能是符号。

然而，有鉴于道说的构造，我们既不可一味地也不可决定性地把显示（Zeigen）归咎为人类行为。作为显现，自行显示标识着任何方式和层面的在场者之在场和不在场。正是在此种显示通过我们的道说而得以实现之际，一种让自行显示（Sichzeigenlassen）才先行于此种作为指示的显示。

惟当我们就这个方面来思我们的道说，才能得出一种对一切说所具有的本质要素的充分规定。人们把说视为人借助于说话器官对思想的分音节表达。但说同时也是听。习惯上人们把说与听对立起来：一方说，另一方听。但是，听不光是伴随和围绕着说，犹如在对话中发生的情

① Zeigfinger由Zeige和Finger合成，可直译为“显示手指”，在日常德文中意为“食指”。海氏在此例证现已消失了的Zeige一词。与“道说”（Sage）相应，我们译Zeige为“道示”，其动词和动名词形式（Zeigen）则仍译为“显示”。——译注

形。说和听的同时性有着更多的意味。说本就是一种听。说乃是须从我们所说的语言的听，所以，说并非同时是一种听，而是首先就是一种听。此种顺从语言的听也先于一切通常以最不起眼的方式发生的听。我们不仅是说**这**语言，我们**从**语言**而来**说。只是由于我们一向已经顺从语言而有所听，我们才能从语言而来说。在此我们听什么？我们听语言的说。

但竟是语言本身说吗？语言并不具有说话器官，那语言如何能够实现这种说呢？可是**语言**说。语言首先而根本地遵循着说的本质因素，即道说。语言说，因为语言道说，语言显示。语言之道说（Sagen）从曾经被说的和迄今尚未被说的道说（Sage）中涌出，而此种道说勾画出语言本质之剖面。语言说，因为作为道示（Zeige）的语言在达于在场的一切地带之际每每从这一切地带而来让在场者显现和显露出来。照此看来，我们是通过让语言的道说向我们道说而听从语言。无论我们通常还以何种方式听，无论我们在何处听什么，听都是一种已经把一切审听和表象扣留起来的**让自行道说**（Sichsagenlassen）。在作为顺从语言的听的说中，我们跟随被听的道说（Sage）来道说（Sagen）[①]。我们让道说的无声之音到来，在那里我们要求着已然向我们张开的声音，充分地去向这种声音而召唤这种声音。于是乎，在语言本身之剖面中或许至少能较为

① 这里难以分辨的是作为语言本身的道说（Sage，Sagen）与人的道说（Sagen），后者是对语言本身（Sage）的应合，诗与思就是此种“应合”的方式，也即道说（Sage）向人言的转换的方式。——译注

清晰地表现出某个特性，它使我们一窥作为说的语言如何被纳入其本己之中并因此作为语言而说。

如若作为顺从语言的听的说让道说自行道说，那么这一让（Lassen）只能是自行出现的，因为我们本身的本质已进入道说中了。我们听道说，只是因为我们本就归属于道说。唯独道说向归属于道说者允诺那顺从语言的听和说。在道说中持存着这种允诺（Gewähren）。它让我们进入说之无能。语言之现身本质居于如此这般允诺着的道说。

那么道说本身呢？道说是某种与我们的说相分离的、而必须架设一座桥梁才能通达的东西吗？或者，道说乃寂静之河流，这河流本身通过构成其河岸而把其河岸——即道说（Sagen）和我们的跟随道说（Nachsagen）——结合起来，是这样吗？我们惯有的语言观念几乎不及于此。道说——如果我们想从道说那里思语言本质，我们难道不是在冒这样一个危险：把语言提升为某个虚幻的、自在的本质，而只要我们清晰地沉思语言，我们无论在哪里也找不到这个本质？语言可是无可否认地与人类的说维系在一起的。当然罗。但那是何种维系呢？它的维系力量从何而来，又如何运作呢？语言需要人类之说，但语言并非我们的说话活动的单纯制作品。语言本质居于、也即基于何处？也许我们在寻求根据之际，便没有问及语言本质。

甚或道说本身就是依据（das Be -Ruhende），它保证着那种归属于语言本质之构造的东西的整体的安定，——是这样吗？

在思考此点之前，让我们重新关注那通向语言的道路。在导引中我们已经点明：语言愈是清晰地作为其本身显露出来，通向语言的道路的自行变化便愈是断然明确。至此，这条道路具有某种行进的特性，它在道路公式所标识的异乎寻常的网络范围内把我们的沉思引入那个指向语言的方向中。我们已经与威廉姆·洪堡一起从说出发，并且力图先端出语言之本质，进而加以论究。之后我们描述了语言本质的剖面所包含的东西。作此沉思之际，我们获得了作为道说的语言。

③ 人终身栖于其中的大道

随着我们对作为道说的语言本质的描述性阐释，通向语言的道路便通达作为语言的语言那里，从而就达乎其目标了。思考已经把通向语言的道路抛在后面了。只要人们把通向语言的道路当作某种沉思语言的思想的行进，那么看来情形就是如此，并且也是适恰的。然而，思考实际上却看到自己才被带到所寻找的**通向语言的道路**面前，几乎还没有进入这条道路的轨道上。因为此间在语言本质本身中显示出：在作为道说的语言中有一条道路这样的东西成其本质。

一条道路是什么呢？道路让人通达。道说就是让我们通达语言之说，因为我们顺从道说而听。

通向说的道路在语言本身中成其本质。通向说（Sprechen）意义上的语言的道路是作为道说的语言。因此，语言的固有特性隐蔽在道路中，而道说作为道路让顺从道说的听者通达语言。此听者只可能是我们人，因为我们人就在道说之中。让通达（Gelangenlassen），亦即通向说的道路，已然从一种让归属（Gehörenlassen）而来入于道说之中了。此种让归属包藏着那通向语言的道路的真正的现身本质。但道说如何成其本质而能够让归属呢？只要我们更急切地去关注阐释的结果，道说之现身本质或许就会完全表现出来。

道说即显示。在向我们招呼的一切东西中，在同我们照面的被讨论者和被说者中，在向我们说出自身的东西中，在期待着我们的未被说者中，但同样也在我们所做的说中，都有显示在运作，这种显示让在场者显现，让不在场者隐匿。道说绝不是对显现者所作的事后追加的语言表达，毋宁说，一切闪现和显露都基于显示着的道说。道说把在场者释放到它的当下在场中，把不在场者禁囿在它当下的不在场中。道说贯通并且嵌合澄明之自由境界（das Freie der Lichtung）；澄明必然寻找一切闪现，离弃一切隐失，任何在场和不在场都必然入于澄明而自行显示，自行诉说（sich einsagen）。

道说是显示之嵌合着一切闪现的聚集，此种自身多样的显示处处让被显示者持留于其本身。

显示从何而来？这一问问得过火，问得急促。我们只需留意在显示中活动并调停其活动的东西即可。在此我们毋须作没完没了的寻索。有一道简直是突发的、难忘的、因而是常新的目光就够了。这道目光虽然针对我们所熟悉的东西，但我们甚至不知道这种东西，更不用说恰如其份地去认识它了。此种不认识的熟悉之物，道说的一切进入其活泼的激动者中的显示，对任何在场和不在场来说都是那个早晨的破晓，由此早晨才开始了昼与夜的可能交替。此早晨之破晓既是最早又是远古。我们仅只还能命名字，因为它不能容忍任何探讨；因为它乃是一切位置（Ort）和时间—游戏—空间（Zeit-Spiel-Raum）的地方（Ortschaft）。我们用一个古老词语来命名它，我们说：

在道说之显示中的活动者是居有。

（Das Regende im Zeigen der Sage ist das Eignen）

它把在场者和不在场者带入其当下本己之中；由之而来，在场者和不在场者在其本身那里自行显示并依其方式而栖留。有所带来的居有（Eignen）使作为道示（Zeige）的道说（Sage）在其显示中活动，此种居有可谓成道（Ereignen）。它给出澄明的敞开之境。在场者能够入于澄明而持存，不在场者能够出于澄明而逃逸并在隐匿中保持其存留。成道通过道说给出的东西，绝不是某个原因的作用，绝不是某个根据的结果。有所带来的居有，亦即成道，比任何作用、制作和建基都更具有允诺作用。成道者乃大道本身——此处无它（Das Ereignende ist das Ereignis selbst——und nicht ausserdem）。[1] 从道说之显示来看，我们既不可把大道（Ereignis）表象为一个事件，也不可把

① 参见我的《同一与差异》1957 年，第 28 页以下。——原注

它表象为一种发生，而只能在道说之显示中把它经验为允诺者（Gewährende）。[①] 我们不可能把大道归结为其他什么东西，不可能根据其他什么东西来解大道。成道（Er-eignen）绝不是其他什么东西的结果（Resultät），但成果（Er-gebnis）——它的有所端呈的给予（Geben）才允诺着诸如某种“有”（Es gibt）之类的东西——也还为“存在”（das Sein）所需要，以便存在作为在场进入其本己之中。[②]

大道聚集道说之剖面，并把它展开为多样显示的构造。大道是不显眼的东西中最不显眼的，是质朴的东西中最质朴的，是切近的东西中最切近的，是遥远的东西中最遥远的，我们终有一死的人终身栖留于其中。

对这个在道说中运作的大道，我们只能这样来命名：它——大道——成其本身（Es—Ereignis—eignet）。如若我们这样说，那我们就是以我们自己的已经被说的语言来说话。我们且来听听歌德的几个诗句，这几个诗句尽管并非着眼于语言本质而写的，但它们所使用的动词 eignen，sich eignen 近乎**自行显示**（sich zeigen）和**标志**（be-zeichen）。歌德诗云：

从早到晚都被迷信缠绕：

① 在本文中，我们觉得特别适合于把 Ereignis 译为“大道”。其动词形式 Ereignen 译为“成道”，亦作“居有”；另一个相关的动词 eignen 也译作“居有”，取“成其本身”之意。——译注

② 参见我的《存在与时间》1927 年，第 44 节。——原注

居有、显示、警告。①

在另一处，歌德换了种笔调写道：

不论有多少迹象标志着
人们的担忧和渴望，
只是因为居有感恩，
生活就值得珍视。②

大道赋予终有一死的人以栖留之所，使终有一死的人居于其本质之中而能够成为说话者。如果我们把法则理解为对那种让一切在其本己中在场并且归于其范围的东西的聚集，那么，大道便是一切法则中最质朴、最温柔的法则，比阿达尔贝特·斯蒂夫特（Adalbert Stifter）所看到的“温柔的法则”还要温柔。但大道不是那种无所不在地凌驾于我们之上的规范意义上的法则，不是什么对某个过程起调控作用的规定。

大道是**这个**法则，因为它把终有一死的人聚集入成道之中而达乎其本质，并把终有一死的人保持在其中。

因为道说之显示是居有（Eignen），所以顺从道说的能听，也即对于道说的归属，也基于大道之中。为了充分洞察此种情形的整体，也许有必要足够完整地在其关联中

① 《浮士德》悲剧第二部第五幕，“子夜”。——原注
② 《为卡尔·奥古斯特公爵贺1828年新岁》——原注

思终有一死的人的本质，无疑更要思大道本身。① 这里我们不得不满足于作一提示了。

大道在其对人之本质的照亮（Er-äugen）中居有（ereignen）终有一死的人，因为它使终有一死的人归本（vereignen）于那种从各处而来、向遮蔽者而去允诺给在道说中的人的东西。作为听者的人归本于道说，这种归本（Vereignung）有其别具一格之处，因为它把人之本质释放到其本己之中，却只是为了让作为说者也即道说者的人对道说作出应答，而且是从人的本己要素而来。此本己要素乃是：词语的发声。终有一死的人的应答性道说乃是回答（Antworten）。任何一个被说的词语都是回答，即应对的道说（Gegensage），面对面的、倾听着的道说。终有一死的人的入于道说的归本把人之本质释放到那种需用（Brauch）中，由此需用而来人才被使用，去把无声的道说带入语言的有声表达之中。②

大道在需用着的归本中让道说达乎说。通向语言的道

---

① 参见我的《演讲与论文集》（1954 年）中的《物》，第 163 页以下；《筑·居·思》，第 145 页以下；《技术的追问》，第 13 页以下。

在今天，几乎不假思索的东西也已经即刻被逐入某种形式的出版物中了；许多人也许不会相信，作者在二十五年前就已经在其手稿中用 Ereignis（大道）这个词来表示这里所思的事情了。这个事情虽然在本身是简单的，但眼下却始终是难于思的，因为思想事先必须戒除一个陋习，免于落入那种看法中，即认为我们在此是把："存在"思为 Ereignis 了。大道本质上却不同于任何可能的形而上学的存在规定，从而也比这种存在规定更为丰富。相反，就其本质渊源来看，存在倒要从大道出发才能得到思考。——原注

② 无声的大道之道说"用"人而说出，是为 Brauch，我们译之为"用"、"需用"。——译注

路归属于那出自大道而获得规定的道说。在这条归属于语言本质的道路中隐蔽着语言的固有特性。道路乃是成道着的（ereignend）。

在阿伦玛尼—斯瓦本方言中，今天还管开辟一条道路，譬如穿过积雪的原野，叫做 wëgen。这个作及物动词使用的动词意味：形成一条道路，准备去形成一条道路。这样看来，Be-wëgen（Be-wëgung）就不再意味着仅仅在一条已经现成的道路上来回搬运什么，而是意味：首先产生通向……的道路，并因而就是道路。

大道居有人，使人进入为大道本身的需用之中。所以作为居有（Eignen）的显示（Zeigen）成道着（ereignend），大道乃是使道说达乎语言的开辟道路（Be-wëgung）。

这种开辟道路把作为语言（道说）的语言（语言本质）带向语言（有声表达的词语）。有关通向语言的道路的说法现在不再仅只、并且不再首要地意指我们沉思语言的思想的行进。通向语言的道路已然在途中转换了。它已经从我们的行为转移到被居有的语言本质中。可是，通向语言的道路的转换不仅是为我们而顾及我们，才看来犹如一种现在才作出的转移。实际上，通向语言的道路本就始终在语言本质中有其唯一的处所。但这同时也意味着，我们最初所说的通向语言的道路并没有失效，而是唯有通过根本性的道路，通过居有着—需用着的开辟道路，才成为可能的和必要的。也即说，由于作为显示着的道说的语言本质居于大道中，而大道赋予我们人以一种泰然任之

（Gelassenheit）于虚怀倾听的态度，所以使道说达乎说的开辟道路的运动才向我们开启了那些我们借以沉思根本性的通向语言的道路的小径。

“把作为语言的语言带向语言”，这个道路公式不再仅仅是为思考语言的我们提供一种指引，而且也道出一个样态（forma），即一个构造形态，那居于大道中的语言本质就在其中自行开辟道路。

如果我们不假思索地仅仅按单纯的字句来听，那么，公式所表达的就是语言纠缠于其中的关系网络。看起来，似乎任何一种表象语言的尝试都需要辩证法的窍门，以便掌握这种纠缠关系。然而，这样一种由公式死板地引发出来的方法却耽搁了下面这种可能性：以冥想方式，也即专心入于开辟道路这回事情，去洞察语言本质的质朴性，而不是谋求对语言作一种表象。

从开辟道路（Be-wëgung）来看，貌似纷乱的网络便消解于那个由在道说中被居有的开辟道路所带来的释放者之中。开辟道路的运动开释道说而使道说达乎说。它使说向着道路敞开，在此道路上作为听的说从道说那里接受总是要道说的东西，并把所接受的东西提升到有声词语之中。使道说达乎说的开辟道路是一条具有开释作用的纽带，此纽带由于居有而有所维系。

如此这般被开释到其本己的敞开之中，语言才可能独与自身相关。这话听来像是某种自私的惟我论的论调。但语言之固执于自身，并不是那种纯然自私的、忘乎所以的自我吹嘘意义上的固执。作为道说，语言本质乃是居有着

的显示，它恰恰要撇开自身，才得以把被显示者释放到其显现的本己中去。

语言说，乃由于语言道说；语言所关切的是这样一回事情，即我们人的说在听从未被说者之际应合于语言之被道说者。所以，就连沉默也已然是一种应合（Entsprechen）。[①] 人们往往把沉默当作说的本源而置之于说下面。沉默应合于那居有着—显示着的道说的无声的寂静之音。作为显示，居于大道之中的道说乃是成道（Ereignen）的最本己的方式。大道是道说着的（sagend）。因此，语言如何说，也就是大道本身如何自行揭示或自行隐匿。

也还有一种思能够追思**大道**，只能够猜度大道，而且反倒能在现代技术之**本质**中经验大道。我已经用“座架”（Ge-Stell）这个总还令人诧异的名称命名了现代技术的本质。[②] 座架摆置人，亦即挑动人把一切在场者当作技术的持存物（Bestand）来订造（bestellen），就此而言，座架就是以大道之方式成其本质的，而且座架同时也伪造（verstellen）大道，因为一切订造看来都被引入计算性思维之中了，从而说着座架的语言。说受到挑动，去响应任何一个方面的在场者的可订造性。

如此这般被摆置的说便成了信息。[③] 信息探查自身，以便用信息理论来确证它本身的行动。座架乃无往而不在

① 参见我的《存在与时间》1927 年，第 34 节。——原注
② 参见我的《演讲与论文集》1954 年，第 31 页以下。——原注
③ 参见我的《海贝尔——家之友》1951 年，第 34 页以下。——原注

的现代技术之本质，它为自身订造了形式化语言；后者就是那种通报方式，据此方式，人便被构形也即被设置于计算性技术的本质中，并且逐步牺牲掉“自然语言”。尽管信息理论不得不承认，为了用没有被形式化的语言来讨论技术性持存的道说，形式化语言总是又要求助于“自然语言”，但对于信息理论的通行的自我解释来说，此种情形也只不过是一个暂时的阶段而已。因为在此不得不谈到的“自然语言”，事先被人们设定为尚未形式化但已经被订造到形式化过程中的语言。目标和标准乃是形式化，即道说的在计算上的可订造性。在要求形式化的意志中，人们似乎迫不得已暂且还承认语言的“自然因素”(Natürliche)；但人们并不是着眼于语言的原初自然来经验此种“自然因素”的。原初的自然（Natur）乃是physis,[①] 它本身基于大道之中，而道说正是从大道而来才涌现运作。信息理论则把语言的自然因素理解为缺乏形式化了。

然而，即便在一条漫长的道路上我们得以看到，语言本质问题绝不能在形式主义中获得解决和清算，相应地我们必得说“自然语言”是不可形式化的语言，这当儿，“自然语言”终究也还只是得到了否定性的规定，也即只是免受形式化之可能性或不可能性问题的纠缠罢了。

但如果对信息理论来说只不过是一种干扰性的剩余物

① 希腊思想的physis，后世译为物理意义上的“自然”。海德格尔则建议译之为“涌现”（aufgehen），是为“原初的自然”。——译注

的“自然语言”，竟是从道说那里获得其自然（Natur），也即获得语言本质之本质现身，则情形又如何呢？如果道说并不仅仅扰乱信息的解体过程，而是从大道的不可订造方面而来已经超越了信息，则情形又如何呢？如果不知何时以何种方式大道竟成为一道**光亮**（Ein-Blick），其有所澄明的闪光进入存在者和被看作是存在者的东西中，则情形又如何呢？如果大道由于其进入（Einkehr）而取消了一切在场者的单纯可订造性，并把在场者带回到其本己之中，则情形又如何呢？

人的任何语言都在道说中被居有，并且作为这种严格词义上的语言——尽管是按不同尺度切近于大道——才是本真的语言。任何一种本真的语言都是命运性的（geschicklich），因为它是通过道说之开辟道路才被指派、发送给人的。

绝没有一种自然语言是那种无命运的、现成自在的人类自然（Menschennatur）的语言。一切语言都是历史性的，即便在人并不知道现代欧洲意义上的历史学之际，语言也是历史性的。就连作为信息的语言也不是**这种**自在的语言，相反，按照当今时代的意义和限度来看，它也是历史性的。当今这个时代是无所创新的时代。它只是把现代的老旧的东西，早就先行决定了的东西，完成到极致而已。

语言的固有特性乃基于词语的大道式渊源（ereignisartige Herkunft），也即基于那出自道说的人类之说的大道式渊源。

最后，让我们像开篇时那样回忆一下诺瓦利斯的话："语言仅仅关切于自身，这就是语言的特性，却无人知晓"。诺瓦利斯所理解的特性就是语言的特殊之处。通过把语言本质经验为其显示居于大道之中的道说，我们理解的**特性**（das Eigentümliche）便近乎**居有**（Eignen）和**成道**（Ereignen）了。[①] 特性由此获得其凿凿可凭的规定性；关于后者，我们在此不拟予以深思了。

从大道方面得到规定的语言之特性，比语言的特殊之处更少能够为人所知道——如果知道（wissen）意味着，在寻视某物之际看到了某物的本质整体。我们无能于寻视语言本质，因为我们只能通过跟随道说才有所道说。我们本就归属于道说。语言本质的独白特征在道说的剖面中有其构造，它与诺瓦利斯所思的"独白"并不吻合，也不可能吻合，因为诺瓦利斯是在绝对唯心论视界内从主体性出发辩证地表象语言的。

然而语言**是**独白。这话现在有双重意思：语言**单一地**（allein）本真地说；语言**孤独地**（einsam）说。但唯有**不**单一者才可能是孤独的；不单一也即不是分离的和个别的，不是没有任何关联的。相反，孤独本质上恰恰是共性的缺失，而这种共性的缺失乃是**与**共性的最有约束力的关联。"Sam"在哥特语中即 sama，在希腊语中即 ama。"孤独的"（Einsam）意思是：在相互归属事物的统一者中的

① 此处所思的"特性"、"居有"和"成道"乃着眼于三者的共同词根，即"本己"（eigen）。——译注

同一者（das Selbe）。显示着的道说为语言开辟道路而使语言成为人之说。道说需要发声为词。但人之能够说，只是由于人归属于道说，听从于道说，从而能跟随着去道说一个词语。前一种需要（Brauchen）和后一种跟随着道说（Nachsagen）都基于那种缺失，这种缺失既不是某种纯粹的匮乏也不是某种否定。

为了成为我们人之所是，我们人始终被嵌入语言本质中了，从而绝不能出离于语言本质而从别处来寻视语言本质。因此，我们始终只是就我们为语言本身所注视、归本于语言本质这样一种意义上来洞察语言本质。我们不能知道语言本质——这里所谓“知道”是一个传统的由表象性的认知所决定的概念。我们不能知道语言本质，而这无疑不是什么缺陷，倒是一个优点；由于这个优点，我们便突入一个别具一格的领域之中，突入我们——被用于语言之说的我们——作为**终有一死的人**的栖居之所中了。

凭任何陈述都不能捕捉道说。道说要求我们，对语言本质中成道着的开辟道路（die ereignende Be-wëgung）这回事情保持沉默，同时又不谈论这种沉默。

作为显示，基于大道的道说乃是最本己的成道（Ereignen）方式。这话听起来宛若一个陈述句。如若我们一味地审听之，那么它就并不道说那有待思的事情（das zu-Denkende）。道说乃是大道说话的方式。此所谓方式（Weise）并不像模式（Modus）和样式（Art）那样，而是 melos，即吟唱着道说的歌。因为成道着的道说使在场者尽其所有地显露出来，颂扬它，亦即允许它进入其本己的本质之中。荷尔德林在其《和平庆典》一诗的第八节开头唱道：

从清晨起，
自吾人是一种对话，
且彼此倾听，
人之体验甚多；
而吾人即是歌唱。

我曾把语言称为“存在之家”。[①] 语言乃在场之庇护（Hut des Anwesens），因为在场之显露已然委诸道说之成道着的显示了。语言是存在之家，因为作为道说的语言乃是成道的方式。

为了追思语言本质，为了跟随语言本质而道说之，便需要有一种语言转换（Wandel der Sprache）。我们既不能强行也不能发明这种语言转换。转换并不是由创造新型的词语和词序来实现的。转换触及我们与语言的关系。此种关系取决于天命，即我们是否和如何被作为大道之原始消息（Ur-Kunde）的语言本质扣留到大道之中。因为大道，居有着—保持着—抑制着的大道，乃是一切关系的关系。正因此，**我们的**道说作为回答（Antworten）始终在具有关系性质的东西中。关系（Ver-hältnis）在此一概是从大道方面被思考的，并且不再以纯粹联系（Beziehung）的

① 参见《关于人道主义的书信》1947 年。——原注

形式被表象。我们与语言的关系取决于我们作为被作用者如何归属于大道。

也许我们多少能够对我们与语言的关联（Bezug）之转换作些准备。或许能够唤起这样一种经验：一切凝神之思（Denken）就是诗（Dichten），而一切诗就是思。两者从那种道说（Sagen）而来相互归属，这种道说已经把自身允诺给被道说者，因为道说乃作为谢恩的思想（der Gedanke als der Dank）。[①]

一种萌发的语言转换的可能性已进入了威廉姆·洪堡的思想范围内。洪堡的论文《论人类语言结构的差异……》的一些话证实了这一点。正如他弟弟在前言中所说的，为了这部论文，洪堡“孤独地，在一座**坟墓**的边缘”思殚力竭，直至去世。

我们不得不敬佩洪堡对语言之本质的探幽入微的洞见。洪堡说：

> 把已经现成的语音形式**应用**到语言的内在目的……这在**语言形成**的中间阶段被认为是可能的。通过对外部环境的内心领悟和改善，一个民族也许能够赋予它所传承的语言以一个如此不同的形式，以至语言因此成了一种完全不同的新的

---

① 海氏在此提出了“不可说—可说”即“道说（Sage）—人言”的生成转换的观点。思与诗就在转换界面上，作为人的道说的方式，两者应合于“大道”之“道说”，是一种“谢恩”。就此而言，思、诗合一。——译注

语言（第 10 节，第 84 页）。

在稍后的一段文字中（第 11 节，第 100 页），洪堡写道：

> 并没有改变语言的语音，更没有改变语言的形式和规则，**时代**通过不断增长的观念发展了，增强了思维力和不断深化的感受能力，往往把它以前所不具有的东西引入语言中。进而把某个不同的意义置入相同的外壳中，把某种不同的事物置于同一标志之下，根据相同的联结法则来说明不同层次上的观念过程。这乃是一个民族的**文学**的永恒成果，而在文学中，首要的乃是**诗**和**哲学**。

（孙周兴　译）